U0857815

Studies on Language
and Culture
Communication

语言与文化传播研究

第二辑

主　编　马晓乐
副主编　孔　梓
　　　　矫雅楠

山东大学出版社

本成果获得以下项目资助

山东省社会科学规划研究项目(08JDB046)
山东大学自主创新基金项目(IFW09089)
山东大学自主创新基金项目(IFW12055)

序

全球化时代，人类社会呈现高度的复杂性和不确定性。社会流动频繁，人与人之间，特别是陌生人之间接触增多，尤其是不同文化之间的交往增加，这导致了不确定性的进一步蔓延和深化。与此同时，国际形势亦处于大发展大变革的调整时期，局部冲突和动荡等问题层出不穷。在不确定性程度深化的环境下，尽管我们面临着各种复杂多变的问题，但和平与发展仍是时代的主题，人类命运共同体理念恰好顺应了这样的历史潮流和时代要求，成为全球共识。

人类命运共同体在文化领域表现为促进和而不同、兼收并蓄的人文交流。语言与文化传播是伴随人类社会产生就存在的社会现象，是不同文明互通互鉴的实现路径。语言与文化传播通过在不同文化之间建构一种互信关系以简化复杂环境，激发在高度不确定性之中的文化合作交流与对话沟通，拉近文化距离，促进不同文化之间关系的建立，增强互惠互信，推动共享共赢，进而推动多元文化生态趋于均衡。

作为综合性语言与文化传播教育系统，孔子学院由不同国家、不同文化、不同体制、不同层级的“办学主体”构成。无论是办学理念还是建设实践，孔子学院都是中国参与构建人类命运共同体、参与全球治理、促进理解沟通、履行大国责任和义务的一种脚踏实地的创新与尝试。

孔子学院是语言与文化传播的中国实践，它从外交、经济、文化、社会、教育等不同领域、不同层级参与人类命运共同体的构建，为多元文化接触创造了平台，促进了多元文化的相互理解。每天，遍布世界各地的孔子学院都见证着语言与文化传播给不同文明的社会民众带来的跨越国境、超越种族的文化共鸣。编纂团队成员曾亲历中国民乐团在英国孔子学院的巡演，所到之处无不赢得当地民众的喜爱。印象最深的是一位英国知名的女高音歌唱家散场后迟迟不肯离去，她用心弹拨着这些来自遥远东方的乐器，感受着中国民族乐器所发出的迷人声音，被浓浓的中国风所吸引。这种场景在全球的孔子学院时常复现，让世界各地的民众切身体会到语言与文化传播对于构建人类命运共同体的特殊功效与贡献。

孔子学院是语言与文化传播的重要抓手和标志性符号之一，其实践经验需要总结，更需要从理论视角加以提炼和分析，抑或是将孔子学院视为象征符号，对其开展跨学科的综合研究。山东大学孔子学院以及语言文化传播研究博士团队在此方面一直没有停止过学术探索的步伐。经过近十年的积累，形成了集成性的研究成果。在学科建设方面，建立了较为完整的本、硕、博学科体系；2016 年启动语言与文化传播博士后流动站建设，该学科是教育部"985"三期重点学科建设项目。2017 年，山东大学专门批准"孔子学院与对外文化传播"重点智库团队项目，将其作为国家智库予以重点支持和培育。2018 年，成立山东大学孔子学院研究中心，针对孔子学院建设与发展中的重大问题展开系统研究，包括理论研究、数据分析和舆情监测等；打造《孔子学院研究年度报告》品牌，建设"孔子学院全球学术资讯网""孔子学院全球学术资讯数据库"，运行"孔院研究"微信公众号，形成包括专著、论文、资政报告等在内的研究成果集群。

《语言与文化传播研究》论丛是孔子学院研究、语言与文化传播研究等理论探索的成果呈现方式之一，致力于从传播的视角研究语言与文化在社会发展与变迁中的功能与价值。《语言与文化传播研究》(第二辑)是《语言与文化传播研究(2013)》的延续,汇集了近五年的代表性成果,共收录25篇文章,主要围绕国内外语言与文化传播现象与实践,探讨其原理与规律、机制与政策、意义与价值等问题,具有开放性、交叉性和跨学科特质。研究者将学术研究实践铺展到经济学、社会学、管理学和传播学等学科领域,虽视角不一、观点各异,但体现了共同的问题追求和学术愿景,主要体现在:

第一,对语言传播规律与宏观政策的探究。语言是人类用于交际和思维的最重要的符号系统,具有工具与文化双重属性。近年来,语言与文化的关系受到更多重视,语言的文化属性得到更多揭示。人们逐渐认识到,语言作为文化最为重要的组成部分,是文化的负载者、阐释者和建构者,跨学科研究不断增多,来自不同学科与研究领域的概念、理论和方法被不断嵌入到语言研究视域下,拓展了语言作为学术研究对象的内涵与外延。《全球公共产品视角下的语言国际推广分析》《政府对个体语言技能资本投资的影响》《基于个体语言技能资本投资特性的语言传播规律分析》等文章拓展了研究的经济学视角。作者在此前提出"语言国际传播具有全球公共产品和国家公共产品双重属性"的基础上,进一步指出语言国际推广具有手段型、强者供给型、网络型、纯公共产品和准公共产品双重性、非中性、消费者可选择性接受六大特征,在供给上形成了以主权国家为主,非营利组织、国际/区域政府组织以及私人和跨国公司等多主体共同参与的混合供给模式。同时,基于语言经济学中的人力资本假设,作者进一步聚焦微观个体语言选择和语言学习行为层面,阐释微观个体与国家社会之间以语言学习为驱动的互惠关系,并探讨其经济价值。同样遵循跨学科研究的路径,《语言学视域下的框架理论》一文将"框架"作为一个跨学科概念,从菲尔墨的框架语义学切入,探讨了框架理论对语言学研究的启示意义。《当代法国语言推广政策及启示》和《服务于"一带一路"

倡议的语言战略》两篇文章，运用历时研究和情境研究的方式，分别探讨了法国自二战以来语言推广政策的变迁和“一带一路”倡议下的语言需求，为中国语言政策的宏观设计，以及在特定领域的措施制定提供了借鉴和参考。文章指出：充裕的资源支持、恰当的策略实施方式与过程，是保证语言传播效果，获得经济、社会和文化多方效益的重要保证。

第二，孔子学院研究。作为中外合作设立、以教授汉语和传播中国文化为宗旨的非营利性教育机构，截至2018年12月，已有548所孔子学院和1193个孔子课堂分布在全球154个国家和地区。它已成为“世界认识中国的重要平台”，“为推进中国同世界各国人文交流、促进多元多彩的世界文明发展做出了重要贡献”。2018年1月，中央全面深化领导小组第二次会议审议通过了《关于推进孔子学院改革发展的指导意见》。会议指出，推进孔子学院改革发展，要深化改革创新，完善体制机制，优化分布结构，加强力量建设，提高办学质量，使之成为中外人文交流的重要力量。

《语言与文化传播研究》(第二辑)注重呈现孔子学院的发展脉络，诠释孔子学院的传播事实，探索孔子学院建设与管理机制，阐释孔子学院的意义与价值，洞悉孔子学院的发展动向。这些文章从不同的学科视角和理论背景出发，通过对孔子学院建设与发展的长期关注和细致调研，聚焦孔子学院建设与发展的机理、结构、功能和意义等问题。从研究理路上看，《新常态：孔子学院的完善与创新》《孔子学院的文化功能与社会价值》《非营利组织全球文化治理功能的实践——以孔子学院项目为例》和《孔子学院助力“一带一路”建设》四篇文章主要以一种外部视角，将孔子学院置于中外人文交流、全球文化治理和区域合作发展的宏观背景中进行功能分析和价值阐释。

《新常态：孔子学院的完善与创新》关注孔子学院的发展转向和“提质增效”等问题。文章指出，作为一个以汉语教学和文化传播为主旨的全球性教育机构，孔子学院前十年的发展速度是超常规的。孔子学院今后的发展可以借鉴和引进“新常态”的概念，即面对新的形势和要求，孔子学院应通过调整节奏、改善结构、增强定力等手段和措施，强化构建“制度信任”机制，有效吸纳社会力量参与，从而实现一个更好、更稳定的健康可持续发展状态，以期更加符合孔子学院的建设宗旨，符合国际社会的多元需求，符合中国担当大国责任之要求。实现孔子学院的新常态，需要在改革的基础上进行完善与创新。这种完善与创新不仅是工作与实践方面的，更是制度与机制层面的，而制度与机制的创新完善离不开思想解放与观念更新。

《孔子学院的文化功能与社会价值》一文提出，孔子学院经过十数年发展历程，建立了一种既符合国际惯例又具有自身特色的语言与文化传播方式，逐渐获得了发展的独立性、范畴的完整性、群体的稳定性、机制的合理性以及成效的持续性，初步建立起国际汉语教育的网络体系，将语言推广和推动中华文化“走出去”的国家战略转换成可培植的实体，搭建起在全球范围内配置汉语言文化资源与要素的平台。作为中外人文交流和国际教育合作的新兴价值主体，孔子学院发挥出独特的文化功能，推动了文化资源到文化资本的转变，通过物化资本、体化资本和机构资本等方式促进了文化资本的累加。孔子学院所开创的基于自利和他利的互惠型国际教育合作方式是其基础型社会价值的重要体现，在人文交流、公共外交、文化安全等领域所产生的发展性社会价值既是基础价值的衍生，也是孔子学院作为综合文化交流平台作用的体现。

《非营利组织全球文化治理功能的实践——以孔子学院项目为例》以公共产品理论和自组织理论为基础，对孔子学院全球文化治理功能的实现路径和保障机制进行分析后发现，孔子学院的全球文化治理功能体现在提供全球公共产品、组织中外交流活动、进行跨领域跨组织协调、影响所在国政策并参与地区治理四个方面。孔子学院自身也需要建立“总部一地区中心一孔子学院”的三级治理结构，实现孔子学院不同层级利益相关者的自组织和自主治理。孔子学院的创新实践探索了非营利组织积极参与全球治理的有效路径，为其他机构和项目提供了一定程度的借鉴。

《孔子学院助力"一带一路"建设》指出，孔子学院和"一带一路"倡议开创了一个强调互利共赢的非零和博弈模式，它们发展理念一致，都追求互利共赢，倡导在国际关系中共享发展成果，共担发展风险。"一带一路"建设无疑将提升汉语的经济价值和交际价值，提升沿线国家的汉语学习需求，为孔子学院发展创造生源。孔子学院是"一带一路"倡议的重要实践主体；作为以教授汉语和传播中华文化为使命的公益性教育机构，其发展可以为"一带一路"提供人文支撑，通过语言和文化传播促进沿线国家民心相通，降低交易成本。

《社会资本在孔子学院资源配置中的作用》一文，从社会资本入手，分析其在孔子学院资源配置中发挥的作用及作用机制。文章指出，孔子学院社会资本以信任为基础，通过约束合作、投资回报、心理认同这三条路径发挥资源配置的作用。《适度干预：孔子学院发展中的政府行为选择》一文，从政府行为层面指出应对孔子学院实行"适度干预"，强调干预的客观必然性和合理有效性，遵循干预边界的适度性、干预方式的适当性和干预策略的适时性原则，以提高孔子学院的组织绩效，实现组织使命。《社会网络分析视角下的创新项目扩散研究——以孔子学院为例》和《空间分析视域下的孔子学院全球发展研究》两篇文章，分别运用社会网络分析和空间分析的方法，对孔子学院创新项目扩散机制和全球分布问题进行了研究。基于对孔子学院空间分布形态的分析，文章指出，孔子学院未来发展应适当向发展中国家、"一带一路"沿线国家（地区）倾斜，实现更有效布局，使其社会网络充分发挥传播功能，社会资本得到更高效的配置和利用。《基于扎根理论的孔子学院品牌体验研究》和《教育服务组织品牌关系质量影响机制研究——基于孔子学院的实证》两篇文章，均从品牌研究的视角，通过质性研究和实证调查的方法，探讨了孔子学院的品牌战略以及对教育服务组织品牌成长的借鉴意义。文章指出，孔子学院作为一个面向全球的非营利性教育服务组织，品牌战略是其实现可持续发展的重要途径。核心服务、服务场景及教职员工等消费体验对顾客感知价值具有正向影响，顾客感知价值对品牌关系质量具有显著正向影响。孔子学院应加强自身建设，以核心服务为重点提升功能价值，以教职员工为核心提升情感价值。《文化传播视野下的孔子学院立法完善》与《孔子学院传播网络的构建与运转机制分析》两篇文章，首先从内部聚焦孔子学院的立法完善问题，指出孔子学院需要通过完善国家相关教育法规、健全孔子学院内部治理机制、研究法律在国外运营的适用性、加强与国际组织的合作、建立应急机制和协商机制等措施完善法治建设和治理结构。其次关注整体传播网络构建与运行问题，指出只有建立信息共享机制，遵守共同的行为规范，形成相互信任的关系才能进一步推动孔子学院传播网络的发展。

第三，文化传播与实践研究。语言与文化传播学科鼓励研究者从传播的视角思考和审视当前社会在政治、经济和文化领域的诸多变化，特别是在当前政治多极化、经济全球化和社会媒介化的背景下，如何进一步从不同的理论视域中汲取思想资源，思考技术与文化、符号与意义、新旧媒介转换以及推动中华语言文化走向世界等问题。在所收录的论文中，研究者主要从以下两个方面进行了探讨：

一是中华传统文化的呈现、转换与对外传播以及与之相关的微观意义建构与宏观治理问题。在《基于体验的文化教学与传播——中华传统文化研究与体验基地建设分析》一文中，作者依据山东大学传统文化研究与体验基地的建设经验和传播实践，探讨了以体验为主要形式的文化教学与传播的效果问题。文章指出，中华传统文化研究与体验基地注重在现代语境下展示、讲解和体验中华文化的故事，注重挖掘和诠释优秀传统文化在当今生活中的表征与变迁、内涵与意义，注重有利于体验者在特定的情境中完成学习、体验和感悟等阶段的活动。从实践效果、社会反映以及发展前景看，将文化体验、文化教学和文化传播有机结合的传播方式基本符合文化浸濡的习俗和规律，有较强的综合性、拓展性和可持续性，具有良好的理论研究与实践空间，一些较为成熟的体验内容与教学模块可实现针对性的"模块化"输出，具有在海内外应用推广的价值。同样是对于中华传统文化对外传播问题的关注，《本土化与全球化的交融——中国传统文化"走出去"问题探析》一文指出，目前中国传统文化的国际传播面临渠道、方式、市场、人才等困境；只有在坚持本土化根基与全球化定位的前提下，完善文化政策、加大资金扶持力度、构建多元渠道、创新传播方式、储备传播人才才能推动中国传统文化顺利"走出去"。从微观上看，中华传统文化的对外传播离不开对跨文化语境的深刻体认和对文化符号的精心选择。《跨文化语境下文化符号的意义建构》一文提出，在跨文化传播的情况下，文化符号处于和不同文化语境的对话过程中，在不同语境中会存在不同的意义呈现，很可能产生不同程度的"文化折射"现象，此时应遵照目标语境的横组合和纵聚合规则"序化"叙事结构和类比化象征结构，才能最大限度地提升文化符号与语境的有效互动，保证受众对文化符号意义的预期建构。从宏观上看，中华传统文化成功"走出去"离不开国家对文化治理的有效举措提供保障。在《文化治理：一个治理领域抑或一种治理方式？》这篇文章中，作者指出在国家治理体系中，文化治理与经济治理、社会治理相比，涵盖价值观和思维方式，对各个领域治理产生影响，体现出治理的工具属性。因而在进行文化治理研究时，首先应基于文化本身的多元构成，考量工具属性视角下文化治理的内涵、结构和实现方式。再者，建立文化治理内容属性和工具属性的互系与互惠关系，形成文化治理系统中相互影响和作用、共同发挥国家治理功能的二元结构。再次，把国家治理的边界扩展到世界范围，发挥文化对外交流属性，实现文化的国家治理功能。

二是新技术、新媒介对传播生态、学科建设和文化再生产的影响问题。《技术进步与文化再生产的互系与互惠——基于印刷术和自媒体的分析》一文，将印刷术和自媒体置于各自的历史语境中审视，分析技术革新与文化再生产之间的互动与互惠，探究技术进步所带来的社会文化生成机制的变革。文章指出，技术进步与文化再生产的互惠机制的核心要素有三个方面：一是科学技术水平的不断进步；二是文化资本的特征；三是科技发展、文化生产与文化消费之间循环链条的建构。科学技术的进步具有独立性，按照自身的规律发展演进，以"滚雪球"的方式展示出了强大的自主发展能量。它不仅将文化视为遍布于社会之中的分散、抽象而无形的力量，还将文化变成了一种被生产、传播和传递的事物。同时，技术本身还是一种附着性的存在，具有强大的介入和嵌入能力，表现出一种普惠价值。如《新兴的"他者"抑或理论"试验场"》一文关注微博作为一种新的传播现象，对新闻生产、信息传播和社会交往等各方面产生的冲击，以及对新闻学与传播学学科研究提出的挑战。文章以此为切入点，分析在新的媒介环境下新闻学与传播学在业界实践和学界研究层面呈现出的不同特质，并探讨进一步提升学科研究水平的路径与方向。当然，对实践的观照离不开新思维的激发和新理论的引导。《跨越媒介，回归人文——雷吉斯·德布雷媒介研究思想及其学科价值》一文，主要介绍了法国传播学者雷吉斯·德布雷的媒介学思想，并指出德布雷所倡导的回归传播的人文属性，探寻技术与文化的互动关系，积极思索和回应当前全球化语境下文化传承和文化多样共存问题，有利于扩大当前中国传播研究学术视野，在学科深度和社会发展上都具有建设性意义。

事业和学科的发展相辅相成。当前，孔子学院事业和语言与文化传播学科都到了转型升级的阶段，这既是机遇也是挑战。在新的发展阶段，经验理性很重要，理论探讨与学术分析更是不可或缺，寻找问题、提出问题和解决问题，恰恰应该是事业转型升级、提质增效和学科深入发展过程中的当务之急。欢迎更多的学者同仁加入到孔子学院研究和语言与文化传播研究当中,共同为事业和学科发展贡献智慧。感谢同行和专家在语言与文化传播学科发展和理论研究过程中的指导和支持。书中不当之处,敬请指正。

马晓乐

2018 年 10 月于济南

目录

全球公共产品视角下的语言国际推广分析

王海兰　宁继鸣

【摘要】 语言国际推广是在国家公共产品基础上延伸的全球公共产品。在全球公共产品视角下，语言国际推广具有手段型、强者供给型、网络型、纯公共产品和准公共产品双重性、非中性、消费者可选择性接受六大特征，在供给上形成了以主权国家为主，非营利组织、国际/区域政府组织以及私人和跨国公司等多主体共同参与的混合供给模式。在急剧发展的全球化背景下，国际社会对语言国际推广重要性的理解与认识不足，缺乏供给动力，这要求我们必须从全球角度，跨越物质利益而从国际道义等更高层面予以重视和推动，在供给的动机和理念，供给的方式和手段上有所改进，这对我国当前的汉语国际推广具有重要启示意义。

【关键词】 语言国际推广　全球公共产品　汉语国际推广

Language International Promotion Under the Perspective of Global Public Goods

Wang Hailan　Ning Jiming

Abstract: Language international promotion is the extended global public goods on the basis of national public goods. Under the perspective of global public goods, language international promotion has six features: approach style, strong-supply style, network style, and the dual, non-neutral and consumer-optional features of pure public goods and quasi-public goods. The supply forms a blended supply mode that is based on the sovereign states, with the multiple-entity participation of the non-profit organizations, international/regional governmental organizations, and private and multinational corporations. Under the background of rapidly-developing globalization, international society does not sufficiently realize the significance of understanding language international promotion so that the supply power is deficient. It requires the attention and propels from higher level such as international moral rather than material-profit level, and the improvement of supply motivation, concepts, approaches and measures, that has important significance to Chinese international promotion.

Key words: language international promotion, global public goods, Chinese international promotion

---

语言国际推广是指一国基于政治、经济、文化和外交等方面的需求，有组织、有计划、有目的地面向国外开展语言教育和语言传播的行为。在不同文化和认知模式下的主体在进行互动时，作为交际工具和文化载体的语言，在化解文化冲突，促进有效交流中发挥不可替代的作用。全球化背景下，语言的合理使用和推广对促进有效沟通，进而形成解决相关全球性问题博弈规则的共同知识，降低认知冲突和提升合作水平具有重要意义。我们必须突破意识形态的束缚，不再单纯地以传统社会的思维模式和判断标准来衡量和评判人类社会已经进入"全球化时代"的各种思潮与行为。从公共产品的视角提高对语言和语言国际推广的认知，是一种新的尝试。

语言国际推广是一种典型的国家公共产品，它与国家利益密切相关。随着全球化的深入发展，语言国际推广这一行为所产生的收益突破了国界和世代，成为满足全球化时代不同国家、不同民族、不同个体进行交流和交际的重要途径，成为推动人类多元文化和谐发展、共荣共生的重要手段，是人类适应新时代发展而产生的一种社会需求，具有了全球公共产品的属性，而且这种属性越来越明显。宁继鸣提出语言国际推广具有全球公共产品和国家公共产品双重属性，并比较了两种属性的相互关系以及其作为全球公共产品所具有的特征。① 语言国际推广的双重属性决定了它在全球化和文化多元化背景下的重要性，特别是其全球公共产品属性又决定了供给的极度复杂性。本文将从全球公共产品的视角探讨语

① 参见宁继鸣:《语言国际推广:全球公共产品和国家公共产品的二重性》,《文史哲》2008年第3期。

言国际推广的特征和供给，在多元文化背景下深化对语言国际推广的认识。

一、语言国际推广的全球公共产品属性

全球公共产品是20世纪90年代以来备受关注的全球性问题之一，是一种原则上能使不同地区的许多国家乃至世界上所有国家都受益的公共产品，它是"公共产品"概念在国际范围内的引申和拓展[①]，是收益延伸至所有国家、群体及世代的产品。[②] 从公共产品的本质看，全球公共产品实质是全球大变革下产生的人类共同需求。全球化拓展了公共产品的内涵和外延，引发了对全球公共产品的旺盛需求，也为全球公共产品的提供创造了条件。在新的时代背景下，世界各国能否充分利用全球化带来的好处，最大限度地化解它带来的各种负面效应，已在很大程度上决定于全球公共产品的供应是否完善和充足。[③] 然而，一个不争的事实是，很多主体，包括很多国家、组织和个人等并未意识到全球公共产品的重要性，同时由于目前并不存在一个具有权威性的世界政府，使得无政府状态下全球公共产品的供给十分复杂和困难，供给严重不足。全球公共产品需求旺盛和供给不足之间的矛盾已经成为导致世界范围内出现反全球化运动的重要原因之一，在一定程度上严重影响了全球化利益的实现。全球化时代，完善和确保全球公共产品的供应将是我们维护人类可持续发展必须解决的命题之一。深化对全球公共产品的认知也是本文从该视角探讨语言国际推广的目的之一。

语言国际推广是指有组织、有计划地向世界推广和传播某种语言的

① 参见宁继鸣：《语言国际推广：全球公共产品和国家公共产品的二重性》，《文史哲》2008年第3期。

② 参见[美]英吉·考尔等编：《全球化之道——全球公共产品的提供与管理》，张春波、高静译，人民出版社2006年版，第86页。

③ 参见傅志华、徐航敏：《全球公共产品与国际财经合作》，《经济研究参考》2005年第36期。

行为，从语言本身的重要性和自身特性、语言与文化的相互关系，以及全球化对语言国际教育的需求等维度看，语言国际推广满足公共产品非竞争性和非排他性，以及基于全球化的价值判断和社会需求的本质特征，具有全球公共产品的属性。宁继鸣从语言的重要性以及语言与文化之间的密切关系的角度分析了语言国际推广的全球公共产品属性。[①] 这里我们从语言自身的公共产品属性和全球化时代语言国际教育的重要性角度来进一步阐明语言国际推广的全球公共产品性。

首先，语言本身是一种重要的公共产品，而且具有全球共有的内在特点。非竞争性和非排他性是判定公共产品的技术指标，语言显然具有一定程度的非竞争性和非排他性的特点。一国居民对语言的消费或者使用不会影响到其他消费者对该语言消费的数量和质量，而且很难排斥其他人对该语言的使用；相反，他人的使用还将增加该语言的价值进而提高该居民从该语言中获得的收益，因此从理性的角度个体也不会排斥他人使用。作为人类的交流工具和文化载体，语言是人类共同的财富，本质上具有为全球共有的内在特性。不同国家的人们使用同一种语言，而且从中受益。尽管每一种具体的语言都是在特定的时间、空间和历史环境下形成的，具有较强的地域性，体现了浓厚的民族色彩和文化特色，但是从本质上看，语言从其产生开始就具有不受空间限制的内在特点，只要人类对该语言有学习和使用的需求，语言就有跨越地域的可能。随着全球化的发展和人口的跨国界流动以及交往的增加，语言的全球公共性特点日益彰显。不同国家的人使用同一种语言，且在共同使用中获得利益，这也就是说，语言是一种全球公共产品。[②] 即便那些仍然局限在狭窄地域和少数人群中使用的濒危语言，也正在引起国际社会的更多关注。

① 参见傅志华、徐航敏：《全球公共产品与国际财经合作》，《经济研究参考》2005 年第 36 期。
② Isaac Taylor, "Language as a Global Public Good," *Res Publica*, 2014, Vol. 20, pp. 377-394.

其次，全球化发展使得语言教育成为个体基本教育的重要内容，满足各国居民的语言教育需求既是一项重要的国家公共产品，同时其全球性特征愈加明显。伴随全球化进程的不断加深，国家与国家、民族与民族之间的交流日益深入而频繁，越来越多的国家、民族和个体被置于开放的、多语种的复杂环境中。不可否认，多样性的语言和多元化的文化是人类的宝贵财富，人类因为语言和文化的多样性变得更加多姿多彩。全球化的发展将这种多样性以更快的速度真实地呈现在我们的面前；同时，全球化所带动的包括人力资源在内的各种生产资料在世界范围内的流动和分配，客观上给人们提供了接触、了解和分享其他国家的语言和文化，感知文化多元性的机会。从理论上说，全球化带来的这种机会将有利于增加消费者的效用，因为它至少给消费者提供了更多选择的机会，扩大了个体的选择集合。然而，面对全球化所带来的多样性选择，对个体而言最重要的是具有适应并享受这种多样性的能力，只有具备了这种能力，其效用才会随之增加；否则，个体效用可能不仅不会增加反而会递减，因为个体被置于一个竞争更加激烈和不确定的环境。而个体要获得这种适应能力，掌握一种外语技能是非常重要的。

在全球化这个开放的系统中，个体如果不学习或不去了解别的国家的语言和文化，将难以适应全球化的发展。语言教育是个体适应文化多元化和利用全球化带来的机遇的重要途径，它将日益成为所有人应该普遍获得的一项基本教育权利。在联合国2000年制定的《新千年发展目标》中，"全民基本教育与保健"[①]被列入全球公共产品行列。通过国际合作，提高本国公民的语言能力和跨文化交际能力已经成为一种国际共识，并且已有大量的实践活动，这种共识的形成和实践的发展体现了语言教育所具有的全球公共产品属性。

① 参见[美]英吉·考尔等编：《全球化之道——全球公共产品的提供与管理》，张春波、高静译，人民出版社2006年版，第39页。

综上所述,语言国际推广具有全球公共产品的属性,而且随着全球化进程的发展,其全球公共产品属性更加明确,其作用愈加凸显。

二、全球公共产品视角下语言国际推广的特征

作为全球公共产品,语言国际推广具有手段型、强者供给型、网络型等特征[①],同时还具有以下特征。

第一,语言国际推广属于双重类型的全球公共产品。坎波尔等[②]根据全球公共产品是否满足非排他性和非竞争性,将其分为纯全球公共产品和准全球公共产品两类。纯全球公共产品是指完全具有非排他性和非竞争性,其受益者包括所有国家、群体和世代;准全球公共产品只满足其中的一个性质,其中,只具有非竞争性属于全球俱乐部产品,只具有非排他性的属于全球共享资源。根据此划分标准,从过程和结果不同角度考察,语言国际推广具有准全球公共产品和纯全球公共产品双重类型的特征。

从过程看,语言国际推广主要以语言教育的方式提供,在消费上具有局部排他性,同时具有消费的非竞争性[③],属于准全球公共产品。在同一个教室内,一个人在接受语言教育时,并不影响另外的人听课,但是当教室内过于拥挤时,其他人就会被排除在教室之外,而且这种排除很容易做到。另外,目前在各国语言国际推广中普遍应用的奖学金项目,也具有准公共产品的性质,一个人拿到奖学金所获得的收益并不影响其他奖学金获得者的收益,但是由于奖学金数量有限,一部分人的获得会将另外一些

① 参见宁继鸣:《语言国际推广:全球公共产品和国家公共产品的二重性》,《文史哲》2008年第3期。

② Kanbur, Ravi, Todd Sandler & Morrison, "The Future of Development Assistance: Common Pools and International Public Goods," Washington, D. C: Overseas Development Council, 1999.

③ 参见张卫国:《作为人力资本、公共产品和制度的语言:语言经济学的一个基本分析框架》,《经济研究》2008年第2期。

人排除在奖学金名单之外。

从结果看，语言国际推广有利于增进世界多元文化的融合共生，有利于增强不同国家和民族之间的相互了解和理解，是构建和谐世界的重要途径。从这个角度看，语言国际推广所带来的收益是非排他、非竞争的，具有纯全球公共产品的特征。

第二，语言国际推广具有公共产品的非中性特点。公共产品的非中性包含两层意思：一是公共产品可能使有的主体受益，有的主体受损；二是每个人受益或受损的程度不同。[①] 同时，不同主体所获得的收益形式也存在差异。简言之，非中性是指在使用同一公共产品时，每个主体能够从中获得的收益存在很大差别。作为全球公共产品的语言国际推广同样具有非中性的特点，不同国家、不同主体从每种语言国际推广中所获得的收益在数量、形式和范围等方面各异。例如，推广国在推广初期从语言国际推广中获得的主要是政治收益、文化收益等较难测量的"软性"收益，但随着语言推广的推进、该语言普及程度的加强，推广国在获得"软性"收益的同时，还将获得经济收益，而且这种经济收益可能是巨大的；语言接受国同样可以从语言推广中获得文化收益，但其主要获得的是以奖学金、优质语言教育产品和服务等形式表现的经济收益，以及多语人才给本国带来的间接经济收益。[②] 此外，受经济发展程度和国际关系等因素的影响，不同国家所能享受的语言国际推广的产品数量和质量不同，进而导致各主体受益程度存在差异。一般而言，经济发达国家拥有更多的语言推广机构和服务，从中得到的收益相比经济落后的国家要更多。

第三，语言国际推广属于消费者可选择性接受的全球公共产品。在语言国际推广中，受众是自愿消费，对产品可以选择性接受，这种选择具体表现为选择性注意、选择性理解和选择性记忆等，对语言推广的内容、

① 参见李增刚：《全球公共产品：定义、分类及其供给》，《经济评论》2006 年第 1 期。

② 成本的节约等价于收益增加。

时间、方式等有自己的偏好。语言国际推广所面对的受众是广泛而复杂的。不同国家、不同地区、不同文化背景下的受众对语言推广的需求存在很大差异，即便是同一国家、同一文化背景下的受众，由于其年龄、职业、性别等的差异，也会对语言国际推广产生不同的偏好组合。消费者可选择性因素的存在和需求的多样性，对语言国际推广的供给提出了更高要求。

三、全球公共产品视角下语言国际推广的供给

（一）语言国际推广的供给现状

就全球层面而言，当前语言国际推广存在供给不足和供给不平衡。

首先，语言国际推广存在明显的供给不足。有证据表明，在所有的公共产品当中，保证全球公共产品的充分供应与合理配置，难度最大。这些产品的数量范围往往让人望而生畏，而且达成协议所需涉及的行为主体数目众多，这使全球管治成了前所未有的一大挑战。英语国际推广是目前全球各种语言推广中供给量最大的，但是相对于全球的旺盛需求而言，仍然不够充足。在很多国家和地区，仍然有很多人无法获得高质量的英语教育产品和教育服务。而其他大部分的语言，由于需求的分散性和多样性，也存在供给不足的现象。

其次，语言国际推广还表现为供给不平衡。语言国际推广现在还只是具有经济实力的大国的特权，强势语言对弱势语言造成的威胁和挑战不可抵挡，绝大部分经济相对落后的国家和民族无力推广本身的语言，他们的语言也往往因为缺乏经济价值或经济价值较低而无法激发他国民众学习的兴趣。[①] 那些处于边缘地带的语言和处于中心位置的绝大部分语

① 参见宁继鸣：《语言国际推广：全球公共产品和国家公共产品的二重性》，《文史哲》2008 年第 3 期。

言，实际上是供给不足和消费不足同时共存。语言国际推广的供给不平衡还表现为推广的各种语言在供给的数量、质量和区域上也存在较大差异。当然，从某种程度上说，不同语种所呈现出的供给不足与消费不足同时并存的现象是由于语言作为一种经济物品由市场选择的必然结果。我们很难通过定量的方式测度全球各种语言的供给和需求之间到底存在多大缺口，不同语种之间以及同一语种在不同地区之间到底有多大的不平衡，而主要是通过现象来反观这种供给的不平衡。

（二）语言国际推广的混合供给模式

公共产品主要由政府提供，但是在世界范围内并不存在一个凌驾于各国之上的全球政府，短期内也不可能建立这样一种政府的情况下，确保全球公共产品的供应，要求政府与企业、国际部门以及公民社会组织之间开展合作。[①] 随着全球化进程的深入，这种要求越来越强烈。作为一种特殊的全球公共产品，目前语言国际推广形成了以主权国家为主，非营利组织、国际/区域政府组织，以及私人和跨国公司等多主体共同参与的混合供给模式。如图1所示。

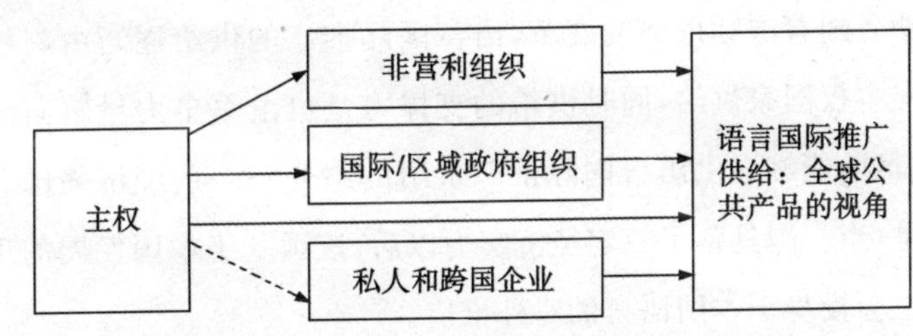

图1　语言国际推广：以主权国家为主、多元主体共同参与的混合供给模式[②]

1. 从霸权国家供给到主权国家供给

在历史上，少数霸权国家曾一度成为语言国际推广最主要的供给主

① 参见［美］英吉·考尔等编：《全球化之道——全球公共产品的提供与管理》，张春波、高静译，人民出版社2006年版，第94页。

② 私人和跨国企业提供语言国际推广产品时尽管具有很大的自主性，但是其行为一般都要受到主权国家（政府）政策导向的影响。

体，如16～17世纪的西班牙、17～19世纪的法国、18～20世纪初期的英国，都曾通过语言殖民教育的方式提供了大量语言国际推广产品，而且这种语言殖民教育很大程度上直接形成了今天的世界语言政治格局。霸权国家所提供的语言国际推广产品不仅巩固了当时的殖民统治，而且至今仍使其从本国语言中获得巨大政治收益和经济收益。在这一历史阶段，语言国际推广更多表现为一种国家公共产品。霸权国家主要依靠其强大的军事力和政治力，以强制手段迫使他国学习来实现本国语言的推广，这种推广模式建立在强大的军事力量基础上。从某种程度上说，它是以对另一种语言的迫害甚至是毁灭为代价的。第二次世界大战结束后，旧的殖民体系被打破，但世界主要国家推广本国语言的动力没有改变，而只是在推广形式上采用援助、国际合作等更加温和的形式进行，同时更多有经济实力的国家也开始进行语言对外推广，如日本、韩国、俄罗斯等。在全球化的今天，语言国际推广具有了“消费者可选择接受”的特点，民众的语言学习需求成为语言国际推广的重要前提，一国已无法通过强权迫使他国学习本国语言，而只有尊重和适应他国民众的选择和需求，语言推广才可能成功。随着国际形势的变革，语言国际推广的供给逐渐由霸权国家供给转向主权国家供给，同时供给的支撑力量也由军事力量转向经济实力，因此目前能够提供语言国际推广供给的主要是一些经济强国。可以预见的是，当一国具备了一定经济实力以后，该国基于本国发展的理性选择往往也会投身于本国语言的对外推广。

2. 非营利组织供给

非营利组织在全球化时代得到迅猛发展，并在全球公共产品供给的某些领域开始发挥独特作用。在语言国际推广中，非营利组织扮演了极其重要的角色，成为重要的供给主体。参与语言国际推广的非营利组织包括各国政府在海外设立的专门性语言国际推广机构以及其他社会组织。

为加强本国语言的对外推广，世界主要国家都设立了专门的语言国际推广机构，各语言推广机构在性质上都将自身界定为非营利组织，在机构的宗旨和使命、资金来源和利益分配等方面都直接或隐含了非营利组织的一般性。在宗旨上，很多机构直接强调其非营利性，如孔子学院在《章程》中明确规定孔子学院为非营利教育机构；法语联盟强调不参与政治和宗教活动，坚持组织的非营利和公益性；塞万提斯学院隶属于西班牙外交部，是一个非营利性质的公共机构，具有独立的法人资格。在资金来源上，政府的财政补贴和民间捐赠是各语言推广机构运营经费的主要来源。如英国文化委员会每年接受政府大量的财政资金支持；法语联盟各分支机构将企业和基金会赞助作为其重要资金来源；国际俄罗斯语言和文学教师协会经费主要依靠政府和民间组织的捐助，协会集体会员和个人会员的会费，以及一些国际组织、国家、民族和个人为协会提供的资助。[①] 各语言推广机构都将组织收益用于组织的扩大和发展而不是分配给组织成员。这些都符合非营利组织的一般特性。

此外，很多国家的社会组织也积极参与本国语言的对外推广事业。如美国的卡耐基国际和平基金会、福特基金会和洛克菲勒基金会等机构每年都大量赞助开发国外英语教学资源，在英语的国际推广中发挥了重要作用。这些社会组织对英语国际推广的贡献不仅大大降低了政府在这方面的开支，而且效果显著。

3. 国际/区域政府组织供给

国际/区域政府组织通过协调政府间合作，制定国际/区域间语言与文化政策等推动全球语言融合，成为语言国际推广的另一重要供给主体。国际/区域政府组织一方面从国际道义的高度倡导维护语言文化多样性的基本理念，另一方面通过制定国际/区域内政策，促进国家间的语言教

① 参见宁继鸣：《汉语国际推广：关于孔子学院的经济学分析与建议》，山东大学博士学位论文，2006 年。

育合作，在一定程度上弥补了主权国家以逐利为根本动机进行语言国际推广而对多元语言文化可能带来的负面影响，在语言国际推广中发挥着不可替代的作用。尽管目前该类组织在语言国际推广供给中的作用还十分有限，但随着全球化进程的推进和主权国家在语言推广上投入力度的加大以及语言教育市场竞争的加剧，国际/区域政府组织将在确保各国在平等、有序、宽容等基本原则上推广多国语言，维护语言文化多样性中利用其独特优势承担更多责任，发挥更大作用。目前在语言国际推广供给中比较典型的国际/区域政府组织有联合国教科文组织和欧盟。

联合国教科文组织以促进人类语言文化的融合发展，维护世界和平稳定作为根本使命，近十年来围绕维护语言文化多样性，制定和颁布了大量相关文件和行动计划，在推动人类语言的传播、特别是弱势语言的保护和发展中扮演不可替代的角色，为主权国家间开展语言与文化的交流提供了合作平台，成为语言国际推广的重要主体。在语言国际推广中同样发挥重要作用的政府间合作组织还有欧盟。在欧洲一体化漫长的历史进程中，其在经济、货币、法律和政治领域中都是由协调走向趋同，最终实现一体化，但是在语言和文化上却始终坚持多元主义，制定了欧盟语言多元化政策和大量旨在促进欧盟各成员国间教学和交流的年度性或阶段性行动计划，如"语言教学合作项目""伊拉斯谟高等教育合作项目"等，用以鼓励并资助各成员国的外语教学和研究，培养专业外语师资，改善外语教学条件和探讨外语教学模式的多样性等。① 欧盟有关语言多元化的政策和行动计划对促进各成员国之间的语言教育合作，推动联盟内各国语言的推广发挥了重要作用。

4. 私人和跨国公司供给

私人和跨国公司以其灵活、多样化的供给方式成为全球公共产品供

① 参见傅荣：《论欧洲联盟的语言多元化政策》，《四川外语学院学报》2003 年第 3 期。

给的有益补充，而网络时代信息的多元化交互式传播，也为它们参与某些全球公共产品的供给提供了便利条件。语言国际推广是一项主要以教育形式供给的公共产品，个体可以从不同层面，以不同形式参与其中。例如在美国，许多语言学、心理学、教育学和应用语言学领域的知名专家和学者参与了英语国际推广的指导，保证了对外英语教育的顺利进行。

同时，语言本身是一种具有价值、效用、费用和效益的特殊经济物品，语言技能投资是一种重要的人力资本投资，个体为获得语言技能需要、愿意支付一定的成本，语言教育具有产业化发展的潜在可能性，这为以盈利为主要目标的跨国公司参与语言国际推广的供给奠定了前提。当一种语言具有了较高的经济价值，形成了一定市场需求后，公司化运作的语言教育供给主体就会出现。最明显的就是英语，目前国际英语教育已经发展成为一个庞大的产业，从某种程度上说，当今英语的国际推广已经形成主要由跨国公司推动的局面。英国广播公司（BBC）、新东方等跨国公司通过提供英语教育产品和服务在英语国际推广中发挥特殊作用，同时从中获得了巨大的经济收益。

主权国家、非营利组织、国际/区域政府组织以及个人和跨国公司构成了目前全球层面上语言国际推广的供给主体，但各行为主体在发挥作用的形式、力度、范围等方面存在很大差异，而且与使用特定语言的国家或群体的经济实力和国际地位以及该语言本身的经济价值大小等密切相关。但总体上是以主权国家为主，其他行为主体共同参与的混合供给模式。

四、结语与启示

全球化的趋势已经不可逆转，为维护人类的可持续发展，我们要讨论和解决的不再是全球化是否可行，或者是否应当的问题，而是要顺应这一趋势，从哲学、政治、经济、科技、文化、社会、国际关系等多个维度提高对全球化的认知，完善全球化规则，提供充足的全球化公共产品，尽可能化解全球化带来的负面效应。对全球公共产品的认知和供给已经不仅仅是国际道义问题，而且关乎人类生存问题。作为一种公共产品，语言国际推广需要一定的经济基础，然而，在此基础上，我们必须更加强调和关注人类社会发展中的人文关怀与精神需求，从更高的视野、更高的层次理解和推动语言的推广与传播。我们必须意识到，当人类的语言生态系统出现单极化趋势，语言文化多样性受到严峻挑战和威胁时，如果不从全球角度出发，不超越物质利益，不从国际道义等更高层面来推动语言国际推广，那将会给人类造成无法估量也无法弥补的损失。本文从全球公共产品的视角考察语言国际推广的特征与供给，旨在为人们在全球化时代认知语言国际推广提供一种新的视角。就从人类的长期发展来看，我们期望世界各国，特别是发达国家应更多地从人类道义和全球利益的角度，或者说要真正更多地从全球公共产品的角度，尊重和认可他国语言和文化，在“和而不同”的理念下，理解和支持其他语言和文化的国际推广与传播。只有这样，人类才能真正实现语言多样性和多元文化融合共生的美好愿景。

与此同时，语言国际推广同时具有全球性和国家性的二重公共产品属性，在我们从全球性的视角探讨其供给时仍无法回避其作为国家公共产品的现实特征，在供给过程中要充分关注语言国际推广的双重公共产品特性，顺应全球化时代的发展需求，优化供给理念，改进供给手段和方式，对我国当前的汉语国际推广具有重要的启示意义。

第一，在汉语国际推广的供给动机和理念上，我们必须充分意识到多元文化和多种语言是推动人类社会发展，促进文化借鉴和语言学习的最根本动因。当人类的语言生态系统出现单极化趋势，语言文化多样性受到严峻挑战和威胁时，如果不从全球角度，不超越物质利益而从国际道义等更高层面来推动语言国际推广，那将会给人类造成无法估量也无法弥补的损失。在语言国际推广中，既要强调对国家和民族利益的追求，又要关注全球利益，从全球公共产品的视角予以推动。国家利益是国家行为的逻辑起点，只有当行为符合国家利益，或者通过该行为国家能从中获得高于成本的收益时，理性的国家才会采取主动行为。语言国际推广首先表现为国家公共产品，当其符合一国发展利益时，国家会出于本能以强大的动力予以提供，而当语言国际推广更多地要服务于全人类的共同需要，表现为全球公共产品时，国家作为语言国际推广核心供给主体的供给动力可能会被削弱，它同样会本能地从本国利益出发权衡是否供给，当且仅当语言国际推广的收益大于成本时，国家才愿意提供。就一国的利益而言，从理论上说全球公共产品和国家公共产品本质应该是一致的，都能给一国带来好处。但是由于全球公共产品具有“非中性”特点，它使得每个国家从中获得的利益不相等，这就会出现一国提供全球公共产品的成本和收益不相匹配的情况。付出多的国家可能只获得很少的收益，此时全球公共产品和国家公共产品就出现利益不相容，提供全球公共产品可能使国家公共产品的收益受损，理性的国家面临在全球公共产品和国家公共产品供给之间的权衡选择，而这个选择往往是一个复杂的过程。在国家资源一定的情况下，全球公共产品与国内公共产品在供给上存在竞争性。有时一个国家积极参与提供全球公共产品，需要以降低本国国民福利为代价向其他国家的国民提供产品或者服务，这意味着本国国民利益受损。然而，参与提供该类全球公共产品往往会提升一国的国家形象，而国家形象的提升又会使本国居民获得无形收益。因此，任何国家在提供全球公共产品和国家公共产品之间都存在一个均衡点，这个点可能是动态的，但必然存在一个这样的点，这个点是能使国家获得最大收益的全球公共产品和国家公共产品的供应均衡点。在汉语国际推广过程中，考虑本国的利益，这是无可厚非的，这也是国家开展语言国际推广的根本动力所在。我们所要强调的是，在全球公共产品视角下，中国开展汉语国际推广除了追求本国利益外，还必须将语言国际推广纳入服务人类社会整体福利的框架下进行考察，关注全球利益，实现共赢，只有这样才能实现汉语国际推广事业的可持续发展。

第二，在汉语国际推广的供给方式和手段上，要建立多层级、多主体参与的语言国际推广供给模式，区分国内供给和国际供给的差异，采取国际社会可以接受的方式和手段进行汉语和中华文化产品的供给。全球公共产品和国家公共产品之间具有非常复杂的关系，它们既可能相互转化，又可能相互重合，有时甚至彼此不兼容。根据公共产品供给理论，作为纯国家公共产品，语言国际推广毫无疑问是由政府来提供。但作为全球公共产品，由于全球性世界政府的缺失，语言国际推广存在天然的供给能动力不足问题，其供给更为复杂。在全球化背景下，我们需要建立以中国政府为重要主体，非营利组织、跨国公司、各国政府、个体等多元主体共同参与，以合作为主要形式的汉语国际推广供给体系。

（原载《制度经济学研究》2015 年第 2 期）

政府对个体语言技能资本投资的影响

宁继鸣　王海兰

【摘要】 全球化背景下,国民的语言技能水平逐渐成为衡量一国国际化程度的重要指标。如何提高国民的语言交际收益,提升国民的交际能力和国际化素养,成为全球化时代政府公共政策制定的一项新的要求。政府通过语言教育政策影响和规定个体的语言投资选择集合,或者通过影响不同语言技能资本投资的成本—收益结构,最终影响个体的投资决策。国民的交际收益主要通过语言技能资本投资获得。本文以语言技能资本投资的特性和原理为切入点,阐释政府影响个体语言技能资本投资的理论依据,以代表性国家为例分析其影响的主要措施和主要机制对我国政府如何提高居民的语言交际收益具有启示和借鉴意义。

【关键词】 语言技能资本　教育投资　成本—收益

The Impact of Government on the Investment of Individual Language Skills Capital

Ning Jiming　Wang Hailan

Abstract: Under the background of globalization, the level of language skills of the citizens has gradually become an important indicator to measure the degree of internationalization of a country. How to improve the benefits of national language communication and enhance national communicative competence and international literacy, has become a new requirement of government public policy making in the era of globalization. The government influences and regulates the language investment selection set of individuals through the language education policy, or finally influences the investment decision of individuals through the cost-benefit structure of the capital investment of different language skills. The communicative income of citizens is mainly obtained through the investment of language skills capital. Taking the characteristics and principles of language skills capital investment as the entry point, this paper explains the theoretical basis of government's influence on individual language skills capital investment, and takes representative countries as examples to analyze the main measures and mechanism of its influence, which has enlightenment and reference significance for Chinese government to improve residents' language communication benefits.

Key words: language skills capital, education investment, cost-benefit

语言是人类沟通和交流的重要工具,同时是文化的重要载体。随着全球化进程的深入发展,语言在国际交往中的地位和作用日益凸显。国民的语言技能水平逐渐成为衡量一国国际化程度的重要指标,多语人才成为一个国家的重要财富。提高国民的语言交际收益,提升国民的交际能力和国际化素养,成为全球化时代政府公共政策的一项重要目标。为此,各国政府对本国语言教育和本国语言的国际推广的重视达到前所未有的程度。一方面,各国政府都在积极行动,加强本国的外语教育,提升本国居民的外语技能,从而在国际竞争中占据更大优势。即便是作为当今世界唯一超级大国的美国,也特别颁布了一系列与国家安全有关的外语政策,把外语人才培养作为一项国家综合战略,加大外语教学支持力度,设立全球性协调管理机构,推动包括汉语在内的"关键语言"教学在学校中的普及。外语能力成为国家未来竞争力的重要组成部分。[①] 另一方面,各国政府又在积极向外推广本国语言,如英国、法国、德国等世界主要经济强国都已有很长的对外推广语言的历史,其目的是提升本国语言的影响力和国际地位。但无论是对内的外语教育,还是对外的语言国际推广,一个共同的政策目标是提升国民的整体交际能力,扩大国民的交际范围和交际收益,使其可以使用母语或第二语言跟世界上更多国家的居民进行交际,这一政策目标归根结底要通过影响和改变个体语言技能资本投资决策来实现。与政府影响和干预个体语言技能资本投资的丰富实践相比,理论层面的研究相对滞后,对政府影响个体语言技能投资的理论依

① 参见王建勤:《美国"关键语言"战略与我国国家安全语言战略》,《云南师范大学学报(哲学社会科学版)》2010年第2期。

据、影响的机理和措施以及主要影响机制等问题缺乏系统研究。

从经济学的角度看,个体的语言学习是一种重要的人力资本投资形式。一国经济的发展只有建立在高素质的人力资源基础上,才能拥有一个坚实的可持续发展的基础[①],而语言技能是全球化时代国民成为高素质人才所必备的条件。因此,研究语言技能资本投资对国家的长远发展具有重要意义。语言技能资本投资符合人力资本投资的一般原理,同时由于语言本身的重要性和特殊性,语言技能资本投资又具有自身特性。本文将从语言技能资本投资的特性和原理出发,探讨政府为什么影响、如何影响个体的语言技能资本投资,以期深化对政府语言教育和语言国际推广政策的认识,并为我国的汉语国际推广实践提出政策建议。

一、政府影响个体语言技能资本投资的理论依据

语言技能作为一项凝结于个体的人力资本,具有私人产品的特性,其投资主体是个体,但我们同时发现各国政府在个体的语言技能资本投资过程中发挥着重要作用,甚至是决定性作用。政府通过语言教育政策影响和规定个体的语言投资选择集合,或者通过影响不同语言技能资本投资的成本—收益结构,最终影响个体的投资决策。政府为什么要影响和干预个体的语言技能资本投资?我们可以从语言技能资本投资的外部性和公共性上找到答案。

语言是具有网络外部性的公共产品,个体进行语言技能资本投资不仅仅能使个体受益,而且能产生外部性。对家庭而言,个体通过掌握的语言技能更多地了解该语言使用国的历史和文化等,并将其与家人分享,丰富家人的精神生活。对企业而言,一个员工的语言技能资本存量越大,其

① 参见孙威:《科教兴国战略与知识经济的演进路径分析》,《经济纵横》2011 年第 5 期。

所带来的高劳动效率也会对其他同事产生积极的绩效影响，因为他(她)的语言技能会通过某种“溢出”效应而影响到其同伴语言技能的改进或提高。同时，同伴还可以通过他(她)间接地与其他人进行交际或获得更多的信息和知识。从整个社会来看，多语人才是一个国家的财富。一个人的语言技能资本存量越高，其适应工作要求的能力越强，从而失业的可能性更小，这将减少社会用于失业救济或补贴的负担。个体的语言技能资本投资对社会产生的一个重要外部性是，它可以提高一国居民的国际化素质，使得一国能更快地适应全球化发展的需要，降低本国与其他国家进行经济贸易往来的交易成本。综上所述，个体进行语言技能资本投资除了自己受益外，还能给他人以及社会带来收益。

同时，语言技能资本投资作为教育投资的重要内容之一，与其他教育投资一样具有公共产品的性质。首先，语言满足消费的非排他性和非竞争性，具有公共产品属性。一个居民对语言的消费或者使用不会影响到其他消费者对该语言消费的数量和质量，而且很难排斥其他人对该语言的使用，相反他人的使用还将增加该语言的价值进而提高该居民从该语言中获得的收益。其次，语言教育是准公共产品。教育产品是一种典型的介于公共产品和私人产品之间的准公共产品，具有较弱的排他性和较强的收益性等特点。在一定的空间范围内，个体享受语言教育产品和服务时不会导致其他人失去教育机会，也就是说大家可以共同享受老师提供的语言教育服务。尽管语言技能作为人力资本依附于个体，但是其形成过程的公共性和形成后的外部性决定了政府对语言技能资本投资进行干预是必然的。

二、政府影响个体语言技能资本投资的主要措施

个体的语言交际收益是指个体言语库[①]中所掌握的语言给个体带来的潜在交际机会，它可以刻画为"世界上至少能用一种语言与其进行交流的人口数量以及交际机会"[②]。个体掌握的语言种类越多，所掌握语言的使用者越多，个体的交际机会就越多，相应的交际收益就越大。政府有两种途径来提高国民的交际收益：一种是加强外语教育，增加个体言语库中的语言种类，提升国民的外语技能，使得国民可以通过外语跟世界上更多人进行交际；一种是对外推广本国语言，扩大本国语言的使用范围和使用者数量，使得本国居民可以通过母语跟更多非母语者进行交际。与一般人力资本投资一样，投资的成本和收益是个体进行语言技能资本投资的重要决策因素，在给定其他条件不变的情形下，当投资成本降低时，投资回报率上升，个体将增加语言技能资本投资；同样，当投资收益上升时，投资回报率上升，个体的投资需求也会上升。政府影响个体语言技能资本投资的主要目的是希望个体掌握和使用某种语言，或者不使用某种语言，而这个目标要通过影响和改变本国居民或他国居民的语言技能资本投资决策来实现。其影响机理集中于两点：一是影响语言技能资本投资的成本，二是影响语言技能资本投资的收益。我们分别分析影响本国居民和他国居民的语言技能投资采取的主要措施。

(一)政府影响本国居民语言技能资本投资的主要措施

政府影响本国居民语言技能资本投资的主要目标是提升本国居民的外语技能，以提高其获得知识和信息的能力，最终提高居民的劳动生产率和国际化素质。政府对本国居民语言技能资本投资的干预也是紧紧围绕

① 言语库是指语言知识库，是个体掌握的各种语言变体（语言、地域方言、社会方言等）的集合。

② Jeffrey Church and Ian King, J., "Bilingualism and Network Externalities," *Canadian Journal of Economics*, 1993, No. 2.

影响和改变语言学习的成本和收益展开的。大致包括三个方面:一是从法律层面对本国居民所使用语言进行规定,如是单语还是双语;二是对本国外语教育政策的规定,包括将哪种语言作为第一外语,个体从什么年龄开始接受外语教育等;三是对劳动力市场中使用的语言进行规定等。下面以代表性国家为例,分析不同国家政府在这方面所采取的措施,以及对个体语言技能资本投资的影响。

1. 通过语言政策影响个体的语言技能资本投资

语言政策是"一个社会在语言交际领域的政策,这些地位、原则和决定反映了社区群体与其可操用语言、交际潜力的关系","是关于语言和社会生活之间的关系的一系列有意识的选择"。[①] 政府通过语言政策来规定或影响不同语言在本国范围内的地位,进而影响个体的语言技能资本投资决策。一般而言,个体往往会投资或者不得不投资政府语言政策中所规定要使用或可以使用的语言,如当一种语言被规定为官方语言时,个体将不得不投资该语言。如瑞士宪法规定"瑞士以德语、法语、意大利语和罗曼什语为国语;德语、法语和意大利语为联邦官方语言"[②]。由于通过宪法规定了官方语言和国语的多样性,因此从法律和现实层面维护了多语的社会语言环境,这对个体的语言技能资本的提升将起到促进作用。美国的语言政策对个体语言技能资本投资的影响更为明显。美国是个多语种国家,18 世纪末到 19 世纪中叶,美国的语言政策倾向于维护语言的多元化,尽管政治家和一些有影响力的人士坚持认为应鼓励全体美国人讲英语,但并不阻止他们继续使用其他语言。在这一时期,一些州还通过立法的形式来确保英语以外其他语言的地位,如宾夕法尼亚州对德语和路易斯安那州对法语的确认,部分关于土著人的法律也是用土著语言印制的。但从 19 世纪下半叶开始,美国多语主义的政策和态度发生了较大

① 参见张卫国:《语言的经济学分析:一个初步框架》,山东大学博士学位论文,2009 年。
② 普忠良:《一些国家的语言立法及政策述略》,《民族语文》2002 年第 2 期。

转变，强化或保护英语以外其他语言的政策逐渐被废除，讲“规范”、标准的英语成为教育界和官方的一致要求。① 许多州制定法律，要求学校只讲英语，并对在课堂上使用其他语言的教师处以罚款。美国的这些语言政策“是维护英语的绝对权威，排斥和打击其他语言的政策”②，从理论上说它会促使个体更多地学习英语，而减少甚至完全放弃对其他语言的投资。这也是为什么尽管美国联邦未将英语确立为官方语言，但美国又呈现出唯英语情形的重要原因。

2.通过外语教育政策影响个体的语言技能资本投资

外语教育政策是语言政策在教育领域的体现，也是语言政策最终能够得到贯彻落实的重要保障。教育是个体获得语言技能资本的重要途径，因此各国的外语教育政策直接影响本国居民的外语选择和外语学习。外语教育政策对个体语言技能资本投资的影响主要体现在：它规定了学校教育中学习外语的最低年龄以及人们可以从学校教育中获得的外语教育集合等。澳大利亚要求学生根据自身情况学习一门外语，外语课程设置相对灵活，内容多样，有必修课和选修课。③ 与整个国家的教育政策相对应，外语成为各州（区）学习的核心课程，是八大关键学习领域之一。④ 在澳大利亚政府的直接推动下，教育部门加强了外语教学，使得学生对外语的学习和投入力度加大，学习日语、汉语和印度语的人数呈增加趋势。在德国，联邦州文化教育部长联席会议（Kultusministerkonferenz der Lander，简称 KMK）于 1964 年通过《联邦德国州教育事业一体化协议修订稿》，简称《汉堡协议》。该协议详细规定了在普通中学、专科高中和文理中学的不同年级开设外语课的各种情况，要求将第一外语作为必修课，一般为英语；规定了开设第二语言作为选修课或必修课的学校类型和情

① 参见周玉忠：《美国的语言政策及双语教学简述》，《语言与翻译》2002 年第 4 期。
② 蔡勇良：《论美国的语言政策》，《江苏社会科学》2002 年第 5 期。
③ 参见罗爱梅：《澳大利亚外语教育政策之特点》，《教育评论》2010 年第 4 期。
④ 八大关键学习领域包括数学、英语、艺术、外语、健康与体育、社会环境、科学以及技术。

况。[①] 该协议将外语学习提升到一个新的高度，1994 年、1999 年和 2001 年又对协议内容进行补充，先后增加了多项关于外语学习的具体规定，包括小学、文理中学 6 年级学生可以学习第二外语，8 年级学生可以学习第三外语，移民学生可以将原所属国家的语言或俄语作为必修外语，外国学生可以将母语作为第二外语以及某些州可以将其他外语作为第二外语等。德国政府通过对本国外语教育的有关规定，一方面对个体的外语技能提出更高要求；另一方面扩大了学生外语学习的选择集合，为对外语学习感兴趣的学生提供了学习多种外语的机会，对个体的语言技能资本投资产生重要影响。

3.通过对劳动力市场中使用语言的规定影响个体的语言技能资本投资

劳动力市场对语言技能的需求或要求状况是个体进行语言技能资本投资的重要指示信号。当劳动力市场对某种语言技能需求增加时，个体往往也会增加对该语言技能资本的投资。政府可以通过法律政策对某些特殊岗位的工作语言进行规定，进而影响甚至决定个体的语言技能资本投资决策。例如爱沙尼亚 1989 年通过的《爱沙尼亚苏维埃社会主义共和国语言法》规定，“各级领导及国家政府、行政管理部门、社会组织、社会治安和监察机构的工作人员，医疗人员和记者，服务业、商业、通讯、抢险救护服务的工作人员，根据有关规定，要在四年内逐步掌握爱沙尼亚语和俄语等语言”[②]。根据该项法律规定，在文件中所提到的工作岗位就职或者期望到这些岗位工作的个体必须学习爱沙尼亚语和俄语等规定语言。政府对劳动力市场中某些岗位的语言规定，有些是强制性的，有些是导向性的，但这些规定都可能对个体的语言技能资本投资产生直接或间接影响。

① 参见张建伟、王克非：《德国外语教育政策研析》，《外语教学与研究》2009 年第 6 期。
② 普忠良：《一些国家的语言立法及政策述略》，《民族语文》2002 年第 2 期。

(二)政府影响他国居民语言技能资本投资的主要措施

政府主要通过向外推广本国语言来影响和改变他国居民的语言技能资本投资策略,使得个体更多地选择和投资该国语言。"强势语言和文化"在国际社会中的影响和作用,将为一个国家带来难以估量的多重收益,不仅是语言、文化和意识形态的扩张,还有经济上的巨大收益,以及国家软实力的持续增强。① 为此,世界主要国家都在积极行动,传播自己的语言,为提高本国语言的国际地位进行不遗余力的投资。从世界主要国家推广本国语言的历史和现状看,为影响个体更多地学习该国语言,各国除明确定位了语言推广战略外,还实施了很多具体的推广措施,包括制定积极的语言推广政策,提供大量的资金和物质支持,推出与时俱进的多元化语言推广手段,建立完善的语言等级认证体系和奖学金制度,支持建立形式多样的语言推广机构等。各国在推广本国语言的具体措施上充分体现了本国国情和语言特色,但是各国政府影响其他国家居民学习本国语言的措施,最终仍主要落在两个方面:一方面影响个体学习该语言的成本,另一方面影响个体学习该语言的收益。各国政府主要采取了以下措施。

1. 加快本国语言的对外推广,降低本国语言的学习成本

语言国际推广是指一国政府为提高本国语言的国际影响力而进行的有组织、有计划的对外语言推广活动,其基本原理是降低他国居民学习本国语言的成本,提高本国语言的吸引力,使得更多国家的更多居民学习本国语言。为此,各国政府采取了很多措施。首先,增加本国语言教育产品在整个语言教育市场上的供给,如在海外建立专门的语言推广机构、派遣教师和赠送教材等。世界主要国家都在海外设立了专门的语言国际推广

① 参见宁继鸣:《汉语国际推广:关于孔子学院的经济学分析与建议》,山东大学博士学位论文,2006 年。

机构，如英国的英国文化委员会①、法国的法语联盟②、西班牙的塞万提斯学院③、德国的歌德学院④和中国的孔子学院⑤等，这些语言国际推广机构在推广本国语言中发挥了重要作用，而且都与政府存在千丝万缕的关系，在性质上与政府存在附属关系，在资金上对政府有依赖性，在组织管理上有政府的参与。这些语言国际推广机构实质是上述国家在海外设立的专门提供本国语言教育产品和服务的重要供给主体，它们在全球的布点丰富了本国语言教育产品的供给数量和供给的多样性，有利于满足不同国家个体对这些语言教育产品和服务的多样化需求，使得个体在自己国家就可以获得这些语言的教育产品和服务，降低了学习的成本。与此同时，许多国家还通过向海外派遣大量的语言教师和赠送教材来丰富本国语言教育产品的供给。例如，美国议会在20世纪70年代通过了《对外援助法》，根据该法案，美国每年有近10万人可以得到政府的补助金赴国外讲学和留学，约2%的大学教师可出国讲学或做科研工作，50%以上的高校实施了海外学习计划。1961年，美国成立了由志愿者组成、代表政府的和平队(The Peace Corps)，其主要任务之一就是为其他国家免费提供英语教育的专业人员。目前，美国已向世界上80多个国家派遣了和平队。⑥英国向30万个英国文化委员会图书馆成员发行了750万种图书和音像制品。语言教育市场上产品供给的增加会降低这些产品的价格，进而降

① 英国文化委员会全称“英国与他国关系委员会”(the British Committee for Relations with Other Countries)，始建于1934年，是“英国的国际组织，目的是从事教育类和文化类活动，并在英格兰作为慈善机构注册”，是英国官方的语言推广机构。目前，该委员会在全球的活动范围遍及111个国家的229个城市，雇员在全世界共有7300人。

② 法语联盟是一所经法国国家批准兴办的、非营利性质的、以教授法语和传播法国文化为宗旨的公益性机构，已有将近130年的历史。截至2000年年底，法语联盟已在138个国家建立了1135个分支机构。

③ 塞万提斯学院于1991年由西班牙国王签署法令批准成立，其基本任务是在全球范围内推动西班牙语的教学、研究和使用，同时向世界宣传西班牙文化。截至2008年，塞万提斯学院已在38个国家建立分院。

④ 歌德学院成立于1934年，其主要任务是向海外传播德语。截至2000年，歌德学院在海外设立了127所分院。

⑤ 孔子学院是中国在海外设立的以推广汉语和中华文化为使命的非营利性社会机构，2004年在韩国建立全球首家孔子学院。截至2011年12月，全球已建立了358所孔子学院和500个中小学孔子课堂，分布在世界上105个国家和地区，这些国家和地区的人口数量占全球人口数量的85%。

⑥ 参见雷莉、雷华：《中美两国对外语言教学的比较与思考》，《比较教育研究》2003年第11期。

低个体学习这种语言的成本,使其增加对该语言的投资。另外,设立奖学金直接降低个体学习本国语言的成本。如美国,为鼓励他国学生来美国留学,面向全球留学生建立了种类繁多、较为完善的奖学金体系,为留学生提供丰厚的奖学金。通过奖学金制度直接降低了个体赴美留学的成本,可以吸引更多人为争取获得奖学金而加大对英语的投入。

2. 扩大本国语言的使用范围,提高个体语言学习收益

除了降低本国语言的学习成本外,各国政府还通过提高语言学习收益来吸引更多个体学习本国语言。其中一条重要措施是提高本国语言的使用范围,特别是通过增加在重要领域和重要机构中的使用率来增强本国语言的国际影响力,进而提高语言学习者从中获得的收益。例如,法国政府非常重视借助国际组织和地区性组织来提升法语的国际影响力,以提高法语的用途和使用范围。1998 年 2 月,法国部长级会议发布的《有关改革法国对外合作机构的通报》明确指出,当务之急是加强法语在国际组织中的地位,尤其要加强其在法语国家与地区组织中的作用。法国极力维护法语在联合国、欧盟和奥运会等一系列国际组织和活动中的工作语言地位,并且在法语国家和地区、欧盟国家积极推广双语教学,推动这些地区的第一外语低龄化教学,同时推动欧盟作出决定将各成员国的中学生在高中会考前必须选修的通用外语增加至两门,从而大大提高了法语的选修率,增强了法语在这些组织的成员国中的影响。

三、政府影响个体语言技能资本投资的主要机制

从政府影响个体语言技能资本投资的主要措施可以看出,政府影响个体语言技能资本投资的机制主要有两种:一种是以强制性或半强制的方式规定个体必须学习或使用某种语言。如以法律的形式规定在某些行业中必须使用某种语言;又如在大部分国家的外语教育中都规定某种外

语为必修外语，个体要获得更多教育就必须学习这种语言。一种是以导向性的方式使某种语言对个体更加具有吸引力，提高个体选择该语言的可能性，如在外语教育中以选修课的方式为个体提供某些语言的教育。本文主要介绍第二种机制。语言技能资本投资的成本和收益是影响个体投资决策的主要因素，政府以导向性方式影响个体投资决策也主要是通过影响和改变个体投资不同语言的成本和收益结构来实现的。

语言教育市场是个体购买语言教育产品和服务，形成语言技能资本的主要场所，其市场供求状况是影响个体语言技能资本投资成本的重要变量，而劳动力市场是个体语言技能资本投资收益最终得以实现的社会中介，其市场供求状况是影响个体语言技能资本投资收益的重要变量。政府通过影响这两大市场的供求来影响个体的投资成本和收益，并最终影响个体的语言技能资本投资决策。

（一）政府影响语言教育市场

1. 政府影响语言教育市场的供给

语言教育市场的供给主要指语言教育产品和服务，如图书、教材、教师等的供给。政府可作为市场的供给主体直接改变市场供给，也可以通过对其他供给主体提供补贴或征税间接影响市场供给。

第一，政府直接影响语言教育市场的供给。教育是个体进行语言技能资本投资最重要的形式，而教育作为准公共产品主要由政府来提供。政府可以采用多种措施直接扩大语言教育产品和服务的供给，降低个体获得语言教育产品的难度，改善其语言学习的条件，如扩大开设语言教学的学校，增加学校可提供的语言教学种类，增加对语言教师的培养和聘请，以及加大对语言类教材和图书的研发和出版的资助力度等。语言教育产品的“获取难度”是个体语言技能资本投资成本的重要组成部分，产品的“获取难度”越大，个体进行语言技能资本投资需要支付的成本就越高，在其他条件不变的情况下，个体的语言技能资本投资需求将减少。政府在正规教育中提供的可供学习的语种数量在某种程度上决定了个体的语言技能资本投资选择集合。如近年来,随着中国经济的发展和综合国力的提升,汉语的价值随之上升,很多国家将汉语教学纳入国民教育体系,在中小学校中开设汉语选修课,这样汉语就成为个体在学校中就可以学习的一种外语,汉语学习变得更加便利;同时,政府和学校承担了部分汉语学习成本,这将吸引更多学生选择学习汉语。

第二,政府通过影响语言教育产品的其他供给主体间接影响语言教育产品和服务的供给。对其他语言教育产品的生产厂家而言,其向市场提供的供给量受生产成本的影响,生产成本越低,在相同条件下,厂商愿意向市场提供的产品越多。政府可以通过向厂商提供补贴或减免税收的方式来激励厂商的供给。比如为加强语言教育,政府可以对出版社出版语言类词典、教材等提供补贴或减免这类出版社的税收,这样在相同价格条件下,出版社将愿意提供更多的语言类教材和图书。如图1所示。由于政府给语言教育产品供给者提供补贴,使厂商在相同价格下愿意提供更多的产品,即供给曲线由 S 向右下方移动至 S',均衡的供求量将由 q 增加到 q'。

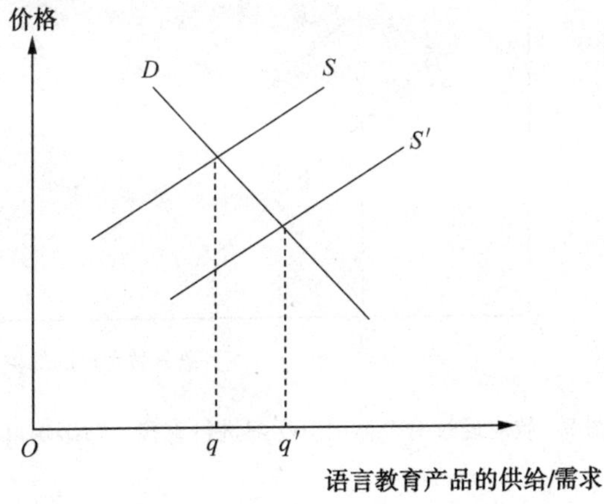

图1　政府对语言教育产品供给者提供补贴影响市场供求

2. 政府影响语言教育市场需求

可支配收入和语言教育产品价格都是影响个体语言教育需求的重要因素，政府可以通过两种途径提高个体的语言技能资本投资需求。一是提高个体可支配收入。通过对语言学习者直接补贴或对在职参加语言培训者减免税收的方式提高个体的可支配收入，如给个体提供语言学习奖学金，使得个体有能力购买到更多的语言教育产品，增加对语言教育产品的需求，如图 2 所示。当政府对个体学习语言进行直接补贴时，个体的可支配收入增加，使得个体在相同价格之下可以购买更多语言教育产品，即需求曲线由 D 向右上方移动至 D'，均衡的供求量由 q 增加到 q'。二是降低语言教育产品的价格。降低语言教育产品价格，意味着个体在相同收入条件下可以购买到更多的语言教育产品，因此可能加大对语言技能资本的投资。2008 年李明博刚上任韩国总统即提出要加强英语教育，主张减轻英语教育的费用，培养 3000 名英语教师，扩大初、高中英语授课范围，除了英语课外的其他课程也逐步开始用英语讲授，使 14 万亿韩元的课外英语辅导、补习费用减半。[①] 这种英语教育改革思路的提出立即促使韩国民众增加了对英语的学习需求。

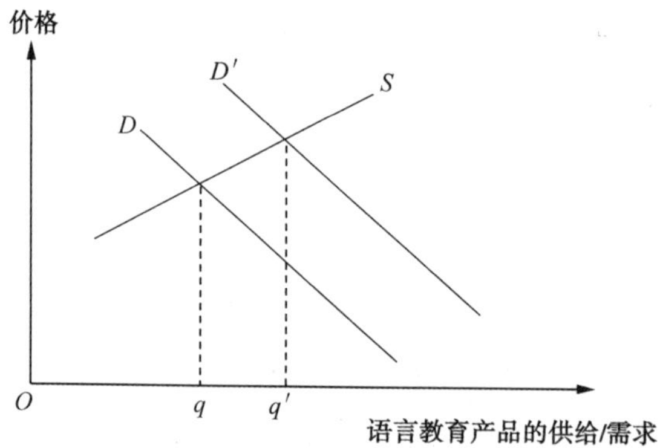

图 2　政府通过对个体语言学习进行直接补贴影响市场供求

① 参见李水山：《韩国新总统李明博的重大教育改革路线和社会反映》，《职业技术教育》2008 年第 1 期。

(二)政府影响劳动力市场

1. 政府影响劳动力市场需求

瓦尔兰科特(Vaillancourt)等认为,在劳动力市场中,对一种语言(技能)的需求取决于雇主的选择,而雇主又主要根据本人的语言技能和进行技术投入时所使用的语言来选择所需要的语言①,也就是说,劳动力市场对掌握某种语言技能的劳动者的需求一般是由雇主所使用或所需要的语言来决定的。但是政府也可以通过政策调整来影响劳动力市场对某种语言技能的需求,进而影响个体的语言技能资本投资。一是如我们前面已经提到的,政府可以通过法律的形式规定某些职业需要使用的语言,个体如果想进入这些行业就必须掌握规定的语言技能。二是政府的某些措施会给劳动者创造新的就业机会,而这些就业机会可能对某种语言技能具有特殊要求。比如,为适应国际社会对汉语和中华文化的旺盛需求,2002年我国政府开始实施汉语国际推广事业,随即启动了在海外建设专门的汉语国际推广机构——孔子学院和向海外派遣汉语教师志愿者的项目。从经济学的角度看,这实际上是在政府推动下对国际汉语教育市场的一种培育和推广,这项事业的开展需要大量的人员参与,特别是孔子学院中方管理人员和汉语教师。因大部分从事国际汉语教育的中方人员都赴海外工作,因此他们必须懂得当地语言,这对个体的语言技能提出了新的要求。因此,凡是要赴海外工作的人员,赴任前都必须经过专门的语言培训。当政府的政策使得劳动力市场对掌握某种语言技能的劳动力需求上升时,劳动者因掌握该语言技能后可以获得更高工资或更多就业机会,那么个体将会增加对该语言技能资本的投资,如图3所示。假设政府的某项政策导致劳动力市场对某种语言技能人才需求量增加,这时需求曲线由 D 向右上方移动至 D',个体掌握该项语言技能后可以获得更高的工

① F. Vaillancourt, *Demolinguisitic Trends and Canadian Institutions: An Economic Perspective*, Montreal: Association of Canadian Studies, 1989, pp. 73-92.

资，因此更多个体愿意投资该语言技能。劳动力市场上均衡的供求量由 q 增加到 q'。反之，当政府政策使得劳动力市场对掌握某语言技能的劳动者需求量减少时，市场上为该类劳动者提供的工资就会降低，那么个体对该语言技能的投资需求就会减少。

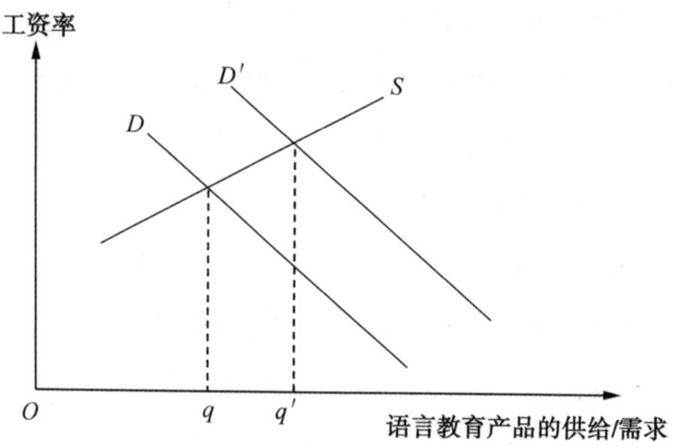

图 3　政府政策使劳动力市场对语言技能人才需求增加影响市场供求

2. 政府影响劳动力市场供给

语言技能人才主要是由语言教育市场"生产"出来的，因此政府对劳动力市场供给的影响可以通过影响语言教育市场的需求来实现。当政府要求个体需掌握某种外语技能或加大对某种外语技能的支持力度时，劳动力市场上掌握某种语言技能资本的劳动者供给就会增加，反之则减少。政府通过批量教育的方式集中大规模培养语言技能人才可能导致的一个弊端是，劳动力市场上出现大量掌握相同语言技能资本的人才，导致该语言技能劳动者竞争加剧，进而导致投资收益低于预期收益。

四、对我国政府提高国民语言交际收益的启示

为适应全球化的发展，各国政府都在积极行动，努力提升本国居民的交际收益，以提升国家的国际影响力和竞争力。随着中国与世界交流和互动的加强，如何提升国民的交际收益和交际能力同样成为我国与国际接轨、提升国际化程度的重要任务，也是重要途径。本文通过对政府影响个体语言技能资本投资的理论依据、影响机理和影响机制的分析，结合中国现实，得到以下启示：

第一，外语教育与汉语国际推广是提高我国居民语言交际收益的两种重要途径，二者并非矛盾对立的关系，而是可以互补和相互促进的，需要协同发展。从整个国家的发展战略上看，政府应对我国的外语教育和汉语国际推广进行长期规划和部署，以适应全球化的发展。

第二，孔子学院建设和汉语国际推广的重要目标之一是适应国际社会对汉语和中华文化的需求，增加母语非汉语者的汉语学习者数量，该目标的实现需要遵循他国居民选择和投资汉语的规律。母语非汉语者学习汉语受到汉语学习成本和收益的影响，当学习汉语的成本降低，或者掌握汉语后的收益和就业机会增加时，个体从理性角度出发会选择学习汉语。因此，为吸引更多人学习汉语，一方面需要进一步发展经济，提升中国在世界经济中的地位和作用，在国际劳动力市场上创造更多与汉语技能相关的就业岗位，以提高个体投资汉语的经济收益，同时需要进一步提升汉语的国际地位和国际影响力，以提高个体投资汉语的交际收益；另一方面，要通过增加汉语国际教育市场的产品和服务（包括教材、图书、教师）供给、提供汉语学习奖学金，以及与他国政府合作等方式降低个体学习汉语的成本。

第三，外语教育是提高我国居民语言技能资本投资，提升其交际收益

的重要手段。为适应全球化的发展，政府既需要从国家战略的角度制定科学合理的外语教育政策，提供适应国家发展需要的外语教育公共产品，又需要加强对外语技能的人力资本属性的认识，遵循语言技能资本投资的规律，加强对个体的语言技能投资的引导。

（原载《理论学刊》2013 年第 7 期）

语言学视域下的框架理论

周汶霏　宁继鸣

【摘要】“框架”作为一个跨学科概念，由人类学家提出，经过社会学家系统论述，然后被传播学、语言学等学科的学者广泛关注和深入研究，这一发展历程赋予“框架”丰富的意义内涵和复杂的功能层次，可以为不同学科带来借鉴与启示。本文以菲尔墨的框架语义学为切入点，可以看出框架理论在语言学中的意义与应用及其为语言学研究带来的启示。

【关键词】框架　框架理论　框架语义学

Frame Theory from the Perspective of Linguistics

Zhou Wenfei　Ning Jiming

Abstract: “Frame” as an interdisciplinary concept, is put forward by anthropologists, discussed systematically by sociologists, and studied by the scholars on communication, linguistics and other disciplines. The development course gives “framework” more rich connotation and complex function, and brings different disciplines more reference and enlightenment. With Fillmore's frame semantics as the entry point, we can see the significance and application of frame theory in the area of linguistics.

Key words: frame, frame theory, frame semantics

对框架理论(frame theory)的研究已经走过半个世纪，其“多范式”的理论内涵与研究工具为诸多学科提供了启示，来自不同学科的学者运用框架理论进行研究，并取得较丰富的理论成果。在语言学领域，美国学者菲尔墨(Charles J. Fillmore)最早引入“框架”的概念，并将“框架”作为语义分析的一种工具[①],创立框架语义学(frame semantics)与构式语法(construction grammar),探讨人们如何建构语言事实的问题,为语言学的研究开辟多个新视角。

一、"框架":一个跨学科概念

一般而言,框架理论的依据源于社会学和心理学两个领域。在社会学领域,20 世纪 40～50 年代有学者提出,可观察的人类行为往往与个人、社会或者环境等潜在因素相关。20 世纪 60～70 年代,框架理论迎来大发展。1972 年,贝特森(Bateson)在研究动物之间的互动模式时首次将框架与信息传播活动联系起来,提出互动过程的本质是运用符号进行诠释与传播的活动,框架在其中起到提示传播内容的作用,并告知人们诠释符号的种种规则。[②] 1974 年,美国社会学家欧文·戈夫曼(Erving Goffman)在《框架分析》(Frame Analysis)一书中系统论述人们如何运用框架建构社会事实的过程,使人们对框架的作用机制有更为系统的了解,可谓框架理论的集大成者。戈夫曼认为,个人并非依据某些随机因素来理解世界,而是依赖某种更为宽泛的理解模式——"基本框架"(primary frameworks),这种框架常被描述成为人类分类信息提供帮助的、较为稳定的、具有社会共享性的分类系统。在心理学领域,框架理论的基础被概括为"参照框架"(frames of reference)[③]。其理论假设是,个体的判断和理解发生在一定的"参照框架"之内,是个体对社会境况的一种评价与反馈表现。凯尼曼(Kahneman)等人发展了这一观点,提出所有的理解都依赖参照,参照框架假设一条给定的信息依据不同的理解图式进行解读,而不同的理解

① 参见李福印:《认知语言学概论》,北京大学出版社 2008 年版,第 220 页。
② 参见潘忠党:《架构分析:一个亟须理论澄清的领域》,《传播与社会学刊》2006 年第 1 期。
③ Bryant, Jennings, Mary Beth Oliver, *Media Effects: Advances in Theory and Research*, London: Routledge, 2008, pp. 68.

图式又会被这条信息的不同框架所激发。① 由此可见，社会学传统强调“主要框架”对社会及社会活动的分类与架构作用，而心理学传统强调“参照框架”对个体解读社会及社会活动的方式、角度和思路的影响，两者构成框架研究的理论基础。

“框架”大致包括静态与动态两层含义：静态的框架(frame)指用以认知、理解和展示所要选择、强调和排除的内容的一系列连续的模式，这些连续的模式决定信息的组织方式，也会影响受众对信息的理解。动态的框架(framing)指模式生成和运作的过程，是构建社会现实的过程。② 也就是说，静态的框架提供了构建社会现实的模式，动态框架则是运用某种模式进行建构的过程，两者共同构成框架研究的主要内涵。框架的内涵预示着框架的范式可以运用于不同学科，不太可能达成一种对框架的统一性理解。③ 框架作为联结社会、语言与文化的理解路径，具有多义性和多功能性，可从不同学科视角进行诠释。从框架的概念定位看，框架作为呈现社会事实的分类与规范，能够使研究者对问题的分析和判断更为具体、系统，而且管窥到现象与结论背后的社会背景或意识形态，是位于微观事实与宏观环境之间的中层(见图1)。从框架的功能定位看，框架的效应表现在面对两个有关同一问题的、在逻辑上等同的论断时，框架会影响个体作出不同的选择，其效果多体现在话语内容的影响力上，这种“中层”的定位帮助传媒研究区分社会真实与媒介真实(见图2)。

从语言的传播属性看，作为承载和传播信息的重要载体之一，语言本身就是一种媒介，因而在语言学语境下，社会真实与媒介真实(这里特指语言真实)的分析框架同样适用。将个体、语言与社会三者统一于语言学

① Kahneman, D., “A Perspective on Judgment and Choice: Mapping Bounded Rationality,” *American Psychologist*, 2003, No. 9, pp. 697.

② Reese, S. D., “The Framing Project: A Bridging Model for Media Research Revisited,” *Journal of Communication*, 2007, No. 1, pp. 148-154.

③ Gamson, W., “Promoting Political Engagement,” in W. Bennett & R. Entman, ed., *Mediated Politics*, Cambridge University Press, 2000, pp. 56-74.

研究是科学的，也是符合历史发展规律的，语言的发展历史已验证了这一点[①]，关注语言的社会功能及个体运用语言的传播与心理机制对理解语言至关重要。

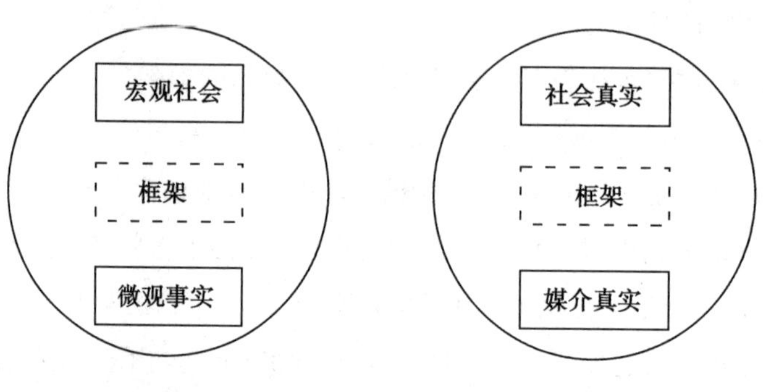

图 1　框架的概念定位　　图 2　框架的功能定位

二、框架理论在语言学中的应用

美国语言学家菲尔墨最早在语言学中引入"框架"的概念，并对框架的内涵进行多次修正。[②] 他提出，框架是"一种认知结构方式"，是"与某些经常发生的情景相关的知识和观念"，是"纯语言知识和概念知识之间的一个接口"。[③] 菲尔墨认为，社交功能是语言的重要本质，对语言的考察应在传播的语境中进行，语境对于认识语言及运用语言实现交际而言至关重要，因为脱离语境去探讨"纯粹的、认知上的"语言行为与判断，要比借助语境进行的理解复杂得多。[④] 基于这一点，菲尔墨将"框架"这一概念引入语言学中，着重从语义与语法两个方面寻找突破。在语义学方面，他与

① 恒河猴、计算机语言及聋哑人语言等现象及相关研究已经推翻了之前关于语言的诸多定义，语言的内涵显然是伴随着社会发展与时俱进的。

② Ungerer, F., Schimid, H. J., *An Introduction to Cognitive Linguistics*, Foreign Language Teaching and Research Press, 2001, p. 209.

③ 参见朱永生：《框架理论对语境动态研究的启示》，《外语与外语教学》2005 年第 2 期。

④ Fillmore, Charles J., "Frame Semantics and the Nature of Language," *Annals of the New York Academy of Sciences*, 1976, No. 1, pp. 20-32.

同事创立框架语义学，开辟研究语义学的新视角，彻底改变人们对语义概念的认识[①]；在语法学研究方面，菲尔墨批判地继承他的老师乔姆斯基的转换生成语法相关理论与思想，为构式语法的发展做出了贡献。本文主要从框架语义学入手，尝试分析框架理论对语言学的启示。

框架语义学，顾名思义，就是将“框架”引入对语义学的研究，通过描述语言使用者的认知框架与互动框架，理解个体如何认识环境、处理信息、理解他人信息以及构造内在语言机制等问题。[②] 框架语义学试图理解言语社团为何会创建一个范畴并以词语来表达它；同时通过推理加以呈现和澄清，来解释这个词语的意义，“框架使词语意义结构化，而词语则唤醒框架”。[③] 从这个角度看，框架语义学贯穿了词汇、句法、语法、语篇、语义等多个层面，在分析语言本体现象的同时，兼顾对语言交际功能的考量。

（一）框架元素的认定问题

“框架”作为一个概念系统，构成了人类经验与思维的背景。想要理解系统中任何一个概念，首先需要理解系统的整体结构。[④] 为了表征一个具体的类别，不同的说话人构建的框架在细节上差别很大，这取决于他们的生活经验、感知相似度、认知概括能力与思维方式等。如要进行有效交际，需要说话者与听话者在同一框架内进行信息传播活动，且具有大量相重合的元素。在语言学的视野中，“框架”的角色更偏向于结构与语义层面，即与构词方式、语法选择、句子结构及语义等相关。框架相对抽象，构成框架的所有元素彼此之间能够兼容，且在语义上相互关联，可以从不同角度解释这一框架，而框架能够体现所有元素之间的共有特征，这也是元素“激活”框架的基础。

① Fillmore, Charles J., “Frame Semantics,” *Linguistics in the Morning Calm*, 1982, pp. 111-137.

② Fillmore, Charles J., “Frame Semantics and the Nature of Language,” *Annals of the New York Academy of Sciences*, 1976, No. 1, pp. 20-32.

③ Fillmore, Charles J., “Frame Semantics,” *Linguistics in the Morning Calm*, 1982, pp. 111-137.

④ Fillmore, Charles J., “Frame Semantics,” *Linguistics in the Morning Calm*, 1982, pp. 111-137.

比如意义功能相近甚至可以相互替换的两个词，用于同一句子中，也可能存在语义差异，菲尔墨认为这是受到了“格框架”(case frame)的影响，而“格框架”实际是将“框架”概念引入谓词研究范畴的产物。一般意义的“格”通过表层语言形式变化来判断，如英语中名词的曲折变化、汉语中句子的结构语序等，因而形式多样，难以界定；但菲尔墨的“格”是深层且稳定的，是依托于语义的语言深层结构中的存在。格框架是凭经验能发现的“语义深层结构”和凭观察能接触到的表层结构之间的人为的中间层次[①]，可被看作包含某个动词的实际句子结构，因而动词是格框架中的主要元素，需要与语义格共同作用，而格框架的功能就是特定动词可以插入这样的格框架中，生成特定的意义。[②] 语义格包括施事、受事、处所、工具、时间等[③]；在句子内部，由于格框架的限定，句子成分之间遵循着严格的语义规则，不能随意更换；什么成分能够成为不可省略的核心成分，需要经过透视域(perspective)[④]，而透视域即存在于认知中的各种“场景”或者规则，是框架之间相互作用的结果。

又如词汇与意义的联结有三种方式：功能性、标准性和联系性。[⑤] 不同联结方式指向不同框架，且这三种联结方式出现的先后顺序可能不同。以“药品”为例，对中国人而言，由此可能会联想到“中药”与“西药”的直接对应，这是联系性联结；接下来就是药品的构成和功效，这是功能性联结；最后可能是药品的属性、种类等更为专业的标准性联结。但对西方人而言，首先出现的可能是药品的功效与构成，因为“中药”在西方人的认知世界中并不是生活中一种主要“原型”(prototype)，可能不直接与“西药”产生对应，而“西药”可能是其关于药品框架的核心要素；“中药”也存在于这一框架中，但

① Fillmore, Charles J., "Topic in Lexical Semantic," in R. W. Cole, ed., *Current Issues in Linguistics Theory*, Indiana University Press, 1977, p. 133.

② 参见[美]菲尔墨：《“格”辨》，胡明扬译，商务印书馆 2002 年版，第 59～82 页。

③ Fillmore, Charles J., "Frame Semantics," *Linguistics in the Morning Calm*, 1982, p. 150.

④ Fillmore, Charles J., "Frame Semantics," *Linguistics in the Morning Calm*, 1982, p. 166.

⑤ Fillmore, Charles J., "Frame Semantics and the Nature of Language," *Annals of the New York Academy of Sciences*, 1976, No. 1, p. 23.

受到西方医学界对中医缺乏质量标准与产品功效检验的国际议程设置的影响,西方人会对"中药"是否有效等问题更敏感——这是来自公共生活体验与议程设置的更为宏观的影响,却是格框架无法顾及的。因而,框架内的要素关系有远近,在框架中所处的位置也是分层性的。

(二)框架的划分问题

菲尔墨在初期将框架分为认知框架(cognitive frames)和互动框架(interactional frames)两大类。[①] 首先,认知框架是通过特定情境激活对应的框架,实现对语言的理解和运用。这种特定情境往往来源于人们头脑中约定俗成的概念,可以独立于实际言谈情况和交际环境而存在,一个该框架中的词汇的出现便可能激活整个框架。比如,在商业情境框架中,一旦"买/卖""买家/卖家""顾客/店员""付费/收费""价格/优惠"等词汇出现,说话者和听话者会自动指向与商业活动有关的框架,并在脑海中形成预设,构建起商业活动的场景,即便出现的只是个别相关词汇,依然可以激活整个框架中的结构、联系、目标与事件等要素;同时,由于框架具有提示语义与语法的作用,某些句子成分即便不出现,依然不影响语义理解。其次,互动框架是基于交流过程中说话者与听话者之间的人际传播关系的框架,首先区分不同的交际情境,然后说话者根据不同情境选择相对应的框架进行语言组织和表达。两大框架相较而言,认知框架是较易理解的,因为其相对稳定,是人类经验世界的既存概念;互动框架则相对抽象,受到语境与个体心理认知行为的影响。随着框架语义学的发展及其对计算机自然语言识别项目的关注,对语言事实的分析日趋微观和具象,对框架的分类更多关注语义与句法两个要素,划分渐渐变得复杂而琐碎。[②]

① Fillmore, Charles J., "Frame Semantics and the Nature of Language," *Annals of the New York Academy of Sciences*, 1976, No. 1, p. 23.

② Fillmore, Charles J., "Frame Semantics for Text Understanding," *Proceedings of Word Net and Other Lexical Resources Workshop*, NAACL, 2001.

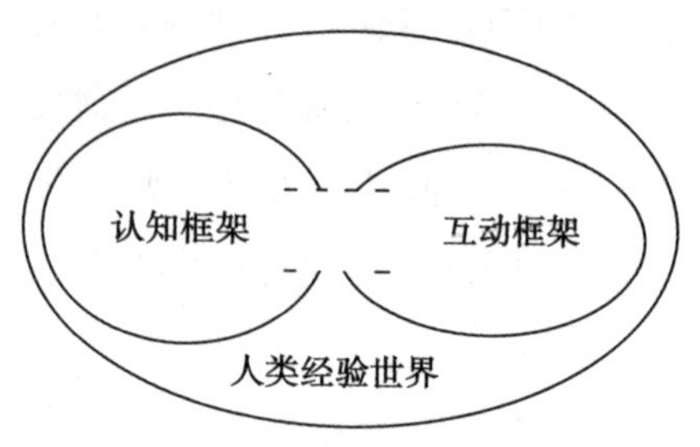

图 3　框架的类型与层次

戈夫曼的框架体系大概由几种不同层级的框架构成。首先，基本框架（primary frame）是构成人们看待某一事件的最初认知的一个基础，是负责产出意义的。社会现象经过人们运用语言进行反复呈现、建构，从而转化为话语（discourse），但是这种话语的建构常常受到外界各种因素的影响——这种行为将“世界”分为两个部分，即“过滤”（keying）和“构建”（fabrication）两类，两种行为都以基础框架为依据。过滤旨在寻求认同，较易于理解，而构建旨在寻求差别。基本框架在组织程度上有不同变化，又分为自然框架（natural framework）和社会框架（social framework）。[①] 自然框架用来识别“纯粹物理性”的非指向性、非活性、非被指引的事件，以自然框架理解的事件是不可依凭想象的，而且没有积极或者消极的判断，如物理和生物等自然科学的理解框架就是自然属性的。社会框架用以识别需要愿望、目标和对智力的控制能力参与的事件，这类框架意味着需要依靠标准和规则来做事以获得认可，同时动机和目标等因素还会影响到对其他相关社会框架的选择。所以，框架用来帮我们理解事件，框架的类型则为我们提供可以描述事件的方式。[②] 以汉语动宾结构“讨＋AC”（AC表客体）为例：

① Goffman, Erving, *Frame Analysis: An Essay on the Organization of Experience*, Harvard University Press, 1974, pp. 21-22.

② Goffman, Erving, *Frame Analysis: An Essay on the Organization of Experience*, Harvard University Press, 1974, p. 24.

(1)节后一上班，消费者刘先生就向生产厂家讨说法。

(2)王熙凤表面上亲近黛玉，实际是要讨主子的欢心。

(3)人生不如意十之八九，不然我们也不会这么辛苦地讨生活了。

(4)怕说得多时，反讨没趣，岂不更失脸面！

按照将动词视为句法核心要素的思路，使用同一个动词的一组动宾结构，其句法意义却可能是不同的。比如，动词的意义内涵在互动框架的作用下可以生发出更丰富的意义。在“讨＋AC”这一动宾组合中，例句(1)中动词“讨”意为谋求、寻求，与个体认知的“原型”最为接近，因而“讨说法”“讨公道”“讨老婆”等词组表达意思比较稳定、直观，与认知框架联系紧密，是凭经验能发现的语义深层结构，属于社会框架的范畴。例句(2)(4)中“讨欢心”“讨没趣”中“讨”意为惹、引起，原型性相对较弱，是凭观察能接触到的表层结构，但“讨欢心”可加宾语定语，即“讨……的欢心”，有特指意义，而“讨没趣”则不需要特指，这两类语义结构通过相同的“讨＋AC”动宾结构表达不同的语法意义。例句(3)中“讨生活”则是目的格(见表1)。因而四个例句虽然同为“讨＋AC”格式，但在语义格上却有不同的种类，应该说不同层次的框架分类，也为语义的理解提供了较为细致的分类标准。

表1　　动宾结构“讨＋AC”

动宾结构	语法意义	话语建构	框架类型
讨生活	宾语表工具	过滤	互动框架；社会框架
讨说法	宾语表客体	过滤	认知框架；社会框架
讨老婆	宾语表客体	过滤	认知框架；社会框架
讨欢心	宾语表受益	建构	互动框架；社会框架
讨公道	宾语表受益	建构	认知框架；社会框架
讨没趣	宾语表状态	建构	互动框架；社会框架

（三）不同框架间的关系问题

框架的过程可能有很多隐含意义，因为框架通常会强调事实的某些方面而排除另外一些因素，这也导致个体在理解问题时方式各异。[①] 框架常会被认为与“主题”相关，但其实更多的是在进行“组织”和“建构”工作。[②] 语言学中的框架因为其本身可能具有的多义性和隐含意义，需要借助语境实现对意义的精确表述，因而框架有建构功能与依附性。人们在进行语言交际时，词汇、短语的使用规则与语法选择、框架记忆相关，通过某种语言形式输出，语言接收者在接收之后激活记忆中的某种框架，并会强化使用与这一框架有关的其他语言材料。[③] 框架本身是多样化，也是多层次的，在交际过程中具体激活哪种框架，由社会、语言与个人三者相互作用决定（见图 4）。

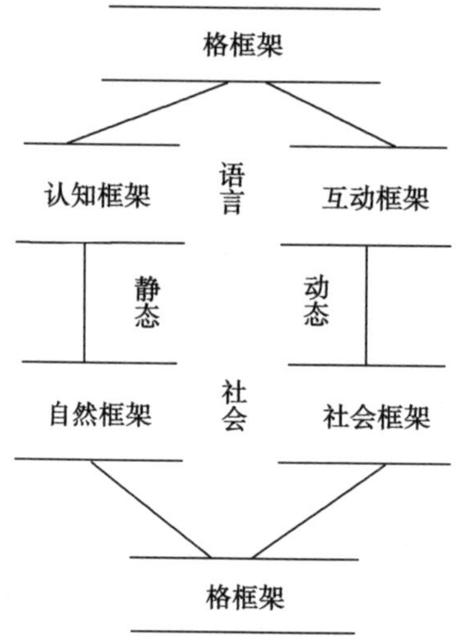

图 4　框架的类型与层次

① Borah, Porismita,“Conceptual Issues in Framing Theory: A Systematic Examination of a Decade's Literature,”*Journal of Communication*, 2011 pp. 246-263.

② Kahneman, D. ,“A Perspective on Judgment and Choice: Mapping Bounded Rationality,” *American Psychologist*, 2003, No. 9, pp. 148-154.

③ Fillmore, Charles J. , “Frame Semantics for Text Understanding,” *Proceedings of Word Net and Other Lexical Resources Workshop*, NAACL, 2001.

一个词可能对应着多个框架，比如上文关于“讨＋AC”的结构，从句法角度分析，可以按照宾语的不同类型进行划分，但这首先需要对宾语性质有充分把握，且有些宾语究竟该归为“工具”还是“客体”等问题尚存争议。从框架理论的角度看，在人的认知结构里，“讨说法”“讨公道”“讨生活”“讨没趣”分别对应着不同的“认知框架”，比如“讨说法”常常用于“双方起了矛盾冲突，需要有权威的人或者机构进行裁决”的语境中。“认知框架”一旦被激活，那么围绕这个结构展开的语篇或者会话会激活“互动框架”，填补或者修复所表达的完整意义，“框架”就发挥了作用。这种分析思路也避开了因宾语的句法意义不明而产生的误解。

以例句(2)后半句为例。看过《红楼梦》的人大概都知道，这里的“主子”指的是以老太太为首的贾府长辈们，了解红楼梦这一“社会框架”的人自然明白，这里没有说明“主子”具体所指；《红楼梦》作为一个经典的文学文本，其内容与人物已经深入人心，可视为一种较为稳定的社会框架。“……讨主子的欢心”，还可以是“……向主子讨欢心”，两者语义上没有区别，句中格框架为“讨＋[O＋D]”，构成包括施事格“王熙凤”、受事格“主子”“欢心”，而之所以动词是“讨”，也取决于句中的格框架特征，即“讨＋欢心”是较为固定的汉语动宾短语搭配。

三、框架理论对语言学的启示

(一)扩展了语法研究与语义研究的视野

传统的语言哲学一直以来主导着语言学的研究范式，“框架”则关注社会文化、人类学、脑神经系统、认知规律等不同学科对语言现象与语言规律的影响，而这也是语用学近年来发展的趋势。语言是一种客观存在，但语言的使用却受到动机、情绪、智力等因素的影响，从这点看，基于交际的语言框架应该是社会框架，但语言中稳定且深层的本质及规律，或许能在自然框架中找到更多印证。如果说菲尔墨是通过词汇和句子分析语义、语法与语用之间的关系,戈夫曼则是从语言之中窥探出背后的逻辑和意义,两者对框架的论述层次不同,却分别丰富了框架的语言学意义与社会学意义。

(二)拓宽语义学的研究路径

框架在交际中的作用过程是,说话者根据所处的情境,应用某个框架,并选择适用于该框架的某些已经范畴化的词语进行语言组织。这提醒我们结合语境去分析语义,如区分句中的核心成分与非核心成分、构成情境的分情境的特点与成分、某个词汇如何激发一个框架等问题。由于对语篇的理解完全可以在不识别语篇中各种语义关系的情况下进行[①],因此这也证明了框架既基于关系、建构关系,又能超越关系。作为一种心理图式存在,它可以帮助人们在某种程度上不借助语言结构与意义而实现理解。框架语义学发展到后期,对词汇与情境、框架之间的关系试图作更深入的剖析,更多指向语言认知的范畴,如如何判定一个商业行为的类型、进行的状态及相关词汇的使用等[②],实际上超出了一般意义上的框架语义学所探讨的范围,探讨了框架的社会意义与认知意义,也从另一个方面证明了框架理论对进一步完善框架语义学的重要意义,同时将语境因素置于语言学研究结构中的特定位置上,避免对语境的认知流于分散与非系统化。

(三)为语篇研究提供启示

词汇之外是更为复杂的篇章,对篇章的结构与意义的理解显然更有助于认识语言并实现语言交际功能。[③] 如,连接性(connectivity)是连贯的核心,是任何语篇都具有的内在属性,其实质是对关系的理解,需要认知

① Unger, C., *Relevance and Global Coherence: The Pragmatics of Discourse Type*, World Book Inc., 2008, p.23.

② Fillmore, Charles J., "Topics in Lexical Semantics," in R. W. Cole, *Current Issues in Linguistics Theory*, Indiana University Press, 1977, pp.76-183.

③ 参见马伟林:《框架理论与意义识解》,《外语与外语教学》2007年第10期。

心理机制的参与。目前的语篇研究包括媒体语篇、政治语篇、学术语篇等命题，而“框架”来自于社会学、政治学、传播学等领域的跨学科构成，也为审视语篇及语篇背后的深层社会与文化因素提供路径。另外，框架对语篇连贯甚至对语篇题材、体裁有一定的提示作用。体裁研究如今已经成为语言学研究的一个重要分支，体裁因其所依附的文化因素与语篇而发生变化，而同一体裁的不同语篇之间也可能存在某些差异，因而体裁选择具有语言使用的动态性[①]；体裁是进行语篇理解与话语理解的重要语境因素，与框架理论可实现较好结合，为体裁学研究提供借鉴。

（四）对汉语研究提供系统性的研究思路

无论是框架理论还是框架语义学，都是基于英语提出的，但“框架”作为连接社会真实与语言真实之间的中层，是具有一般性的，可以为一切语言的理解提供启示，对汉语也是如此。在语言本体的研究方面，框架理论可以较清晰地说明语言的表层形式与深层语义之间的联系，对汉语语法、谓词系统的研究提供系统性的研究思路。如：鲁川、林杏光概括了汉语语法中的格系统[②]；鲁川分析了与谓词相配合的语义组合及相关框架[③]；朱彦探讨了语义格对复合词的构词模式的影响[④]；胡晓研分析了汉语存现句中存在的格关系[⑤]；等等。在二语习得方面，框架理论的社会学、心理学分支为认识个体在语言认知过程中的思维特征、文化背景、认知方式等因素的影响提供更多支持，在某种程度上解释了人类学习与运用语言的心理现实。

（原载《江西社会科学》2015 年第 3 期）

① Unger, C., *Relevance and Global Coherence: The Pragmatics of Discourse Type*, World Book Inc., 2008, p. 17.

② 参见鲁川、林杏光：《现代汉语语法的格关系》，《汉语学习》1989 年第 5 期。

③ 参见鲁川：《谓词框架说略》，《汉语学习》1992 年第 1 期。

④ 参见朱彦：《复合词的格关系》，《语言教学与研究》2004 年第 5 期。

⑤ 参见胡晓研：《论现代汉语的存现格》，《北方论丛》2010 年第 1 期。

基于个体语言技能资本投资特性的语言传播规律分析

王海兰　宁继鸣

【摘要】 从经济学视角看，语言学习是一种重要的人力资本投资形式。在一个没有规制的市场环境中，一种语言的传播，归根结底是个体出于自身收益最大化考虑而选择学习和使用该语言的结果。个体语言技能资本投资具有多重收益和双向外部性特征，一种语言的可持续传播在于两个方面：一是劳动力市场存在对掌握该语言技能劳动者的持续性需求，可为掌握该语言技能的个体提供长期的经济收益；二是这种语言获得了广泛使用，能为投资该语言的个体在当下或可预见的未来带来具有吸引力的交际收益。劳动力市场上掌握某种语言技能的劳动者的供求状况和该语言在特定语言社区内的地位是推动这种语言传播的内在动力。基于此，加快汉语国际传播，应提升汉语的经济价值和交际价值，吸引个体学习和使用汉语。

【关键词】 语言技能资本投资　语言传播规律

Analysis of Language Transmission Rules Based on the Investment Characteristics of Individual Language Skills Capital

Wang Hailan　Ning Jiming

Abstract: From the perspective of economics, language learning is an important form of human capital investment. In an unregulated market environment, the transmission of a language is the result of the individual choosing to learn and use the language for the purpose of maximizing their own benefits. Individual language skills capital investment has the characteristics of multiple returns and two-way externalities. The sustainable spread of a language lies in two aspects: first, there is a persistent demand for workers who master the language skills in the labor market, which can provide long-term economic benefits for individuals who master the language skills. Second, the widespread use of the language can bring attractive communicative benefits to individuals investing in the language in the present or the foreseeable future. The supply and demand situation of the language skilled workers in the labor market and the status of the language in the specific language community are the internal driving forces for the spread of the language. Therefore, to accelerate the international spread of Chinese, the economic value and communicative value of Chinese should be enhanced to attract individuals to learn and use Chinese.

Key words: language skills capital investment; laws of language communication

一、引　言

语言传播是人类历史上随处可见的一种现象。库珀认为:"语言传播是指在一定时间内在一个既定传播函数中,某种语言或语言种类在交际网络中所占比重的增加。"[①]即一种特定语言被个体所接受的过程,实质就是语言学习者和使用者数量的增加。从语言传播的定义看,一种语言的传播归根结底在于个体对它的接受和学习,只要有人使用或学习这种语言,该语言就在传播,同时只有人们使用和学习这种语言,这种语言才得以传播。个体学习语言和语言传播可以看作同一过程。研究语言传播这一普遍而又复杂的社会现象可以从微观个体切入,通过分析个体语言选择和学习行为的特征和机理来探讨语言传播规律,将宏观的、抽象的问题微观化、具体化,为人们理解语言传播提供一种新的视角。

人类交流及一切社会经济活动都离不开语言,基本上每个人至少熟练掌握一种语言。[②] 从经济学视角看,语言技能具有人力资本属性,语言学习是一种重要的人力资本投资形式,对此很多专家和学者从理论和实证的角度给予论证。一般而言,在一个无规制的世界中,当且仅当学习一种语言所带来的收益增量高于成本增量时,理性的人们才会选择学习这种语言。排除屈从于外力而被迫学习某种语言的情形,人们根据市场上

① Cooper, R. L., *Language Spread: Studies in Diffusion and Social Change*, Indiana University Press, 1982, p. 6.

② 关于语言技能人力资本属性论证的研究成果颇多,在此不一一列举,代表性人物有 Grin、Vaillancourt、Chiswick 等。

所提供的各种信息来判断语言学习的成本和收益，在对成本—收益进行比较后作出是否投资该语言的决策。本文在将语言学习视为一种人力资本投资的前提下，以语言技能资本投资的特殊性为切入点，分析在没有规制的世界中，劳动力市场变动影响个体语言投资、进而推动语言传播的过程，阐释基于个体语言选择的语言传播规律，以期深化对语言传播的认识。

二、个体语言技能资本投资的特殊性：多重收益和双向外部性

语言技能资本投资符合一般人力资本投资原理，如需支付成本，包括直接货币成本和间接成本，同时获得一定收益；当总收益大于总成本时，该投资才是理智的。但由于语言本身的重要性和特殊性，语言技能资本投资与一般人力资本投资相比具有特殊性，这种特殊性集中体现在收益特性以及由此引致的外部性特性方面。

（一）语言技能资本投资的多重收益及相互关系

大部分通过教育形成的人力资本，其收益主要表现为可计量的货币收益，如因提高了个体在劳动力市场或消费中的生产效率而带来的高工资率或高就业率等，尽管也存在不可计量的非市场收益或者心理收益，但这部分收益往往不是影响个体是否进行人力资本投资的决定性因素。然而，在语言技能资本投资中，非市场收益在个体投资决策中占有重要地位，语言政策评估和个体在作语言学习决策时都需考虑非市场收益。[①]

1. 语言技能资本投资收益的构成

根据语言的功能和格林（Grin）的描述，就个体层面而言，我们将语言技能资本投资的收益描述如下：

① Grin, François, "Language Planning and Economics," *Current Issues in Language Planning*, 2003, Vol. 4, No. 1, pp. 1-66.

语言技能资本投资收益＝市场收益＋非市场收益＝(直接市场收益＋间接市场收益)＋(交际收益＋精神收益)

市场收益(market benefit)体现为价格或者货币收益，分为直接市场收益(direct market benefit)和间接市场收益(indirect market benefit)：前者仅指掌握某种语言技能的个体在劳动力市场上获得的高工资率，或因就业机会增加而带来的收益，是个体拥有语言技能资本获得的直接货币收入，语言经济学者称之为“劳动收入”，本文用经济收益(economic benefit)表示；后者指掌握该语言技能资本后，因获得更多交际机会而得到的潜在货币收益，例如，掌握×语言的人在与×语言使用者进行谈判时，因使用同一种语言进行交谈而提高了交际效率，减少了产生误解的可能，进而降低了交易成本。

非市场收益(non-market benefit)是指无法用货币或价格进行衡量的收益。例如掌握×语言的人可以领略到×国或地区的文化，能够和说×语言的群体交流，这虽然没有给人带来货币收益，但却丰富了人的思想、文化。我们将非市场收益概括为交际收益(communicative benefit)和精神收益(spirit benefit)。目前对语言技能投资收益的刻画主要有两种路径：一是考察语言的人力资本属性，将个体语言学习视为人力资本投资，强调语言技能资本投资的经济收益；二是考察语言的交际工具属性，认为个体学习一种语言主要是为获得与他人进行交际的机会，侧重考察语言技能资本投资的交际收益。本文主要以经济收益和交际收益两种主要收益形式为基础进行分析。

2. 语言技能资本投资的经济收益

与一般人力资本一样，个体获得语言技能资本后将提升其在劳动力市场中的生产效率，个体掌握语言技能资本的多寡可以直接影响其劳动收入和在劳动力市场上的竞争力。个体掌握的语言种数越多、掌握程度越高，其获得的就业机会越多，劳动收入亦越高。语言技能资本所带来的高工资和高就业率就是语言技能资本投资的经济收益。劳动力市场是语言技能资本发挥生产性作用,并最终转换为经济收益的中介市场,个体掌握某种语言技能所能获得的经济收益由劳动力市场上掌握该语言技能劳动者的供求状况决定。格雷纳(Grenier)等认为,在人力资本理论框架下,可以将个体对语言技能资本投资的需求转换为劳动力市场对掌握该语言技能的劳动者的需求进行分析。[①] 在以获得经济收益为目的的语言技能资本投资中,人们会根据劳动力市场上语言技能的需求和工资决定学习何种语言,如果劳动力市场上对某种语言技能的需求增加,那么该语言技能的价格以及拥有该语言技能劳动者的工资会提高,人们将会选择学习这种语言。随着该语言学习者的增加,劳动力市场上掌握该语言技能资本的劳动者供给增加,在其他条件不变的情况下,这将使掌握该语言技能的劳动者所获得的经济收益下降。在没有政府干预的市场环境下,工资是个体进行语言学习决策的重要指示信号,劳动者根据市场上对劳动力语言的工资水平的高低进行语言选择,选择学习工资高的语言。[②]

从经济收益的视角部分解释了人们的语言选择行为。然而,语言是人类交流的重要工具和文化载体,从经验事实上看,很多情况下人们选择学习一种语言不是或者不仅仅是要获得直接的经济收益,更多的是通过语言学习获得信息和交流机会。因此,仅仅从经济收益视角刻画语言学习收益还不够全面,对某些语言选择和学习行为缺乏足够的解释力。为此,有学者用交际收益来刻画语言学习收益。

3.语言技能资本投资的交际收益

交际收益是语言技能资本投资区别于一般人力资本投资的重要收益形式。泽尔腾(Selten)和波尔(Pool)首次提出"交际收益"概念,将其刻画

① Grenier, Gilles, and François Vaillancourt,"An Economic Perspective on Learning a Second Language,"*Journal of Multilingual and Multicultural Development*, 1983, Vol. 4, No. 6, pp. 471-483.

② François Grin, *Market Forces, Language Spread and Linguistic Diversity*, in M. Kontra, R. Phillipson, T. Skutnabb-Kangas, T. Várady(ed.), *Language: A Right and a Resource*, Budapest: Central European University Press, 1999, pp. 169-186.

为世界上至少能用一种语言与其他个体进行交流的人口数量以及交际机会(communicative opportunity)。[①] 交际收益与语言的交际价值密切相关。[②] 交际价值是一种语言带给其使用者潜在的交际机会,由该语言的使用者数量和使用范围决定,不同语言具有不同的交际价值,因此个体学习不同语言所获得的交际收益也不同。一般而言,在其他条件不变的情况下,某种语言的交际价值越大,个体投资该语言所能获得的交际收益亦越大。在交际收益视角下,个体的语言技能资本投资决策最终由语言的交际价值,即语言使用者数量和使用范围、频率等决定。

4.语言技能资本投资的经济收益和交际收益的关系

语言技能资本投资的经济收益和交际收益是两个密切相关又相互区别的概念。首先,二者相互联系。经济收益离不开语言的交际功能,其产生的源泉在于语言技能提高了劳动者的劳动生产率,而这种更高的劳动生产率又产生于语言的交际和获取信息的功能以及该语言技能资本的稀缺性。因此,个体在获得经济收益的同时也将获得交际收益,在获得交际收益的同时也存在获得经济收益的可能性。其次,二者相互区别。一是二者的表现形式不同。经济收益表现为高工资率或高就业率,而交际收益主要表现为交际机会的增加。二是二者的决定因素不同。经济收益由劳动力市场上的供求关系决定,劳动力市场掌握该语言技能的劳动者越少,个体学习这种语言所能获得的经济收益就越高,因此它是由语言技能资本的"稀缺性"决定的。交际收益是由该语言的使用者数量、使用频率和使用范围等因素决定的,使用者的数量越多、使用频率越高、使用范围越广,个体学习这种语言所能获得的交际收益就越高,因此它是由语言技能资本的"丰富性"决定的。

① Reinhard Selten & Jonathan Pool, *The Distribution of Foreign Language Skills as a Game Equilibrium*, in Selten, R. (ed.), *Cone Equilibrium Models*, Vol. 4, pp. 64-87.

② 荷兰社会语言学家德·斯旺提出交际价值(即Q值)概念用于描述语言价值的大小,并建立了语言交际价值的测度模型。详见[荷兰]艾布拉姆·德·斯旺:《世界上的语言》,乔修峰译,花城出版社2008年版,第39~46页。

（二）语言技能资本投资的双向外部性

基于以上分析可以看出，语言技能资本投资具有外部性，而且从不同收益形式切入可以得到正负两个不同方向的外部性。

从交际收益视角看，语言技能资本投资具有正外部性。语言具有极强的网络外部性，是具有网络效应的公共产品，语言的交际价值随着语言使用者的增加而增加。个体学习某种语言不仅不会使他人的交际价值减少，反而能对他人产生两种正效应：一是直接效应，使学习和使用该语言的人通过掌握该语言而获得的潜在交际机会增加，交际收益提高；二是间接效应，使属于不同语言群体的个体与该语言群体进行交际的潜在可能性增加或进行交际的成本降低，如可以找到更多翻译等。语言所具有的这种独特属性，使得个体的语言投资决策既受到他人的影响，又影响他人。一种语言的学习者越多，个体投资该语言就能获得更大的交际收益，相应地，代表性个体选择学习某种语言后，也会使其他掌握该语言技能的个体的交际收益增加，但是其他个体并不会因为交际收益的增加而向代表性个体支付费用。这就是个体进行语言技能投资对他人产生的正外部性。

从经济收益视角看，语言技能资本投资又具有负外部性。假设在一个拥有 L_X 和 L_Y 两种语言的社区中，L_X 语群中的一些个体学习了另一种语言 L_Y，并且以担任 L_X 和 L_Y 两种语言间的翻译为职业，获得一定的服务费。现在 L_Y 语群中的个体 n 也学习了 L_X 语言，这使得在该社区中，劳动力市场上具有双语能力的劳动者供给量增加，在需求不变的情况下，这将导致从事翻译的劳动报酬降低。此时代表性个体 n 的语言投资行为对其他个体就产生了负外部性，这是因为 n 个体学习 L_X 语言后使得其他掌握该语言技能的劳动者获得的工资减少，但是他并没有给其他个体支付补偿以确保他们的收益不变。这是个体语言技能资本投资的负外部性。

综上所述，经济收益和交际收益两种收益形式都是个体语言投资的重要决策变量，但二者并不是朝着同一方向运动。在一定社区内，语言投资的经济收益与该社区内掌握该语言技能的人数成反比，而交际收益则与人数成正比。任何个体投资某语言技能将会对掌握该语言技能的其他个体的经济收益产生负外部性，而对其交际收益产生正外部性。从理论上说，语言投资的经济收益取决于劳动力市场上对该语言技能劳动者的供求关系，当需求大于供给时，掌握该语言技能的劳动者就能获得较高的工资，而供给大于需求时，这种高工资率就会下降直至消失，但是个体可以获得更大的交际收益。

三、基于个体语言技能资本投资特性的语言传播规律分析

基于上述分析，现以劳动力市场为基础，分析劳动力市场上掌握某种语言技能的劳动者的供求变化对个体语言投资收益的影响，以及个体根据收益变化所作的决策①，进而阐释语言传播的规律。

（一）市场力量推动语言传播的过程

假设在劳动力市场上，厂商是 s 语言技能的需求者，个体是 s 语言技能的供给者。s 语言技能的供给量和需求量用劳动时间表示，价格（工资率）是每单位该语言技能资本的报酬，用 a 表示。假定市场是“无规制”的，不存在政府干预。

1. 市场力量推动语言传播的第一个过程

我们分析的起点是假设由于某种经济或非经济的原因，导致劳动力市场上对 s 语言技能的需求增加，s 语言技能需求曲线 D 向右移至 D'。如图 1 所示。需求的增加使得厂商愿意在更高的价格上雇佣掌握 s 语言技能的劳动者，市场均衡工资率由 a_1 上升至 a_2。由于工资率上升，提供 s

① 弗朗索瓦在《市场力量、语言传播和语言多样性》一文中，以劳动力市场为例，分析了市场变动影响个体语言选择和投资行为，并最终影响语言传播的过程，但他未提出经济收益和交际收益的概念，也未分析两种收益形式的交替作用推动语言传播的机理。本文在这方面进行了改进。

语言技能可以获得更高的经济收益，这将吸引个体增加 s 语言技能的供给，即更多人学习 s 语言。此时，市场上均衡的 s 语言技能供求量由 q_1 增加到 q_2。市场需求增加，导致工资上涨，吸引更多个体学习 s 语言，市场在一个更高的工资水平和供求水平上实现均衡，这是市场推动语言传播的第一个过程。

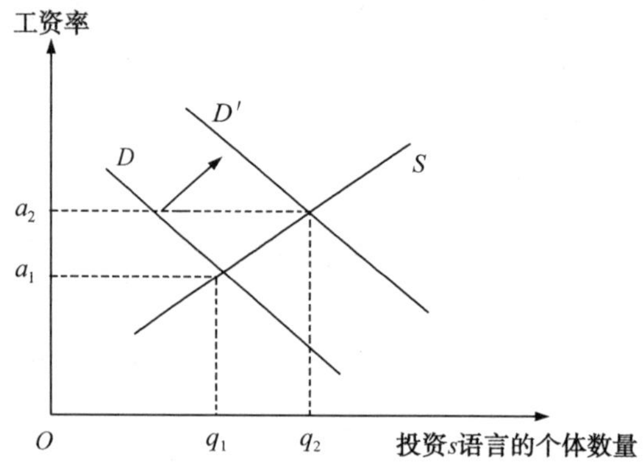

图 1　经济收益影响个体语言技能资本投资，推动语言传播的第一个过程

2. 市场力量推动语言传播的第二个过程

高工资吸引了更多个体学习 s 语言，市场上有更多的掌握 s 语言技能的劳动者，供给曲线由 S 向右下方移至 S'，均衡工资率下降。如果 s 语言技能的供给是温和增长，那么工资率可能下降到最初水平 a_1，如果是剧烈增长，则工资率将降至比 a_1 更低的水平。随着工资率的下降，厂商雇佣 s 语言技能劳动者的成本降低，因此愿意雇佣更多的该类劳动者，均衡的供求水平由 q_2 增加到 q_3。如图 2 所示。工资率下降，厂商愿意雇佣更多掌握 s 语言技能的劳动者，掌握 s 语言技能的劳动者的就业机会增加，这是市场推动 s 语言传播的第二个过程。这个过程同时反映了语言学习的负外部性。随着掌握 s 语言人数的增加，劳动力市场上争夺就业机会的竞争加剧，在需求不增加的情况下，个体通过 s 语言技能获得经济收益的优势

逐渐被消减，甚至完全消失。

在劳动力市场上，s 语言技能新的价格和供求均衡点的形成是劳动者和厂商根据市场上的工资信号自行调整策略的结果。在没有政府干预的情况下，工资率的变动是劳动力市场上引导个体进行语言技能资本投资的重要传导信号。随着市场上工资率的变动，个体调整自己的语言投资决策，当一种语言技能的工资率上升时，个体会不约而同地作出学习该语言的选择；在工资率下降时，掌握 s 语言技能的劳动者因可以获得更多就业机会，将继续选择学习该语言，从获得高工资转向为获得更多的就业机会，这是个体出于对经济收益的追逐而进行语言投资的逻辑。工资率的变动引导着个体的语言技能资本投资，使得学习语言的人数由 q_1 向 q_2、q_3 移动。

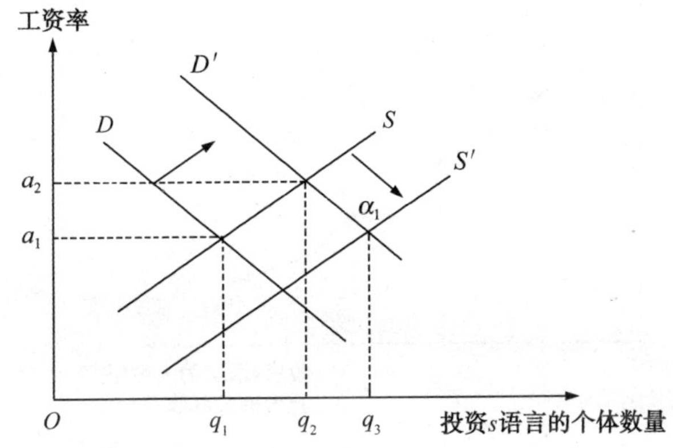

图 2　经济收益影响个体语言技能资本投资，推动语言传播的第二个过程

3. 市场推动语言传播的长期机理

以上仅仅分析了劳动力市场工资率的一次提升对个体语言技能资本投资产生的影响。现实中由于经济的发展，劳动力市场对 s 语言技能的需求可能会是多次增加，甚至是无穷尽地出现这种情况，也就是说图 2 中 D' 会继续向右上方移动，那么高工资率的存在将继续推动 s 的学习者数

量的增加。随着学习者和使用者数量的增加，一种语言的交际价值随之增加，学习这种语言的个体能获得更高的交际收益。现假设在长期中劳动力市场对 s 语言技能劳动者的供给和需求达到稳定均衡，即个体通过 s 语言技能直接获得的货币收益完全消失的这种极端情况下，交际收益如何推动一种语言继续传播。

如前所述，由于语言投资具有正外部性，随着学习 s 语言人数的增加，s 语言的交际价值增加，那么学习这种语言的个体能获得更多的交际收益，包括因交际范围扩大而获得更多的信息所带来的间接货币收益、非市场收益等。此时，即使工资率下降，但是学习 s 语言技能的人数仍然会由 q_3 向 q_4、q_5 移动。如图 3 所示。

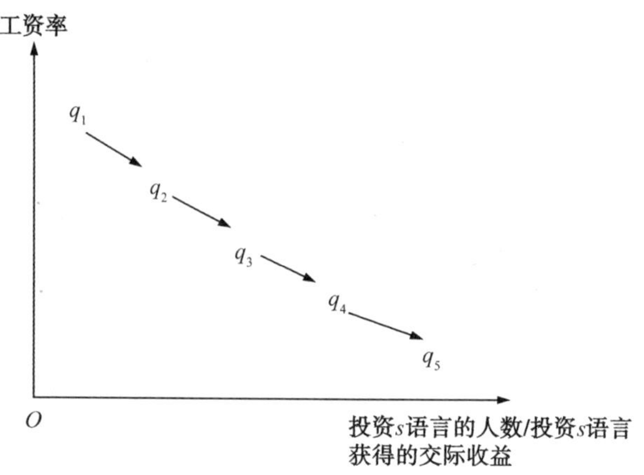

图 3　交际收益对个体语言技能资本投资的影响

从长期来看，工资率不再是个体决定是否选择学习该语言的唯一因素。但这并不是说掌握 s 语言技能的劳动者工资的高低不再影响个体的语言决策，而是强调在某种语言成为广泛使用的语言，具备了较高的经济势能后，个体选择学习该语言的动机将更加多元化，语言的交际价值逐渐成为影响个体语言技能资本投资的重要决策变量。

如对英语的学习。英语是当今世界唯一一种国际通用语言，随着掌握英语技能的劳动者数量的增加，个体依靠英语技能获得相关工作的竞争越来越激烈，但是由于英语具有国际通用性，个体通过英语技能可以获得更多信息和交际机会，或更好地进行其他人力资本投资，因此英语的使用者越多，学习英语的人就会越多。

（二）基于个体语言技能资本投资特性的语言传播规律

在一个没有规制的市场环境中，一种语言的传播是个体出于自身收益最大化选择学习该语言的结果。经济收益和交际收益是语言投资两种主要的收益形式，同时这两种收益与使用者数量存在反向运动关系，个体进行语言投资决策时，实际上需要在这两种收益之间进行权衡选择。在语言发展的不同阶段，两种收益在个体投资决策中发挥不同的作用，人们在不同时期对语言不同收益的追求推动了语言传播。从语言作为交际工具的本质属性来说，人类学习另一种语言或者相互学习对方语言的最初动机是为了交际，后来由于不同语言群体之间发生了经济活动，语言技能投资的经济收益才得以显现，而且由于这种收益形式便于计量，因此更容易得到语言经济学的青睐。在一种语言被广泛使用时，人们学习这种语言的动机又回复到交际上。语言传播是人类在交际动机——经济动机——交际动机这一主要动机的循环往复中进行语言选择和学习的结果。

在一定的社区内，某种语言的学习或者使用人口数量存在一个点，当学习者或使用者数量少于这个点时，个体学习该语言主要为获得经济收益，此时经济收益为正，而当语言学习者或使用者的数量超过该点时，语言学习的经济收益消失，而交际收益成为个体选择学习该语言的主要决策因素。下面通过一个简单例子阐述语言投资的经济收益与交际收益之间的转换。

假定在某语言社区中，存在 L_1、L_2 和 L_3 三种不同语言，每种语言的使用者都为 n 人，每人只会一种语言。L_1 群体中没有人愿意学习其他语言。在没有经济激励的情况下，使用 L_2 的个体学习 L_1 和 L_3 所能得到的交际收益相等。由于某种原因，使得劳动力市场对 L_1 语言技能劳动者的需求数量增加，掌握 L_1 语言的个体在劳动力市场上能获得高工资。为了得到高工资率，母语为 L_2 和 L_3 的个体开始学习 L_1。随着劳动力市场上掌握 L_1 的劳动者供给量的增加，L_1 语言技能的高工资率逐渐被抵消。假设原来使用 L_2 和 L_3 的群体中分别有 m 人学习了 L_1 语言，即掌握 L_1 语言的个体人数达到 $n+2m$ 时，L_1 语言技能的高工资率完全消失。在其他条件不变的情况下，此时那些尚未学习其他语言的使用 L_2 的人，如果一定要学习 L_1 和 L_3 中的一种语言的话，肯定会选择学习 L_1 语言：尽管学习 L_1 语言的高工资率已经消失，但是由于现在掌握 L_1 语言的个体数为 $n+2m$ 个，因此学习 L_1 可以比 L_3 获得更多的交际收益。

综合个体语言技能资本投资特性和市场力量影响个体语言投资决策，进而推动语言传播的过程可以看出，一种语言得以传播，原因在于该语言可以给个体带来经济收益或交际收益，或者同时带来两种收益。从长期看，一种语言的可持续传播在于两个方面：一是劳动力市场存在对掌握该语言技能劳动者的不断增长的需求，可以对掌握该语言技能的个体提供长期的高工资率；二是这种语言获得了广泛的使用，能为投资该语言的个体在当下或可预见的未来带来具有吸引力的交际收益。劳动力市场上掌握某种语言技能的劳动者的供求状况和该语言在特定语言社区内的地位是推动这种语言传播的内在动力。

四、结语与启示

语言技能资本投资具有多重收益，除了本文提到的经济收益和交际收益外，还具有文化收益等，而且多种收益始终是并存的。经济收益和交际收益交织在一起。个体通过语言获得经济收益，一个重要原因是个体掌握这种语言后获得了更多的交际机会。本文为便于更好地从理论角度描述语言的传播过程，将经济收益和交际收益视为相对独立的两种收益，分析市场力量影响两种收益进而影响个体语言技能资本投资决策，最终推动语言传播的过程，通过对微观个体语言选择和语言学习行为的分析探讨语言传播规律，为理解语言传播提供了一种新视角。需要进一步说明的是，将经济收益和交际收益视为两种相对独立的收益形态，并分析其在语言发展的不同阶段对个体投资决策产生的影响，并不是说个体在进行投资决策时只考虑经济收益或交际收益，而是想说明，在语言发展的不同阶段，语言投资给个体带来的两种收益大小不同，因此二者在个体决策中所发挥的作用亦不同。语言是人类沟通和交流的重要工具，也是文化的重要载体。在国际交往中，语言占优，意味着掌握更多话语权，同时可以使本国、本民族的文化价值观念得到国际社会更广泛的理解与认同。各国政府通过语言教育政策以及调节语言教育市场和劳动力市场的供求关系等政策措施，对个体语言技能资本投资产生了重要影响[①]，进而推动了本国语言的对外传播。同世界其他国家一样，当前中国政府通过建立海外孔子学院等多种政策，已将推动汉语国际传播视为推动中华文化“走出去”，提升国家软实力的重要内容和重要途径，并将其纳入国家战略发展框架。基于个体语言技能资本投资特性的语言传播规律分析可以为我国当前的汉语国际传播提供两点基本启示。

第一，加快汉语国际传播，需提升汉语的经济价值，在国际劳动力市场上创造更多与汉语相关的就业岗位，满足个体学习汉语的经济需求。调查结果显示，“获得经济利益”现已成为母语非汉语者学习汉语最重要的目的。[②] 劳动力市场是个体投资汉语获得其经济收益的社会中介，个体只有在劳动力市场上找到与汉语技能相匹配的岗位，其在汉语学习上

① 关于政府影响个体语言技能资本投资的相关论述，详见宁继鸣、王海兰：《政府对个体语言技能资本投资的影响》，《理论学刊》2013 年第 7 期。

② 参见王海兰：《个体语言技能资本投资研究》，山东大学博士学位论文，2012 年。

的投资才能得到回报。只有预期投资汉语的经济收益能够实现时，理性的个体才会选择学习汉语。因此，要吸引个体选择学习汉语，推动汉语国际传播，从根本上来说需要进一步加快中国的经济发展和国际化程度，扩大汉语在国际经贸中的使用范围，在世界劳动力市场上创造更多与汉语相关的就业机会或岗位。

第二，加快汉语国际传播，需提升汉语的交际价值，扩大汉语在国际交往中的使用范围和频率，满足个体学习汉语的交际需求。根据个体语言技能资本投资特性，一种语言的使用人数越多，使用范围越广，这种语言的交际价值就越大，个体学习该语言可获得的交际收益也越大，越愿意学习这种语言。汉语是世界上使用人数最多的语言，但并不是使用范围最广的语言。加快汉语传播还需要提升汉语的交际价值，借助国际组织、国际会议等平台扩大汉语的使用范围和使用频率，逐步使汉语成为一种国际交际语言。

（原载《社会科学辑刊》2014 年第 3 期）

当代法国语言推广政策及启示

刘洪东

【摘要】 语言推广是提升国家软实力和国际地位的重要举措。面对“二战”后法语的衰退，为应对英语带来的威胁和冲击，法国通过制定和实施新的语言推广政策，试图维持法语的国际地位和影响力。法语语言推广政策所呈现出来的一些特点和成功经验，对新形势下我国的汉语国际推广政策的制定及实施有一定的启示意义。

【关键词】 语言政策 语言推广 法语

Contemporary French Language Promotion Policy and Its Enlightenment

Liu Hongdong

Abstract: Language promotion is an important measure to enhance national soft power and international status. In the face of the decline of French after World War II, France tried to maintain its international status and the influence by formulating and implementing new language promotion policies to cope with the threats and shocks of English. The characteristics and successful experience of the French promotion policy bring some implications for the formulation and implementation of the Chinese international promotion policy in China in the new situation.

Key words: language policy, language promotion, French

语言的推广和传播需要具备一定的客观条件，需要制定合理的语言推广政策，进行科学的语言推广规划。法国作为一个语言国际推广做得较为成熟的大国，其语言推广政策在制定和实施过程中所呈现出来的一些特点和成功经验，对新形势下我国的汉语国际推广政策的制定及实施有一定的启示意义。

一、语言推广政策制定的背景

17～18世纪，随着法国综合国力的增强和领土的海外扩张，法国国际影响力不断提升，法语取代拉丁语成为国际通用语和外交语言。一战结束后，法语的地位与影响力伴随着法国经济实力和国际地位的下降而逐步衰落。二战后，美国迅速崛起，世界格局改变，英语最终取代法语成为国际第一通用语。这种“没落”和“冷遇”促使法国更加重视对法语的保护和推广。

（一）法语地位的全面衰退

在法语国家内部，随着法属殖民地的纷纷独立，在非洲和东南亚，曾使用法语的许多国家和地区开始变成其他语言区，法语的地位有逐渐被各民族语言所取代的趋势。即使部分国家仍讲法语，其法律地位或重要性亦有所下降，使用法语的人数和范围也大幅减少。例如在卢旺达，法语在2008年失去了官方语言的地位，卢旺达语和英语成为官方语言。

一战之前，国际重要条约几乎都用法语订立。1919年《凡尔赛合约》的签订终结了法语作为唯一的国际性官方语言的地位。此后，法语作为通用语的角色越来越淡化，将法语作为外语加以学习的潮流也普遍衰落。在联合国及其下属机构、国际奥委会、欧盟等国际和地区组织中，法语由原来的唯一官方语言变为排在英语之后的官方语言之一，其使用率也因为英语的影响而不断下降。1997年，欧盟文件40％用法语起草，45％用英语起草。2008年，用法语起草的文件下降到14％，用英语起草的文件则提高到72%。而2009年,用法语起草的文件数进一步减少到11%。[1]

即使在法国本土,法语也受到英语的巨大冲击。在日常生活中,大量的英语词汇进入法语,这在年轻人身上体现得尤为明显。经济、学术等领域的法语使用率逐渐降低,越来越多的法国学者选择用英语撰写学术论文,甚至在法国举办的国际会议也将英语作为唯一的工作语言。

(二)法国人强烈的语言自豪感和大国情结

受其辉煌的历史所影响,法国人一贯以自己的语言为骄傲,他们视讲法语为热爱法兰西。1994年的民调显示,97%的法国人热爱法语,70%的法国人对法语的国际推广感到自豪。[2] 但是,也正因如此,法语国际地位的衰落对法国人无疑是相当沉重的打击,严重损害了他们的民族自尊心。因此,在承受巨大心理落差的同时,对法语现状极不甘心的法国民众试图努力扭转这一局面。法国人认为,振兴法国须从复兴法语做起,语言是"最好的黏合剂"。讲法语者更容易认同法国的文化和思想观念、认同法国,从而有助于提高法国的国际影响力。强烈的语言自豪感和大国情结成为当代法国加强法语国际推广的一种内在动力。

(三)法国对外政策的调整

二战后,法国的国际地位江河日下。为了能凭有限的国力继续在国际舞台上扮演重要角色,"拿二等票坐上头等车厢",法国改变外交策略,避免在军事和经济等硬实力方面与美苏争夺,而是将对外政策的中心转向文化输出,利用文化外交手段向外辐射影响力。在日趋激烈的语言软实力竞争的背景下,法国政府充分认识到语言推广的重要性,将法语的命运与国家的命运紧密相连,将推广法语作为提升其国家软实力的最重要内容。时任法国总统希拉克曾多次强调,"法语的国际地位直接关系到法

① 参见吴永利:《法语的历史演变、地位及现状》,《中国电力教育》2010年第4期。
② 参见梁启炎:《英语"入侵"与法国的语言保护政策》,《法国研究》2001年第1期。

国能否重新跻身世界强国之列”[①]。法国政府将在全球范围内推广法语视为实现其对外文化政策目标的首选工具，并不断声称要采取措施确保法语推广在对外文化活动中的优先地位。

二、语言推广政策的内容和实施

语言推广政策是国家语言政策的重要组成部分，是指国家旨在保证该国语言在境外得到推广或维持其现状的全部政策的总和。从1958年法兰西第五共和国建立以来，法国历届政府在语言推广政策上基本是以延续稳定为主，局部政策会随着社会政治、经济、国际环境的变化而略加调整。总体来讲，法国政府制定了主动、显性、多元的语言政策，在全世界推广法语和法国文化。

（一）语言推广政策的内容

法国政府法语推广的总体战略目标是：在世界范围内重新发挥因战争而削弱了的法语的影响和作用，维持法语作为“具有国际影响的语言”的地位。[②]

1.加强语言立法，保证和规范法语的使用

法国政府在使用法律对语言进行干预和影响方面有着悠久的传统。当意识到法语和法国的显赫地位受到严重威胁的时候，法国政府从宏观上制定了一系列关于保护和推广法语的法律以抵制英语。1975年，在法国总统蓬皮杜的领导下，政府出台了《法语使用法》，规定在法国国内商业和工业领域必须使用法语，所有的广告、产品使用说明书和公共标志都要使用法语。1992年，法国政府对1958年的宪法进行了修订，声明“共和国的语言是法语”，通过立宪手段确立了法语的地位。为进一步强化宪法修

① 转引自苏旭：《法国促进世界文化多元化的努力》，《走近法兰西》，中国社会科学出版社2005年版，第400页。

② 参见李克勇：《法国保护法语的政策与立法》，《法国研究》2006年第3期。

订令的效力，1994 年法国议会通过了新的《法语使用法》(又称“杜蓬法”)，取代了 1975 年的《法语使用法》，进一步扩大了强制性使用法语的范围，并加大了处罚力度。除了在商业和宣传领域进一步加强立法外，法律还规定在教育、媒体、科学等英语渗透日益严重的领域内必须使用法语。语言立法手段在一定程度上强化了法语在国内的使用以及法语的纯洁性，也保证了语言国际推广的顺利实施。

2. 尊重语言多样性，积极倡导多语制

从“文化例外”到“文化多样性”，法国在文化方面一直坚持文化产品的特殊性，保护本国文化不被其他文化侵袭，避免各国文化的单一化和同质化。法国政府同样将法语推广纳入保护“文化多样性”的大主题下进行。他们意识到，在全球化进程中一味推广法语而不顾其他语种是不现实的，只有通过推广多语制，即承认并尊重语言的多样性，才能使法语在众多语言中享有相对重要的位置，才能够保持法语自身的生命力。法国政府极力在全世界倡导多语制，这一点在欧洲内部体现得更为明显。1995 年法国担任欧盟轮值主席期间，通过了一项决议，倡议欧盟国家的学校同时教授两门以上的外语，这无疑增加了法语被学生选作第二外语的可能性。2002 年，欧盟首脑会议再次作出决定，让尽可能多的欧盟公民在母语之外掌握两门外语。借助于其在欧洲的传统优势地位，法语成为欧盟成员国外语教学语种的优先选择，学习法语的人数明显增加。

3. 维持法语在国际组织的地位，增强法语影响力

法语是一种使用广泛的国际语言，它被指定为许多国际和地区组织以及大型国际文化和体育活动的官方语言或工作语言。法国不仅注重培养在国际组织中工作的法国政府人员推广法语的意识，而且利用各种机会为国际组织的其他国家工作人员进行法语培训，以增加全世界听到法语的可能性。例如，法国政府每年花费巨资对欧盟工作人员进行免费的法语培训，以提高法语在欧盟的使用率。奥运会是世界上影响力最大的

体育盛会，法国积极主动地与兴办城市签署在奥运会筹备及举行期间保证法语的使用和推广的协定，以确保法语在奥运会的官方语言地位。通过维持法语在具有国际影响的国际组织和世界重大活动中的地位，法国宣传了自身的语言和文化价值观念，法语国际影响力得到进一步增强。

4. 依托法语国家国际组织，共同推广法语

法语国家国际组织成立于 1970 年，这是一个基于共同语言的国际联盟，法语是其中 32 个国家的唯一官方语言或官方语言之一。目前该组织拥有 56 个正式成员国和 20 个观察员国，分布在世界五大洲。法国希望把法语国家国际组织变成一个真正的合作圈，一方面通过经济援助、奖学金和法语国家运动会等内部合作，来保证法语在这些国家和地区的地位和影响力，从而传播和弘扬法国文化；另一方面，法语国家国际组织的建立使法国在法语国际推广事业中不再是孤军奋战。这些国家和地区形成整体合力，集中力量在该组织内外共同进行法语推广。2002 年在贝鲁特举行的第九届法语国家国际组织首脑峰会通过了《贝鲁特宣言》，明确表示“支持法语在国际组织中官方语言的地位，承诺支持并发展语言多样性政策”。该组织还设立“世界法语日”和“世界法语周”，在全世界举办文化活动季，庆祝法语及其在全世界推广的价值。依托法语国家国际组织，法国提高了语言推广的效率，加快了语言推广政策实施的进程。

（二）语言推广政策的实施体系

语言政策的制定仅仅是语言推广的基础。为保障语言推广政策的有效实施，从中央政府主管部门、形形色色的语言文化推广机构，到众多捍卫法语的民间协会组织，法国构建了一个多层次、立体化的法语推广政策实施体系。

1. 中央政府主管部门

法国政府设有多个负责贯彻执行国家语言推广政策和法令的机构，其中外交部、文化部和教育部三大中央政府部门作用最为明显。三者的工作虽各有侧重点，但相互合作、互相补充，保证所有旨在保护和推广法语的政策得以有效落实。在所有的政府机构中，最具权威和代表性的是法语和法国方言总署。该机构创立于 1989 年，隶属文化部，由法国总理直接领导。该机构在政府确定的语言政策框架内，联合各政府部门，保证国家各项语言政策的实施。其具体职能是监督法语在法国领土上的推广和使用，促进法语作为国际交流用语的使用，发展多语制，保障文化多样性。①

2. 语言文化推广机构

除政府主管部门外，法国还设立了一批专门的语言文化推广机构，通过这些机构及其在世界各国的分支机构，加上法国驻外使领馆，构建了一个庞大的全球法语推广网络。其中最值得一提的当属法国文化中心和法语联盟，两者是法语海外推广政策的主要执行者，亦被视为法国软实力的代表机构。法国文化中心是由法国政府直接创立的官方机构，成立于 1907 年，旨在传播法国文化、向全世界宣传和推广法语。目前法国已在 91 个国家建有 159 个文化中心。

法语联盟是兼有教授法语和传播法国文化双重使命的半官方机构。其前身是“在殖民地及国外弘扬法语语言联盟”，1883 年成立于巴黎，其总部的名誉主席为法国总统。其明确的办学定位、独特的运营机制、高质量的教学和灵活的管理模式使它具有强大的生命力，现已发展成为全球最大的法语推广和培训机构。目前在全球 138 个国家建立了 1135 个分支机构。

① Ministère de la Culture et de la Communication：DéléGation Générale *à* La Langue Française et aux Langues de France，http://www.dglflf.culture.gouv.fr，2013 年 2 月 25 日。

3. 民间协会组织

官方组织机构固然是法语推广工作的主体，但法国政府也十分重视依靠民间的力量，对于旨在保护和推广法语的各个民间组织和机构给予大力支持。在法国，民间复兴和推广法语的运动搞得轰轰烈烈。为了保护和促进说法语者的利益，法国设立超过 200 多个名目繁多的社团。这些组织出版了大量文件，提醒说法语者警惕英语的传播，并游说政府和民众采取行动。它们以法语的保护和推广为共同目标，辅助各官方机构，为维护法语的国际地位发挥着不可或缺的作用。

三、语言推广政策的特点及启示

（一）将语言推广政策纳入国家战略体系，给予高度重视和支持

法国将语言推广作为国策，历届政府都给予高度重视和支持。除了加强语言立法外，法国总统直接抓语言的推广，多次在不同场合以实际行动捍卫法语的地位。在资金投入上，法国政府更是不遗余力。尽管法国经济增长乏力，财政捉襟见肘，但在“推销”法语方面，法国政府却舍得花钱。法国外交部 2003 年在语言文化推广方面的预算达到 20.31 亿欧元，比其他国家的同类预算高很多；法语国家国际组织每年预算 2 亿欧元，2/3由法国支付。[①]

中国的汉语国际推广虽然有 50 多年的历史和经验，但语言向外传播的速度和国家融入世界经济的速度相比是明显滞后的。[②] 国家在 1988 年就提出“对外汉语教学是国家和民族的事业”，但显然还没有将汉语的推广上升到国家战略的高度。中国应将推广自己的民族语言作为一项基本

① Adrien Gouteyron, *Services Culturelles à l'Étranger*: *Face à la Mondialisation*, *une Révolution Nécessaire*. Paris: Commission des Finances, 2008, p. 1.

② 参见张西平、柳若梅:《世界主要国家语言推广政策概览》，外语教学与研究出版社 2008 年版，第 9 页。

国策，进一步加大推广力度，并在立法、政策、机构设置和资金投入等方面给予大力支持。

（二）设立专门的语言推广机构，保障语言政策的有效实施

国家的高度重视以及语言立法是语言推广的基础和保证，要使本国的语言推广真正走向成功，必须要建立专门的语言推广机构，保障语言政策的有效实施。语言推广机构作为政府意志的具体实施，在语言推广过程中发挥着核心平台的作用。[①] 法语对外推广之所以取得成功，与法国文化中心和法语联盟等一批专门的语言文化推广机构密不可分。每年有超过 50 万的学员在法语联盟学习，有 600 余万人参加法盟组织的文化活动。[②]

中国参考了英国文化中心和德国歌德学院等机构的经验，于 2004 年开始建立孔子学院，作为汉语国际推广政策的具体实施机构。相比法语联盟等具有百年历史的机构，孔子学院才刚刚起步，还存在着诸多问题和不完善的地方。在孔子学院的建设过程中，国家要在办学定位、运营机制、资金来源、管理模式等方面探讨更成熟、灵活的形式，以促进孔子学院的可持续发展。

（三）重视本国母语的保护，提高母语使用者的素养

一种语言的国际推广跟语言使用者的语言意识或语言态度紧密相关。说法国人对自己的语言“像对自己眼睛一样爱护”一点也不过分。上自总统、政府部长，下到普通民众，大部分人对法语面临的危机都有较强的忧患意识和责任意识。法国语言学家莫里斯曾大声疾呼，“捍卫法语与加强国防同样重要”[③]。法国政府不仅通过语言立法保证和规范法语的使用，还通过各种实际举措提高法国人的语言使用素养和语言保护意识。

① 参见宁继鸣：《汉语国际推广：关于孔子学院的经济学分析与建议》，山东大学博士学位论文，2006 年。

② Alliance Française Paris Ile de France: Qui Sommes-Nous, http://www.alliancefr.org/sommes-nous, 2012 年 11 月 10 日。

③ 转引自李志忠：《语言文字事业发展的根本保证——国家通用语言文字法颁布周年有感》，《新疆师范大学学报》2002 年第 3 期。

从1987年起至今，法国本土每年都组织“全民法语听写大赛”，通过这项活动进一步激发法国人对法语的热爱和自豪感。

中国和中国人民是汉语国际推广的大后方，必须要摆正母语的位置，树立母语的自信心和自豪感。如果本民族的人都不身体力行，母语意识淡薄，“外热内冷”，海外的汉语热将难以获得可持续发展。政府必须及时调整语言政策，开展有效的语言规划，从各个方面保护和规范汉语的使用，引导民众树立母语保护意识，提高民众的母语语言能力和使用素养。

（四）充分发挥民众的力量，积极开展语言公共外交

全球化的加速发展极大地丰富了语言推广参与者的类型，每个人都应成为对外语言文化传播和交流的积极参与者。法国政府在主要依靠其诸多的官方机构的同时，并没有忽视民间力量的作用。各民间组织和个人越来越频繁地登上国际舞台，开展语言公共外交，以一种相对温和、间接而隐蔽的方式推广语言。法国政府团结热爱法语和法国文化的当地人，组织海内外法国人为推广法语而努力。这种“官方民间相结合”的推广方式取得了丰硕的成果。

中国参与汉语国际推广的民间机构比较少，应该充分发挥民间组织机构的智慧和力量。一方面，民间组织机构的办学模式和教育方法往往更加灵活，对汉语教学市场和教学人群的需求更加敏感，对市场营销、品牌推广、服务管理等手段在对外汉语教学中的运用更加有经验。[①] 另一方面，民间组织机构形象亲和，政治色彩淡，更容易获得当地人的理解和接受，便于和海外相关组织开展合作。

（五）语言推广和文化传播紧密结合，充分发挥语言的文化价值

语言推广和文化传播相互促进，密不可分。语言是文化的载体，语言推广对文化传播具有巨大的推进作用；文化是语言的固有内涵，文化传播是语

① 参见俞敏洪：《关于民间力量参与对外汉语教学的建议》，http://edu.qq.com/a/20100302/000356.htm，2012年12月6日。

言推广的终极目标。法国一直保持着文化大国的地位和形象，全世界公认法语是一门“文化语言”。因此，法国始终注意在推广语言中充分发挥语言的文化价值，以法国文化深厚的内涵为支点，大打文化牌，将文化传播作为语言推广的核心。例如，法国每年选择一两个国家互办文化年活动，借此丰富和弘扬法国文化，加强这些国家与法国的语言与文化交流与合作。

灿烂的中华文化对外国人具有很强的吸引力。虽然目前孔子学院也开展文化讲座、汉语比赛、文艺巡演等形式各异、丰富多彩的文化活动，但这些活动往往缺少厚重的文化含量，因而其文化传播功能尚未得到很好的体现，举办的文化活动在广度、深度上尚有提高的余地。

（六）借助现代化语言推广手段，适应数字时代的发展需要

在科技发达、信息量大的数字化时代，一种语言的推广不可能离开影响力巨大的广播、电视和网络等现代传媒工具。法国电视五台利用卫星和互联网为世界200多个国家和地区的1.5亿家庭传送法语节目，已经成为法语推广的“王牌国际频道”。法国国际广播电台在世界各地约有4500万听众，法语广播节目每天24小时不间断地播出，向世界传播法语和法国文化，其官方网站也为法语学习者提供了丰富的学习资源。

中国的汉语国际推广应与时俱进，不断调整语言推广的实施方式，紧跟数字时代的技术变革潮流，构建多渠道、全方位的语言推广体系。借助现代化的语言推广手段，更好更快地对外传播汉语和中国文化。

全球化为汉语国际推广提供了广阔的发展空间，也带来了严峻的挑战。他山之石，可以攻玉。认真梳理总结法国等语言强国推广各自语言的经验，研究语言推广政策制定的规律和特点，可以帮助我们根据自己的国情，制定汉语推广和传播政策。伴随着中国经济实力的逐渐强大，做好汉语国际推广，传播和弘扬中国梦，无疑有助于实现中华民族的伟大复兴。

（原载《东岳论丛》2014年第2期）

服务于"一带一路"倡议的语言战略

崔　萌　张　鑫

【摘要】 推进实施"一带一路"倡议需要语言保障，国家语言战略应服务于"一带一路"。了解"一带一路"沿线国家和地区的语言与文化是"一带一路"倡议顺利实施的前提，实施"一带一路"倡议亟须为商务谈判、就业、翻译等提供强有力的语言服务。本文围绕语言人才培养、汉语国际传播、语言服务等方面如何与"一带一路"倡议相结合提出了一些思考，以期为我国语言战略规划提供参考。

【关键词】 "一带一路"　语言服务　汉语国际推广　语言战略

Language Strategy for Developing *the Belt and Road Initiative*

Cui Meng　Zhang Xin

Abstract: Promoting *the Belt and Road Initiative* requires language support, and the national language strategy should serve *the Belt and Road Initiative*. The prerequisite for the smooth implementation of *the Belt and Road Initiative* is to understand the language and culture of "the Belt and Road" countries and regions. The implementation of *the Belt and Road Initiative* needs to provide strong language services for business negotiation, employment and translation. This paper puts forward some views on how to combine *the Belt and Road Initiative* with language training, Chinese international communication, language service and other aspects, so as to provide references for our language strategy planning.

Key words: "the Belt and Road", language services, Chinese international promotion, language strategy

一、引　言

“一带一路”倡议是习近平主席于2013年9月和10月分别提出的“新丝绸之路经济带”和“21世纪海上丝绸之路”的建设构想，沿线大多是新兴经济体和发展中国家，总人口约44亿，经济总量约21万亿美元，分别约占全球的63％和29％，涉及65个国家，涉及官方语言达40余种。“一带一路”倡议强调相关各国要打造互利共赢的“利益共同体”和共同发展繁荣的“命运共同体”，实现政策沟通、设施联通、贸易畅通、资金融通、民心相通。

语言作为信息载体和文化符号，在“一带一路”倡议的实施过程中具有重要的传播工具和沟通桥梁的作用，如何提供强有力的语言服务、如何制定语言政策与规划为其助力、如何根据语言需求推进语言资源的开发利用、如何发展语言产业等成为国家语言战略的重要课题。有不少学者针对“一带一路”建设的语言需求和语言服务进行了探讨，就实现语言互通的途径提出了建议。国家语言战略应服务于“一带一路”倡议，为“一带一路”的顺利实施助力。

二、推进“一带一路”建设需要了解沿途的国家、民族的语言和文化

(一)不了解语言，就不能理解相应的法律和其他规则

中国企业“走出去”是实施“一带一路”倡议的一个重要方面。随着“一带一路”建设的逐步推进，中国企业将面临着更多的机遇与挑战。为了保证企业的稳步经营，需要充分、准确地理解相关国家的法律法规，需要通晓相关国家语言的专业律师为企业保驾护航。语言是中国企业“走

出去”的重要桥梁,不了解语言,就不能理解相应的法律和其他规则。同时,“一带一路”的推进需要沿线各国及其通关口岸间的执法互通互认,不仅要对其相关规定有充分了解,而且信息的互通互联也至关重要。语言在其中起着重要的桥梁作用。

“一带一路”建设的重要内容就是实现互联互通,习近平主席在其“联通引领发展·伙伴聚焦合作”的讲话中这样阐述“互联互通”:“我们要建设的互联互通,不仅是修路架桥,不光是平面化和单线条的联通,而更应该是基础设施、制度规章、人员交流三位一体,应该是政策沟通、设施联通、贸易畅通、资金融通、民心相通五大领域齐头并进。”

其中第一个就是要政策沟通,双方合作的基础就是要做到政策互通,在政策执行层面达成共识、提供通道,保障合作或者项目的执行顺利实施。这就涉及对双方政策的描述与解读,语言能力的掌握直接影响到对政策理解的深度。

(二)不了解语言,就不能理解沿途国家的文化和其他软环境

习近平主席于 2014 年 7 月在韩国国立首尔大学发表演讲时指出,“加强人文交流,不断增进人民感情。以利相交,利尽则散;以势相交,势去则倾;惟以心相交,方成其久远。国家关系发展,说到底要靠人民心通意合。”“文化在增进人民相互了解和友谊方面可以起到春风化雨、润物无声的作用。”国之交在民之亲,民之亲在心相知,心相知在人相交。宏观战略的实现须由微观来承载,语言是文化的核心载体,对语言能力的掌握直接影响到对文化的理解,而对沿途国家的文化和其他软环境的理解直接影响到民心相通的战略要求。语言不通就难以沟通,从而难以达成理解及相互认同。存在跨文化交际的障碍,就难以保障“一带一路”建设的顺利实施。所以说,语言相通是“一带一路”建设顺利实施的基础。

(三)不了解语言,就不能与当地居民和官员有效沟通

历史上一段时期,中国的国力鼎盛,“一带一路”沿线的许多国家曾经

属于古代中国的一部分或者属于藩属国,那么在与沿线国家进行合作交流时就容易引起误解或疑虑,这就需要与当地官员能够进行有效的沟通,这对于双边合作具有重要的作用。在这里,不仅仅需要了解沿线国家的语言,而且还需要有更高的要求。如对"一带一路"话语体系的准确翻译,消除当地官员及民众对"一带一路"倡议的疑虑,正确理解"一带一路"倡议的理念,深化政治互信,加强务实合作,创造和谐的舆论环境。

三、实施"一带一路"倡议需要强有力的语言服务

要实现"一带一路"倡议的互联互通,其中必然需要大量的劳动力流动,包括流入中国的海外劳动力及流向"一带一路"相关国家的国内劳动力,这就产生了大量的语言需求,语言服务必不可少。这里的语言包含两个层次,一个是精英阶层的语言能力及民众的语言能力,另一个是国家的外语能力及沿线国家掌握汉语的能力。国家外语能力战略规划需要服从国家战略,并为国家战略服务。国家外语资源种类有限,远不能满足与沿线国家和民族语言互通的需求,从而需要尽快培养相关小语种人才及小语种与专业复合人才,提供多方位、多层次的语言服务。

(一)商务谈判的需要

习近平主席强调:"丝绸之路经济带总人口近三十亿,市场规模和潜力独一无二。各国在贸易和投资领域合作潜力巨大。各方应该就贸易和投资便利化问题进行探讨并作出适当安排,消除贸易壁垒,降低贸易和投资成本,提高区域经济循环速度和质量,实现互利共赢。"[①]"一带一路"建设催生了众多领域的语言需求。如自贸区的建设、"亚投行"的设立等等,从而需要大量的商务谈判。商务谈判顺利与否直接关系到合作项目能否

① 习近平:《弘扬人民友谊,共创美好未来——在纳扎尔巴耶夫大学的演讲》,《人民日报》2013年9月8日。

顺利实施，经济合作过程中需要投入大量的交易成本用于弥补由于语言文化差异带来的不确定性，如信息成本、缔结和维护契约成本、监督成本等，消除语言障碍能够显著降低交易成本，从这一方面来说不仅需要沿线国家小语种语言人才，而且需要法律、经贸等专业的复合人才，语言服务在其中起到了重要的基础支撑作用。

（二）就地招工、用工的需要

随着"一带一路"建设的推进，区域经济一体化是大势所趋，各个区域要充分发挥自身的区域特点，中国也将在其中扮演重要的角色。一体化最显著的特点就是开放与合作，劳动力流动范围更广、更频繁。例如在土库曼斯坦，我国的石油企业实行企业在地化、职工本土化，确定了中土职工 3∶7 的比例，积极为所在国培养企业管理人才和工人队伍，尊重当地的文化、风俗习惯，学习当地语言，为当地民生等公益事业做出贡献，实现了民心相通基础上的经济效益和社会效益。随着中国和土库曼斯坦更加频繁的经贸往来，越来越多的中国企业将在土库曼斯坦开展项目合作、投资与本土建设，从而需要大量既会汉语、又掌握当地语言的人才。不管是实现道路联通带来的大量沿线铁路、公路、航空等基础设施的建设，还是实现贸易畅通带来的大量商贸往来，都需要大量的劳动力参与其中的各个环节，这会给沿线国家带来大量的工作岗位，对当地民众来说，就产生了大量的语言服务需求。

（三）各种文字资料翻译的需要

为了保障"一带一路"倡议的顺利实施，需要了解双方的政策环境、法律环境及人文环境。不管是宏观的政策性文件还是各种规章制度、法律以及双边交流互鉴，都涉及对大量的文字资料及网络资源的理解与翻译。语言是信息的载体，很多信息的源头是汉语，沿线各国必然需要大量翻译人员；同时，中国为了解沿线各国的政治、经济、文化等信息也需要大量文字资料的翻译。李宇明认为："在各种概念的中外翻译中，应做到尊重各种文化的语言使用习惯，特别要注意能让更多的人看得明白、看着顺眼，注意词语使用得体。”“启动（‘一带一路’）术语研究，制定有关术语使用与翻译原则，提供具体翻译词表，拟定忌讳词表或不建议使用词表，及时提供语言咨询服务。”[①]不管是“走出去”还是“请进来”，各国政府、企业及个人都需要各种语言服务，所以需要政府制定相应的语言政策、提供语言服务，大力培养书面翻译与同声翻译人才，推进机器翻译的研究与应用，充分发展各类语言技术，同时利用社会民间组织推动语言服务的发展与完善。

四、在实施“一带一路”倡议的同时，传播、推广中国语言文化

成功的语言与文化传播对“一带一路”建设很重要，同时，“一带一路”也是语言与文化传播的最佳载体。“一带一路”建设不仅会在沿线各国展开经贸方面的广泛合作，同时也会带动文化、教育、旅游等行业的发展。

一国的语言能力及使用范围在一定程度上代表了该国的软实力，中国作为世界贸易组织成员国之一，经济总量位列世界第二，但是世界贸易组织的官方语言只有英语、法语及西班牙语，大量经贸文件、国际标准、会议沟通仍然使用英语作为主要语言，这固然与西方国家的经济实力有关，但也与其语言推广战略密不可分。英语的强势地位为以英语为主要语言的西方国家实现经济及军事的国际化提供了重要保障。

孔子学院是中国国家对外汉语教学领导小组办公室在世界各地设立的推广汉语和传播中国文化与国学教育的文化交流机构，截至 2016 年 12 月 31 日，中国已在全球 140 个国家（地区）建立了 512 所孔子学院和 1073 个孔子课堂，学员总数达 210 万人。大力开展文化交流与合作是“一带一

① 李宇明：《“一带一路”需要语言铺路》，《人民日报》2015 年 9 月 22 日。

路”建设的重中之重，而孔子学院的宗旨正是帮助世界各国人民学习汉语、了解中华文化、增进中外人民之间的友谊。发展孔子学院与实施“一带一路”之间存在许多契合点。随着中国国际影响力的日益提升，对汉语的需求会增加，掌握汉语技能的工人的工资会进一步提高，促使更多的人学习汉语，汉语的传播范围会进一步扩大。应利用“一带一路”倡议的实施助力汉语推广，使汉语能够广泛应用于经贸、法律、旅游等领域，使其发挥更大的作用。反过来，汉语推广也会促进各国政治、经济、文化的交流，推动经贸项目的深入合作。

五、我国相应的语言战略

（一）战略上的重视

一方面，应尽快制定国家层面的服务于“一带一路”倡议的语言战略，围绕语言人才培养、汉语国际传播、语言服务等方面制定具体的政策指导。另一方面，应尽快建立“一带一路”沿线国家语言现状统计数据库及我国小语种人才数据库。

（二）“一带一路”语言状况调研

“一带一路”倡议涉及65个国家，仅官方语言就多达40余种。同时，国内相关省、市、自治区的语言状况也各有不同，这就需要对沿线国家及国内相关地域开展大量的语言调研工作，深入分析面临的复杂形势，掌握各地不同的语言需求。这对于制定服务于“一带一路”倡议的语言政策与规划具有重要意义。

在国家发展改革委、外交部、商务部联合发布的《推动共建丝绸之路经济带和21世纪海上丝绸之路的愿景与行动》中明确了各省、市、自治区在“一带一路”规划中的定位：新疆被定位为“丝绸之路经济带核心区”，福建则被定位为“21世纪海上丝绸之路核心区”，广西的定位是“21世纪海上丝绸之路与丝绸之路经济带有机衔接的重要门户”，云南的定位是“面向南亚、东南亚的辐射中心”，陕西、甘肃、宁夏、青海四地的定位是“形成面向中亚、南亚、西亚国家的通道、商贸物流枢纽、重要产业和人文交流基地”，内蒙古、黑龙江、吉林、辽宁、北京的定位是“建设向北开放的重要窗口”等。“一带一路”建设使得西部边疆地区由原来的边缘地区转变为对外开放发展内外联通的中心地带。这些少数民族自治区及多民族省份的语言状况较为复杂。在我国西部及边疆地区存在 30 多种跨境语言，如藏语、哈萨克语、柯尔克孜语、蒙古语、鄂温克语、鄂伦春语、朝鲜语、景颇语、京语等。深入了解这些省、市及自治区的语言状况，并根据具体情况制定相应的语言政策与规划、提供语言服务，可以更好地支撑“一带一路”倡议的顺利实施。

开展语言调研涉及大量的基础工作，需要了解“一带一路”沿线国家官方语言、非官方语言及跨境语言的使用情况，具体工作可采取实地调研及网络调查相结合的方式，调研工作可以专业化方式进行，也可以与其他工作相结合。建立语言资源数据库，了解我国小语种人才的数量、掌握的语言水平、就业领域等，在此基础上，还可开展多视角的学术研究，比如从语言本体的角度进行研究，从各国语言政策与规划、语言与文化传播、语言权利等视角进行剖析等，从而为国家语言文字事业更好地服务于“一带一路”倡议提供智力支持。

（三）语言人才培养战略

我国“一带一路”沿线国家的小语种语言人才匮乏，远不能满足“一带一路”建设的语言需求，且语种分布不合理，除了英语之外，所有语种都存在人才储备不足的问题。我国的小语种人才培养也都以教授标准语为主，但与“一带一路”沿线国家开展业务往来，不仅需要了解其官方语言，有时对各种语言变体的了解也极其重要。语言人才培养规划应分层次、分步骤进行，以逐渐解决语言人才结构性供不应求的现状。

不同的领域和行业对于外语种类、数量和质量方面的需求各有区别，亟须采取实地调研及网络调查的方式进行系统而全面的分析。目前，我国的语言人才培养大多采取大学学历教育与短期培训相结合的方式。“一带一路”语言人才培养可参考这种培养方式，并根据“一带一路”建设的发展进行调整；国家语言规划部门可根据具体需求决定培养的小语种语言的种类、各语种语言人才的数量、是否将部分关键小语种纳入国民教育体系等等。

在大学学历教育规划中，应着重培养两类人才，一是小语种语言人才，二是各类工程、法律、经贸等专业与小语种语言的复合型人才。大学学历教育的培养需要较长的时间成本，难以满足短期需求，所以还需要建立小语种人才培养基地或各种形式的社会组织进行短期语言培训，从而对大学外语教育规划进行有效补充。只有提升个体的语言能力，才能提升企业的语言能力，最终提高国家的语言能力。

(四)与“一带一路”倡议相结合的汉语国际推广战略

“一带一路”倡议的实施将给沿线国家带来诸多发展机遇。该倡议与汉语国际推广战略有许多契合点，实施“一带一路”是传播、推广中国汉语言文化的倡议，同时汉语国际推广战略反过来又能为“一带一路”倡议助力。

随着“一带一路”建设的开展，汉语的地位在“一带一路”沿线国家会有明显的提高，主要表现在两个方面：一是学习汉语的人数会增加，二是在这些国家或者地区以及相关国际组织里，会有更多的人将汉语作为官方语言或者工作语言。这种需求促进了汉语国际推广，而只有被需求拉动的汉语传播才更有生命力，才能更好地在“一带一路”沿线传播中国声音，讲好中国故事，为“一带一路”建设提供语言支持，营造良好的话语环境。

（原载《语言政策与规划研究》2017 年第 1 期）

新常态：孔子学院的完善与创新

宁继鸣

【摘要】 作为一个以汉语教学和文化传播为主旨的全球性教育机构，孔子学院前10年的发展速度是超常规的，其成就有目共睹、影响方方面面。与此同时，"提质增效"的理念成为孔子学院下一步发展的广泛共识，并成为相关部门开展规划设计和进行实践探索的决策依据。本文从一个研究者与实践者的视角提出和探讨以下问题：一、新常态下，孔子学院的"力量建设"应该得到保障和重视，完善与创新的根本在于顶层设计的科学性和有效性；二、孔子学院的办学宗旨与教师队伍建设需要利用好政府资源和社会力量；三、孔子学院的办学主体与持续健康发展需要统筹好孔子学院与政府及政府部门、孔子学院与承办院校及地方教育机构、孔子学院与社会力量的关系。

【关键词】 新常态 孔子学院 教师队伍建设 可持续发展

The New Normal: Perfection and Innovation of Confucius Institutes

Ning Jiming

Abstract: As a global educational institution focusing on Chinese language teaching and cultural communication, the development speed of Confucius Institutes in the first 10 years was extraordinary, and their achievements were obvious to all and had an impact on all aspects. At the same time, the concept of "improving quality and increasing efficiency" has become the broad consensus of the next development of Confucius Institutes, and has become the decision-making basis for relevant departments to carry out planning, design and carry out practical exploration. This paper proposes and discusses the following issues from the perspective of a researcher and practitioner. Firstly, under the new normal, the "power building" of Confucius Institutes should be guaranteed and attached importance to. Secondly, school-running tenet of Confucius Institutes and the construction of its teaching staff need to make good use of government resources and social forces. Thirdly, the subject of running school of Confucius Institutes and their sustainable and healthy development need to balance the relationship between Confucius Institutes and the government, between Confucius Institutes, host institutions and local educational institutions, between Confucius Institutes and social forces.

Key words: new normal, Confucius Institute, construction of teaching staff, sustainable development

作为一个以汉语教学和文化传播为主旨的全球性教育机构,孔子学院前10年的发展速度是超常规的,其成就有目共睹、影响方方面面。与此同时,关于孔子学院的下一步发展,也成为社会各界普遍关注的一个问题。在众多关心和关注中,虽不乏焦虑之情、困惑之语,但"提质增效"的理念无疑已经成为广泛共识,成为相关部门开展规划设计和进行实践探索的决策依据。人们在不同的语境中探讨和想象:孔子学院实现上述理念的目标、方法与路径的选择问题,孔子学院需要一个怎样的内外部发展环境,以及如何构建一个与其宗旨、功能和影响相匹配的支撑体系与治理框架,等等。

本文从一个研究者与实践者的视角提出和探讨以下问题:一、新常态,一个可以借鉴和引进的概念;二、孔子学院的办学宗旨与教师队伍建设;三、孔子学院的办学主体与持续健康发展。

一、新常态,一个可以借鉴和引进的概念

2014年5月,习近平总书记在河南考察时强调,我国发展仍处于重要战略机遇期,要增强信心,从当前我国经济发展的阶段性特征出发,适应新常态,保持战略上的平常心态。六个月后,2014年11月9日,总书记系统阐述了"新常态"的内涵要义。他表示:"新常态将给中国带来新的发展机遇。"[①]关于中国经济要适应"新常态"这一重要表述,引发社会各界的

① 习近平:《谋求持久发展,共筑亚太梦想》,《人民日报》2014年11月10日。

高度关注，越来越多的人开始用这一概念分析和解释中国经济。

新常态是指一种不同以往的、相对稳定的状态。换句话说，是一种经过一段非常规态之后，人们通过总结和反思，对事物有了一个更加完整的体验和认识，继而重新恢复的正常状态。作为治国理政的一个新理念，“新常态”主要用于经济领域。但若仔细研究和分析，无论是从“新常态”的特点还是其内涵或本质看，这一概念完全可以被借鉴和引进到孔子学院今后的发展和建设中。按照总书记的系统阐述以及专家学者们的总结分析，“新常态”的核心特征主要包括：(1)增长速度的新常态，即从高速增长转为中高速增长；(2)结构调整的新常态，即从结构失衡到不断优化升级；(3)宏观政策的新常态，即保持政策定力，从总量宽松投资驱动转向总量稳定结构优化，向创新驱动要发展动力。“新常态”的本质是“提质增效”，而这恰恰是孔子学院下一阶段最重要的发展理念和目标要求。

坦率而言，十多年来，孔子学院一直处于非常态的高速发展中，迄今孔子学院所取得的巨大成就和社会影响，是在制度尚不健全、支撑体系薄弱、人力资源匮乏，甚至很多人不理解的情况下发展起来的。作为一个跨国教育机构，孔子学院走到现在是一个奇迹。但是，这种“奇迹”应该有一个“回归”，这里讲的“回归”不是“回去”，而是要在目前已有的层级和基础上，研究和探讨如何面对新的形势和要求，通过调整节奏、改善结构、增强定力等手段和措施，强化构建“制度信任”机制，有效吸纳社会力量参与，以期实现一个更好、更稳定的健康可持续发展状态，这应该是孔子学院的“新常态”。新的发展状态，更加符合孔子学院的建设宗旨，符合国际社会的多元需求，符合中国担当大国责任之要求。实现孔子学院的新常态，需要在改革的基础上进行完善与创新。这种完善与创新不仅是工作与实践方面的，更是制度与机制层面的，而制度与机制的创新完善离不开思想解放与观念更新。

孔子学院是一个跨国教育机构，其发展也应该根据自身的属性和定位，根据大环境总要求的变化进行相应的改革与创新。改革创新是一个

"综合能力培养过程",其核心是"能力建设",其中包括各办学要素之间包容互鉴、彼此尊重、相互支持、平等合作等协商共建的能力。孔子学院功能价值能否有效地发挥和体现,从本质上看,还是生产力和生产关系的协调与发展问题。从这个意义上讲,如果我们对孔子学院有一定的预期,就应该根据发展需要对"生产关系"与"生产力"之间不协调的现象进行适当的调整和完善。面对新的形势和要求,来自改革与创新的压力绝不会亚于创业阶段的困难和挑战,有些事情可能更为复杂和难以解决。构建一个决策科学、支撑有力、供给有序、治理有方的系统绝不是一件轻松的事情,需要大局观和大智慧。共商、共建、共管、共享的理念与实践,不仅适用海外孔子学院,还应关涉并涵盖国内承办院校以及相关机构。按照"新常态"的内涵与要求,所有的改变或指向都应该是为了孔子学院"运行更稳、结构更优、发展更具动力"。新的发展阶段,孔子学院需要强化"共享空间",规避"无限责任",需要保持政策定力,加强能力建设,需要向改革创新驱动要发展动力。

二、孔子学院的办学宗旨与教师队伍建设

孔子学院发展至今,无论是在国内还是国外,无论是在理论探讨还是在实践活动或是媒体宣传中,都会遇到关于孔子学院与中国国家"软实力"建设的关系问题。在很多场合,这个问题还常常被某些国家的政客、学者或社会人士拿来作为针对中国走国际化发展道路"说三道四"的话题,甚至成为限制孔子学院开展教学与文化活动的一个理由。那么,应该如何理性看待这个问题呢?

关于孔子学院的属性和定位,《孔子学院章程》是这样描述的:孔子学院是一个致力于适应世界各国(地区)人民对汉语学习需要的非营利性教育机构。其宗旨是,增进世界各国(地区)人民对中国语言和文化的了解,

加强中国与世界各国的教育文化交流合作，发展中国与外国的友好关系，促进世界多元文化发展，为构建和谐世界贡献力量。据此，孔子学院的任务和使命就非常清楚了：一是要坚持教育属性，踏踏实实做好汉语教学和文化传播工作。这是孔子学院存在的社会基础，也是其价值和影响所在。二是要通过语言教学与文化交流，增进相互了解，促进双方合作，发展友好关系，改善外部环境，服务于国家增进"软实力"建设的发展战略和目的，这是孔子学院的使命，也是一项义不容辞的责任。对于语言与文化传播机构来讲，这是一个具有普遍意义的共识或理念，几乎每一个主权国家的语言与文化推广机构都肩负着"双重使命或任务"，其宗旨都是为了在世界范围内传播本民族的语言和文化，是为了让世界更好地了解和理解本国文化和人民，从而有助于政府发展国际贸易、促进国际交流、参与国际事务、改善外部环境等。其实关于这个问题，不仅中国领导人的态度是明确的，很多国家的领导人或政要也都有明确的表达和论述。在国际社会中，政府在政策和资金等方面支持语言与文化推广机构，鼓励和希望相关机构以语言教学和文化交流与传播的形式服务于本国政府以及国家发展战略，是一个非常普遍和公开的事情。

例如，2015 年，在每年一度的世界法盟大会上，时任法国外长法比尤斯在讲话时就指出，在世界上很多人看来，法语联盟是法国的名片之一，有时甚至就能代表法国。他说，法语联盟在宣传法国方面发挥了重要作用。尤其是通过全球法语联盟提供在法国的文化与语言体验，人们可以更好地了解法国的优势。他强调，法语联盟基金会是外交与国际发展部必不可少的伙伴，双方在国际舞台上有着推广法国的共同目标，双方一同朝着共同的目标迈进。全球的法语联盟还可以展现一些新的优势，呼吁法语联盟跟法国的使馆和法国机构建立直接联系。[①] 再如，2016 年，时任

① 参见法国外交部官方网站:《法国外交部部长法比尤斯在 2015 年世界法语联盟大会上的讲话》, http://basedoc. diplomatie. gouv. fr/vues/Kiosque/FranceDiplomatie/ kiosque. php? fichier = bafr2015-01-26. html#Chapitre7,2017 年 7 月 20 日。

西班牙首相拉霍伊在塞万提斯学院成立25周年会议上说,作为首相,我倍感荣幸能够成为塞万提斯学院理事会的执行主席。在这么多年的政治生涯中,我在不同的领域身居要职,但对于作为文化教育部长的那段时期记忆犹新。那正是塞万提斯学院发展的关键时期。我非常坚定地支持它的发展,因为它在我们外交政策中占有非常重要的位置。它不仅向世人展示了我们国家强有力的发展势头,也向世人展现了我们多彩的文化。[①]

作为一个语言与文化传播机构,孔子学院的广泛社会存在、教学活动过程中的感知与接受、沟通与交流过程中的认知与理解等,都是国际社会观察和接触中国的重要形式与途径。通过孔子学院,国际社会及其民众可以更加真实和准确地了解中国,了解中国文化,了解中国人民,继而为国家的建设和发展创造一个更加稳定与和谐的外部环境。应该指出,孔子学院对于国家“软实力”建设的贡献有很多,但最基础最扎实的贡献还是体现在教师及其教学活动的实践中,是通过教师的“名片”作用、教学的基础作用以及相关服务的涵化作用反映出来的。在宗旨与使命框架下,孔子学院的“双重使命或任务”是职责所在,并没有背离机构本身的属性与定位。因此,无论是从社会的视角还是从媒体的聚焦关注看孔子学院的功能与价值,将孔子学院与国家“软实力”建设联系在一起,是有依据和理由的。只是应该注意,当这个问题处于某种语境,或与某些较强意识形态话语“假设”联系在一起时,容易引起一些人的联想和误解。从这个意义上讲,我们的话语表达或媒体宣传还是应该注意区分语境,坚持“内外有别”的原则。

关于教师队伍建设,这几年孔子学院总部以及海内外承办院校可谓想尽了办法,下足了功夫。想想看,从专业培养方面,我们已经有了汉语国际教育本科专业,建立了汉语国际教育专业硕士体系,据悉有关部门正

① 参见西班牙政府官方网站:《西班牙首相拉霍伊在2016年塞万提斯学院成立25周年大会上的讲话》,http://ww. lamoncloa. gob. es/presidente/intervenciones/Paginas/2016/prot20160422. Aspx,2017年7月20日。

在探索建立汉语国际教育专业博士学位。另据不完全统计，十年来，已有超过 20 万人次的本土教师接受过不同层级和内容的专业培训，8 万多名汉语教师志愿者在接受相关培训后赴海外任职。与此同时，还有更多内容丰富、针对性强、语言多样、形式各异的培训班与研讨班难以统计。然而，当面对世界 140 个国家（和地区）、511 所孔子学院和 1073 个孔子课堂、210 万名注册学员时（数据统计截至 2016 年），对合格教师的需求依然压力巨大、"捉襟见肘"。一是孔子学院的快速扩张与发展，进一步拉大了需求与供给之间的矛盾。人才培养本来就是一个周期较长的工程，面对快速增长的社会需求，在之前师资储配不足的情况下，必然会产生优秀人力资源匮乏的"叠加效应"。二是师资队伍来源的多元复杂以及各种不确定性和不稳定性因素。如果说前一个原因还可以通过适当调整发展速度、控制发展规模、强化培训内容、增加培训力度、完善培养体系等措施予以逐步解决的话，后一个原因的解决则显得更加复杂和困难，以至于超出了孔子学院总部的权限和能力。例如，总部每年要向 100 多个国家派出 6000 多名汉语教师志愿者，十余年来累计已有 8 万多名志愿者教师先后赴海外任职。其中的很多人都热爱并愿意投身于这项事业，但由于各种来自内外部的"条件限制或政策约束"，又有多少人能够真正"沉淀"下来成为孔子学院教师队伍中的稳定一员呢？再如，来自国内各个院校的汉语教师，他们是海外孔子学院骨干教师队伍的主要来源。据总部年报统计，仅 2016 年度，孔子学院总部就向 147 个国家派出汉语教师 3450 人，支持各省、区、市教育厅（委）和高校派出教师 4921 人。尽管孔子学院总部颁发了文件，力图最大限度地保障这些教师的各种权益，但对于工作和生活在校园中的这些教师们，仍然在为关涉自己社会身份和学术水准等在内的诸多问题感到不安和焦虑。按照目前国内学术评价标准，除极少数院校外，他们的海外经历及其贡献并没有被纳入职称评审的各种指标或体系中去。当然，在这方面学校也有自己的说法：不是不情愿而是不得不为之。我们知道,为了加强支撑力量建设,孔子学院在几年前就开始集聚人才,孔子学院院长学院也在筹建之中。但作为一个庞大的跨国教育机构,若要做到基本满足"双重使命或任务"的预期与要求,必须做到更大限度地利用好政府资源和社会力量,进一步改革和完善国内汉语教师的从业环境和成长机制,解决和建立国际汉语教师志愿者就业与储备机制,以及关涉海外本土教师的培养机制和资格认定等问题,这些问题仍是当前最紧迫、最基础的工作,也是最需要政府出面解决的重大问题。政府在孔子学院发展的不同阶段应该扮演不同的角色,发挥不同的作用。作为推动者和监管者,政府需要在一定的法律体制框架下,依据规定对孔子学院的国内参与主体以及孔子学院的海外业务等进行监督和管理,为孔子学院的发展提供必要的制度保障和环境保障。[①]

三、孔子学院的办学主体与持续健康发展

作为一个具有共同理念和行为准则的组织,孔子学院还是一个由不同国家、不同文化、不同体制、不同层级"办学主体"构成的综合性语言与文化传播教育系统,其治理结构较为复杂,且语言与文化属性十分敏感。新常态下,孔子学院各个组成部分(包括总部)都应当基于整体意识选择和决定自己的行为,承担相应的义务和责任。每一个组织成员,包括孔子学院总部,尽管职责和权限不同,但在孔子学院系统中,都属于相互关联的个体,都应该在《孔子学院章程》框架下,按照职能和权限履行自己的责任与义务。作为一个组织系统,系统内部成员之间应该相互尊重、包容互信、求同存异、平等合作。作为一个组织系统,系统内部成员之间可以进行充分协商、观点博弈、相互监督、创新拓展,但所有的活动或安排都应该

① 参见王海兰、宁继鸣:《适度干预:孔子学院发展中的政府行为选择》,《云南师范大学学报(哲学社会科学版)》2016 年第 1 期。

符合章程以及宗旨框架的要求。

作为一个超大型的跨国教育机构，孔子学院不仅面临各种复杂的外部环境，而且办学模式多元，办学主体结构复杂。无论是从理念的角度还是从实践的观察，孔子学院的这种创新，都需要统筹和处理好以下三个关系：一是孔子学院与政府以及政府部门之间的关系。与政府的关系不仅关涉机构的属性和定位，而且直接影响体制机制、评价体系、资源配置和外部环境。目前这二者之间的关系是不稳定的、责任边界是不明确的。二是孔子学院与承办院校及地方教育机构之间的关系。需要厘清彼此之间是“委托代理”还是“购买服务”抑或是“公共平台”，以及谁是办学主体等问题。相互之间的关系和定位不仅关涉目标与规划，而且直接影响办学资源的配置及其优化。三是孔子学院与社会之间的关系，也可表述为与社会力量(公众舆论、企业、其他)之间的关系。这个关系将会影响到改善“外部环境”、促进“资本合作”、提升“服务质量”，以及能否在互利共赢的基础上，在办学目标和理念宗旨的框架下，实现各自的预期与价值。

谈到孔子学院的持续健康发展，关于办学主体及其责任与义务的问题显得格外重要。从理论上讲，孔子学院总部及其海外分支机构以及国内承办院校是一个相互依赖与合作、相互支持与作用的统一整体，三方均应按照权重承担办学主体的责任和义务。从治理结构来看，孔子学院办学主体呈多元复合态势，可以根据管理权限、资源配置、业务实践等内容分级分层分域设置。但在实践中，关于办学主体及其相应权限与责任等，一直是一个被人们关注但又在相关者之间“有意或无意”中不愿多谈的问题。例如，负有办学主体责任的国内承办院校，尽管其积极性很高，也愿意承担更多的海外办学责任和义务，并将参与孔子学院建设视为学校国际化发展的一个重要组成部分，但作为人力资源(教师或中方院长)的主要供给方，面对传统办学模式以及各种主流评价指标的影响，特别是面对所涉人力资源职称职务晋升标准或条件，很多院校还是会常常采取“短线操作”的方式，缺乏汉语教师队伍建设的长效机制。主要原因在于，在参与孔子学院办学的过程中，承办院校的责任和义务缺乏明确的法律约束或制度安排，或曰办学主体身份不确定、不明确。学校既要面对和重视社会上体制内各种各样的主流评价体系，也会从办学主体的身份出发设定内部评价指标，对办学资源进行优化和配置。现实情况是，在目前关涉办学的各种法律条款或政府文件中，并无强制性的相关规定或要求，在各类主流评价体系中也没有直接关涉孔子学院的指标或内容，包括当前国家有关部门正在组织实施的“双一流”建设。作为教师或中方院长，精神可以鼓励，使命可以担当，任务可以完成；但作为一个具有较高人文素养和职业能力要求的岗位，作为一项服务于国家发展战略和中华民族的事业，对“合格师资”的政策性关照和安排理应得到政府以及所在单位的制度保障。同样遗憾的是，相应的政策并未全面落实到汉语教师和中方院长的“职业诉求”以及他们的培养与成长中。如果孔子学院的支撑要素，特别是教师要素不能被纳入主流评价体系，自然就会缺乏继续性的发展动力。评价体系既是一种引导，也是一种动力。进入评价体系后，不仅资源配置可以得到优化和实现稳定，孔子学院也可以实现在最大程度上消除各种不确定因素带来的影响，而且还可以消除外界关于政府不得不承担“办学主体”的种种猜想，孔子学院的日常运作不再是依靠文件精神或“投资驱动”，而是依靠内部机制形成的动力，依靠办学主体的主观能动性。在这个问题上不能再犹豫，孔子学院的发展需要一个新的空间，这个空间应该是相对稳定和具有一定弹性的。

作为一个语言与文化传播机构，孔子学院的新常态应该是一种“低调的奢华”。新常态下，孔子学院的“力量建设”应该得到保障和重视，其建设和发展过程应该是“稳定”的，是依照“轨道”运行的。完善与创新的根本在于顶层设计的科学性和有效性，其中包括孔子学院的支撑力量是否被纳入体制内进行考量和安排，以及如何建立一个具有激励社会力量广泛参与的内外部环境。新常态的关键之一在于“制度信任”，在于办学主体对办学资源的“计划性安排”，在于资源配置的主观能动性。新常态下的孔子学院，应该是社会运行的一个组成部分，不应是一个附着在主流社会或承办机构主体运行轨道上的一朵“鲜花”。

（原载《国际汉语教育（中英文）》2017 年第 3 期）

孔子学院的文化功能与社会价值

马晓乐　宁继鸣

【摘要】 经过近十年的发展历程，孔子学院建立了一种既符合国际惯例又具有自身特色的语言与文化传播方式，逐渐获得了发展的独立性、范畴的完整性、群体的稳定性、机制的合理性以及成效的持续性，初步建立起国际汉语教育的网络体系，将语言推广和推动中华文化“走出去”的国家战略转换成可培植的实体，搭建起在全球范围内配置汉语言文化资源与要素的平台。作为中外人文交流和国际教育合作的新兴价值主体，孔子学院发挥出独特的文化功能，推动了文化资源到文化资本的转变，通过物化资本、体化资本和机构资本等方式促进了文化资本的累加。孔子学院所开创的基于自利和他利的互惠型国际教育合作方式是其基础型社会价值的重要体现，在人文交流、公共外交、文化安全等领域所产生的发展性社会价值既是基础价值的衍生，也是孔子学院作为综合文化交流平台作用的体现。

【关键词】 孔子学院　文化功能　社会价值

Cultural Function and Social Value of Confucius Institute

Ma Xiaole　Ning Jiming

Abstract: During the past ten years, Confucius Institute has created a mode of language and cultural communication with particular and international characteristics. It gradually acquired the independent development, complete category, stable group, reasonable mechanism and persistent effects. At the same time, the network system of the international Chinese language education was initially established and the national strategy of Chinese language and culture spread were transformed as an cultivatable entity. It also constructed a platform which Chinese language and culture resources and elements can be distributed throughout the world. Being the newly developed value subject of the cooperation of the international culture communication and education, Confucius Institute plays particular cultural function, promotes the transformation of the pattern from cultural resource to cultural capitals, and achieves an accumulation of cultural capitals through materialized capital, embodied capital and institutional capital. The international education cooperation mode which based on the mutual benefit embodies the basic social value of Confucius Institute. It also derives the developing social value in the areas of cross-cultural exchange, public diplomacy and cultural security from the basic value, which gives expression to the function of a comprehensive cultural communication platform.

Key words: Confucius Institute, cultural function, social value

---

如果说十年前孔子学院是一个新概念、新事物，那么时至今日，孔子学院已经以其“量”的变革成为客观的社会存在，遍布世界 120 多个国家（和地区）的 457 所孔子学院和 707 个孔子课堂（截至 2014 年 7 月），使其成为传播汉语和中华文化的全球性史实。与英国文化委员会、法语联盟等世界同类别的语言推广机构相比，孔子学院用相对较短的时间在全球范围创建了网络式全球布点的格局，在体量上实现了迅猛扩张，在功能上突破了类似国际机构的发展方式。作为一个坚持中外合作办学的非营利性教育机构，孔子学院闯出了一条体现时代特征、符合国际惯例、具有中国特色的语言与文化传播道路，初步形成了国内外共建与共谋发展的态势，在国际社会获得了广泛的关注和认同。

古往今来，任何新兴事物都要经历实践与舆论的洗礼，这是社会发展的常态。同样，对孔子学院的认识，诸如疑虑、争议、诉求、赞誉等等，也从未停止和间断过。十年的发展历程凝结了国内外渐进式的认知路径，出现了不同取向的价值判断，呈现出不同向度的衡量标准。无论喧嚣、纷扰、褒扬抑或期冀，都是发展进程中真实的表述与成长的痕迹。孔子学院作为新兴事业，具有原创性、探索性和前瞻性，其建设没有前车之鉴，缺乏实践参考，在前进过程中遇到观念、体制和保障体系等诸多方面的问题或障碍都是不可避免的。在不断打破惯性思维模式的路径依赖，不断突破既有判断和思想的制约，不断适应、调整和完善海外办学思路与实践的过程中，孔子学院在世界范围初步建立起国际汉语教育的网络体系，将语言推广和推动中华文化"走出去"的国家战略转换成可培植的实体，搭建起在全球范围内配置汉语言文化资源与要素的平台。孔子学院已在很大程度上成为今天世界认知当代中国的一个典范性概念和集成性符号。

判断一项事业是否逐渐走向成熟的标志大致包括几个方面：发展的独立性、范畴的完整性、群体的稳定性、机制的合理性以及成效的持续性。孔子学院的发展基本具备了这些特征。如今，国内外社会对孔子学院的关注依然热切，但认识日臻清晰、价值判断愈加理性，社会对孔子学院的审视与定位呈现出一种理性回归的态势。随着政府参与力度的增强、学术研究力量的强化以及市场化路径的探索等，孔子学院作为一种客观社会存在的体量与内涵得到不同程度的延展，在社会宏观背景与学术研究的双重语境下，对其文化功能及其社会价值的梳理是一项社会需要与学术需求兼备的工作。兹不揣冒昧，浅论如下，以就教于大方之家。

一

功能，通常指事物或方法所发挥的有利作用和效能。本文对于文化功能的探讨在三个层面上展开。

首先，在社会层面上。对于国际社会而言，或许大家一直在等待中国向世界开放她的文化，以匹配其幅员辽阔的地域和源远流长的承传，这个等待很漫长，不知道孔子学院是不是世界历史所"等待的戈多"，但是客观地讲，孔子学院开创了以组织方式开展群体性中华文化国际传播的先河，为实现中国语言文化传播的系统性、持续性架设了平台，为实现中外人文交流和全球化背景下多元文化的共享架构了基础设施，以一种"建构主义"的姿态矗立于世，成为当下中华文化"走出去"的重要标识。

《人民日报》将孔子学院誉为改革开放30年的大事之一，外国主流媒体称赞孔子学院“是迄今中国出口的一个最好最妙的产品”①。英国下议院议员、议会中国组主席马克对孔子学院的高度评价具有一定的代表性。他说：“孔子学院向世界各地展示了灿烂、辉煌的中国文化，为中国打造了非常好的品牌。我们看到，世界人民对中国的语言和文化越来越认可。”美国布鲁金斯学会主席约翰·桑顿也曾提出，孔子学院坚持这样办下去30年不动摇，世界将会大变样。② 如果说孔子学院的产生和发展业已生成了新的文化导向，孕育了新的文化风尚，那么这个导向很重要的内涵就是中国文化要积极参与到中外人文交流与文化共享的行列中，中华文化希望走出去，通过交流促进文化的合流、回流，促进多元文化的共生共享。

自古以来，中国对人文交流就有一种天然的民族偏好，希望以文化交流带沟通、以文化共享促和谐，而不是以霸权欺凌其他族群，以强行引渡文化与民族心理的同化。人文交流与共享意味着选择、吸纳、同化不同系统的文化成分，变成自己的结构性要素，这在中国和世界其他民族的文化中都是屡见不鲜的。文化是一个动态的、开放的、不断变化着的系统，它的发展、壮大永远离不开与其他文化的交流。在全球化时代，不同国家和民族之间、不同文化形态之间的交流是当下世界文明发展的客观现实，但交流不一定一帆风顺，有交锋才可能产生更深入的交融，这也是不同文化对话中的常态和人文交流中的应有之意。正是在这个意义上，孔子学院发挥了整合的文化功能，通过开放和交流，释放了自身文化的能量，在促进不同文化共享和交融的同时，也使自身的文化基因得到了反观和优化，在一个更高的层面上实现了整合的文化效能。

其次，在组织或机构层面上。孔子学院的文化功能主要体现在目标

① 转引自王芳、傅丁根：《文化交流的“中国样本”——探访四国孔子学院》，《人民日报》2012年3月1日。

② 参见王芳、傅丁根：《文化交流的“中国样本”——探访四国孔子学院》，《人民日报》2012年3月1日。

和规范等方面。孔子学院作为世界语言推广机构的成员之一，教授和传播汉语是其主要的职能。汉语历史悠久、特色鲜明，但是在浩如烟海的中国典籍中探赜索隐，除却当年“儒家文化圈”范围内的流播，很难找到汉语在世界范围传播的记载。是孔子学院把汉语的推广纳入到一个规模、制度、常态发展的轨道上，实现了汉语走向世界的第一次聚焦和集成。

探讨孔子学院的文化功能，必然涉及该组织的目标功能。当目标确立后，规约与标准必然成为不可或缺的命题。在迈向目标的征程中，需要自律更需要他律，无论怎样强烈的自发自觉的愿望与激情，如果缺乏行为的规范和统一，都将耗散诸多能量，流失不必要的资源。在十年的建设历程中，从孔子学院的章程到合建双方义务与职责的明确、从师资的聚拢派遣管理到学科建设和人才培养的制度化安排、从国际汉语教育标准的制定到汉语教学通用大纲的颁布，从“汉语桥”“三巡”等品牌项目的确立到“孔子新汉学计划”的开拓，凡此种种，不一而足，这些规约、制度的日臻完善与实施均构成孔子学院文化功能得以发挥的要素，是孔子学院文化效能作用的重要表征。

最后，在个人层面上。孔子学院显示出在文化塑造与教化方面的功能。对于国内而言，孔子学院催生了一个新生的阶层——国际汉语教育阶层，它是对外汉语教学行业的传承和创新，也是孔子学院文化功能的体现。实践证明，符合人类文明进步和社会发展需求的新兴事物，以及由此带来的国家制度体系的变化，往往都会带动和催生社会新阶层的产生，从事国际汉语教育的人才队伍愈发壮大，逐渐形成了群体性、成建制从事汉语言文化传播的态势。国际化、复合型是这个阶层较为突出的标识，其中，具有汉语素养与汉语教学能力、文化素养与文化传播能力是基本要求，在此基础上具有一定的国际视野和复合型的知识结构，具有较强的跨文化交际能力、组织协调能力、市场开拓能力，以及中华才艺、亲和力，特别是诚信、坚韧、自信、自律的品质等等，也逐渐成为该群体的能力构成要素。这种塑造和教化关乎人的目标、职责、能力与品质，也关乎人际传播发挥重要作用的新型汉语言文化国际传播方式的构建，这正是孔子学院文化功能作用于人的直接体现。对于国外而言，孔子学院对人的作用主要体现在学员身上，或者更具体地说是学员语言技能的提升以及文化新知的习得。语言技能是个体人力资本的重要组成部分，一方面语言技能的资本存量是身份和地位的象征，学习汉语使个体的社会文化身份得到丰富和加权；另一方面，学习一门新语言可以给个人及其生活带来多方面的收益。

个体、组织、社会等不同层面的介入促成了孔子学院文化功能的生成与发挥。伴随孔子学院的发展，其文化功能也必将是一个动态发展的过程，会不断得到强化、优化，当然也会发生变迁和转化。从学理的角度出发，当功能的释放和累加实现了一定量的积累，就会在某种程度上得到固化与定型，进而成为文化结构与社会结构中的要素，并为新的价值生成做好准备。通过十年的积淀，如果要离析孔子学院文化功能的特质及其固化转化的方向，可以说对中华文化"文化资本"的积累是一个绕不过去的话题。"文化资本"是法国社会学家布迪厄的代表性观点之一，他将资本划分为三种类型，即经济资本、社会资本和文化资本；其中文化资本又分为三个方面，即物化资本、体化资本和机构资本。笼统地讲，"文化资本"指文化资源的资本化。文化资源是人们从事文化生产或文化生活所利用或可资利用的各种资源；资源要成为资本，必须进入社会再生产的过程，在其中发挥作用，产生效益，并获取相应的回报。孔子学院的语言与文化传播活动即实践着这一从资源到资本的转化。众所周知，孔子学院有相对固定的场地、基础设施、资金投入、人才队伍等，这些是可视的物化的资本形式，而语言教学和文化活动本身就是文化生产的过程，就像大学生是高等教育的产品一样，学生在孔子学院习得的语言技能，产生的文化理解，以及综合素养的提升也是产品形式，该产品附着于学员身体中的语言、技能、情趣、行为和知识系统，是一种内化的资本形式，即“体化资本”。孔子学院的教师既是物化资本的生产者，也是体化资本的体现者。其在教学过程中研发的教材、读物等，凝聚了教学成果，得到广泛流通，是一种可以传递的物化资本形式，而通过工作实践形成的教学经验，以及文化适应能力的提升、跨文化交际的训练、国际视野的开拓等，都逐渐以体化资本的形式内化于躯体中。“机构资本”通常指一个组织所具有的奖励、认定、资格和良好的社会舆论等。孔子学院陆续成为外国媒体报道的对象，营造了良好的舆论环境，其所具备的开展学历教育的资质、颁发行业认证证书的资格，以及在当地所建立的融社区、学校、教会等于一体的语言志愿服务网络等都是孔子学院机构资本累加的要素。

二

无论从哲学意义上还是社会发展层面，孔子学院都是一个现实存在。这个“存在”带来了国内外的广泛关注，也引发了学者们的价值关怀。价值论的兴起引发了人们对社会现象的理性思考与逻辑判断。面对孔子学院这样一个新兴的社会价值主体，对其进行科学的价值考量与评价，明确孔子学院的价值贡献，是一项学术意义与现实意义兼备的课题。我们可以在教育、文化、经济、政治的视角甚至几者的交叉语境下去凝练和分析。对价值问题的探究关涉到我们认识客观事物的工具、路径、视野和取向。本文试从基础性价值和发展性价值两个层面略述管见。

所谓基础性价值，指孔子学院社会价值中具有本质和源头特征的部分。孔子学院本身是一个具有社会属性的价值主体，是社会需求激发推动的产物。伴随中国经济发展和综合国力的提升，国际社会对汉语教育的需求从无到有、从弱到强，为回应社会需求，孔子学院应运而生、顺势而为，提供以汉语言文化教学为主要内容的教育服务。价值主体的特征之一就是“被需要”，可以说，国际社会的需求是孔子学院产生发展的逻辑起点。

从孔子学院的工作本体，或者说孔子学院的主要业务领域来讲，教育活动是其根本。教育本身就具有社会价值，而孔子学院教育活动的重要特色就是面向社会。孔子学院作为语言推广机构，其教育形式是多样化的。就课程性质来讲，包括学历教育和非学历教育，学历教育有的面向大学在读学生，有的则面向包括当地汉语师资在内的社会人士。就授课对象而言，孔子学院的社会开放性体现得尤为突出，学员来自当地政府、企业、社区、教会、媒体、文教组织、医疗机构等社会的诸多层面，年龄跨度从6岁的儿童到70岁的老人，社会文化身份繁杂不一。而课程形式更是突破传统，“文化周”“中国日”“书画展”“文化体验”等特色课程直接将课堂搬到了社区和城市广场。有些孔子学院依托网络开展远程教育，对社会的辐射面更为广泛。因此，孔子学院教育服务的开放性和公共性是其社会价值的重要体现。

孔子学院的具体工作之一是从事汉语言文化的教学，这也是世界语言推广的共性。语言学习行为看起来是社会个体的选择，但亦具有社会属性，可以促进社会沟通和理解，发挥将主观经验客观化的作用。因此，基于语言学习需求走进孔子学院的当地民众也是理解中国文化、认知中国、达成共识的社会力量。

而从当地整个社会来看，多语人才是一个国家的财富。汉语学习是社会个体进行语言技能投资的过程。一个人的语言技能资本存量越高，其适应工作要求的能力越强，从而失业的可能性更小，这将减少社会用于失业救济或补贴的负担。语言作为人类交际和获取知识和信息的重要工具，个体的语言技能资本投资对社会产生的一个重要外部性是，它可以提高一国居民的国际化素质，使得一国能更快地适应全球化发展的需要，降低本国与其他国家进行经济贸易往来的交易成本。鉴于此，个体进行语言技能资本投资除了自己受益外，也能给他人、社会带来收益。因此，孔子学院的汉语课堂是社会价值生成的“源头活水”。

从价值建设的主体——大学的视角出发，孔子学院的社会价值主要体现在其创立了一种新型国际教育合作关系，促进了中国教育国际化的进程。在目前全球已经运行的440所孔子学院中，90%是基于教育领域的合作而建立的，国内200余所高校和教育部门、国外400多所大学都参与到孔子学院的建设中来。教育的国际合作由来已久，孔子学院的创新在于构建了一种基于自利和他利的互惠合作模式。

就自利的层面来说，孔子学院将中国教育特别是高等教育置于开放和国际化发展的语境中，在语言和文化传播活动的带动下，国内外大学突破了语言、文化、艺术等领域的合作，在国际政治、经济、社会学、哲学等人文社科领域，甚至生命科学、环境科学等领域同时开展学术交流与协作，密度之大、领域之广，令人惊叹，有效拓展了我国教育的发展空间。它拓宽了中国大学对外开放的途径，提升了大学的国际影响力和积极参与国际教育资源融合与配置的程度，同时也提高了我国教育人才的国际化水平，引进了先进的办学思想、成功的经验和优质教育资源，优化了国内的教育环境。

如果说自利是一种本能，那么注重利他又使孔子学院的社会价值得到衍生。孔子学院建设特别突出合作，主张在应海外需求和自愿的基础上达成契约和共识。合作意味着共同体的诞生，意味着同生共体的发展环境，意味着联动互惠的行为准则。孔子学院实质上使契约双方共同建构了一种集体身份，这一身份是中外大学交往理性的产物，孔子学院的物理空间和所有资源形式是这一集体身份可兹附着与培育的实体。合作实体的存在不同于意向性、框架性或者是一次性的国际合作，它是植入合建双方肌体之中的客观现实，被纳入大学发展的制度化安排之中。大学作为人类文明进步和促进社会发展的重要成果，发挥着人才培养、科学研究、文化传承、社会服务等多项职能,孔子学院作为大学组织结构中的要素,同样承担了这些职能。

不可忽视的是,孔子学院所构建的这种基于互惠的合作范式不是个别的,而是普遍的;不是双边的,而是多边共同推进的。经过十年的发展,孔子学院已在全球建立了国际教育合作的网络。教育网络对社会资源的聚合与分配利用不是个体能望其项背的。匈牙利学者卡尔·波兰尼曾将社会资源的配置方式分为三种类型:权力授予类型、市场交换类型和社会关系网络,社会关系网络类型的资源配置方式将人们之间亲密的和特定的关系视为一种社会资源,借助社会关系机制,作用于不同群体成员间的资源分配。[①] 从这个角度来讲,遍布全球100多个国家的孔子学院所形成的教育网络本身就是一种社会资源,不仅自身具有辐射价值,而且对相关社会资源具有开发、聚合和优化配置的作用。对这种互惠合作范式的认识和价值评估,既要看到本体价值,也要看到辐射价值;既要关注当前的显性价值,更应注重潜在的隐性价值。

基于对孔子学院本体和建设主体的认识,笔者认为,教育价值是孔子学院的基础社会价值。"教育存在"是孔子学院发展的起点。经过近十年的积累,在"教育存在"健康持续发展的基础上,孔子学院社会价值的外延不断得到延伸,诸如"公共外交"等与国家民族形象及其内涵有关的内容等都成为新生的社会焦点。在此意义上,孔子学院实现了自身价值的超越与增值,成为一个复合型的"现实存在",形成了孔子学院的发展性社会价值。

公共外交是孔子学院教育功能直接演化的结果。孔子学院的魅力在于她基于民众、服务国际民众。从一个个走出国门的院长、教师和志愿者等当代中国社会个体的言谈举止中,外国民众走近了中国、走近了中华文

① 参见宁继鸣、孔梓:《社会资源的聚集与扩散——关于孔子学院社会功能的分析》,《理论学刊》2012年第12期。

化。正是在这个意义上，我们说孔子学院获得了公共外交的意义。公共外交是一种公众取向的双向交流过程，其主角是广大民众、学术组织和文化机构，而非政府。据统计，仅2011年孔子学院总部就向123个国家选派教师3343人，向81个国家派出志愿者3472人；孔子学院注册学员达到50万人，举办了各类文化活动1.3万场，吸引了722万人参加；邀请美英法日等国1944名中小学校长和教育官员访华，邀请来自70个国家的6382名青少年学生来华参加“汉语桥”国际学生夏令营、冬令营；全年各类奖学金生规模达6895名，来自118个国家。[①] 这些“走出去、请进来”的使者，在教育社会服务的过程中，进行着“日用而不知”的跨文化交流工作，成为公共外交的实践者。

在开放的环境下，任何国家的发展都离不开国际社会，一个良好的、对本国有利的外部环境，对每个国家来讲都是十分重要的。孔子学院所开创的这种基于语言与文化传播的国家形象塑造方式，一方面表明了中国对外文化交流的积极态度，另一方面也是对国家文化安全保护的一种有效准备。早在20世纪20年代，美国社会学家罗伯特·帕克就曾指出：“这或许可以被认为是国际关系和种族关系的一个新维度，它不是政治，也不是经济，而是文化。”[②]全球化程度的加深，证明了这一论断的见微知著。对全球化有深刻洞见的学者塞缪尔·亨廷顿认为：任何文化或文明的重要因素都离不开语言。语言在世界上或在某一国的分布往往反映出权力的分配，而权力分配的变化又促成了语言使用的变化。站在国家层面来看，在国际交往中，谁占据了语言与文化传播的制高点，谁就能够在激烈的国际竞争中更好地掌握主动性和话语权，在多元化世界构建中获得更广阔的发展空间。因此，语言与文化的传播不仅关涉到文化安全，可以说与国家和民族的政治利益也是息息相关的。在某种程度上，政治利

① 参见宁继鸣、孔梓：《社会资源的聚集与扩散——关于孔子学院社会功能的分析》，《理论学刊》2012年第12期。

② 转引自[美]孔华润主编：《剑桥美国对外关系史》下，王琛等译，新华出版社2004年版，第105页。

益可以说是国家利益的核心。在全球化背景下，国家间利益的竞合起起伏伏，一种基于语言与文化诉求的政治利益博弈逐渐隆兴。世界主要国家的语言与文化国际传播实践都在不同层面上体现了国家的意志。

当前，世界正在加速进入大变革、大调整、大发展的关键时期，各种国际力量博弈更加复杂，国际思想文化领域交流、交锋、交融呈现新特点。在各种资源，特别是文化版图寸土相争的国际环境下，孔子学院以一种和平温和的方式，以多语言交流和中外人文交流为主线，赢得了更多话语权与主动权，开辟了我国公共外交、人文外交的新渠道。孔子学院作为一支新生力量，正在努力跻身于以英、西、法语等为主体的国际语言体系，加速了国际话语体系的重构与秩序的重建，在世界文化版图上使中国语言文化资源占有了更大的份额和比重，影响了全球化背景下世界话语体系和文化版图的重构。

三

孔子学院的价值呈现，体现了全球化背景下中国日益增长的文化上的影响力、形象上的亲和力、道义上的感召力以及经济上的竞争力。当然，也存有很多不同的声音，例如将孔子学院"走出去"比喻为是潜入他国的"特洛伊木马"，出现了各种关于"中国威胁论"的说法。正如开始所言，古往今来，任何新兴事物都要经历实践与舆论的洗礼，这是社会发展的常态，类似的国际机构同样经历了这个过程。以英语为例，据不完全统计，目前全球以英语为第一语言并能熟练运用的人已达 4.5 亿，全球 3/4 的邮件用英语书写，80%的电子信息用英语记录。[①] 再如法语联盟，成立于 1902 年，是目前世界上最大的语言文化推广机构，在全世界有 1100 余所

① 参见崔潇、彭景：《从"孔子学院"看中国的文化外交》，《咸宁学院学报》2008 年第 1 期。

分支机构，年度运转经费约6亿美元。[①] 在此情况下，如果中国不积极参与到语言国际推广的行列中，有可能面临在信息社会中的“失语”状态，更无从谈起文化传播的主动权与话语权。因此，与其说中国开展语言文化的“扩张”，不如说是对世界语言“物种”的保存和多元文化共生表明自己的立场与姿态，担负起相关的义务与责任。

关于“特洛伊木马”之说，与其反驳指责，不如冷静分析。古往今来，发展迅速的朝阳事物总是引起舆论的关注和某些不和谐的声调，“亚洲四小龙”的经济腾飞、跨国公司的迅猛发展等都曾引起国际社会的广泛关注，接受舆论的洗礼。无论是社会个体还是民族国家都惧怕他者强大所带来的潜在风险，这是人之常情，不可违逆。伴随新兴事物的发展，特别是人们对其认知的完善、本质的把握和趋势的掌控不断增强，关于优劣得失的判断也会逐渐趋于理性。社会对孔子学院的认识需要一个过程，类似“特洛伊木马”之类的话语可能在一个较长的历史时期内还会出现，保持冷静的头脑和理性的态度，依照客观规律科学发展才是明智之举。

在发展框架方面，孔子学院的发展模式尽管有自身特色，但是也遵循了国际语言推广机构的基本做法，体现了共性特征：以语言教育为主线，同时开展教材编撰发行、标准化测试、资格认证和多语言翻译，举办讲座、竞赛等交流项目。将文化交流与教育合作纳入某一国家国际化进程也是世界通行的做法，“是国际政治中一国政府为实现其外交目标而运行的一种特殊政策工具”[②]。例如，曾负责教育文化事务的美国助理国务卿菲利普·库姆斯把教育文化交流与援助称为“对外政策的第四维”[③]；著名的富布莱特项目，始于1948年，约140个国家的知识分子、文化精英和学术团体受资助参与美国教育、文化等领域的国际合作项目，被看作“对美国国

① 参见法语联盟官方网站：https://www.alliancefr.org.
② 孙洪斌：《文化全球化研究》，四川大学出版社2009年版，第76页。
③ 孙洪斌：《文化全球化研究》，四川大学出版社2009年版，第76页。

家长远利益投资的一个典范”[1]。

自改革开放以来，中国对外开放的程度与日俱增，西方社会多元化的经济商品、文化产品和价值观念涌入国门。阿兰·伯努瓦曾指出：“资本主义卖的不再仅仅是商品和货物，它还卖标识、声音、图像、软件和联系。这不仅仅将房间塞满，而且还统治着想象领域，占据着交流空间。”[2]在此情境下，如果一个国家的民族语言和文化没有牢固的根基，没有对外开展语言交流与文化合作的平台，必然陷入被动的局面，遭受严重打击，造成世界语言“物种”的削弱甚至消失，加剧更大范围的语言文化生态环境的恶化。汉语和中国文化源远流长，上下五千年，按照著名史学家汤因比的观点，在世界诸多文明形态中，中华文明是唯一没有间断而连续发展的线性文明形态，为世界文明进程发挥了不可或缺的作用。在多元文化共生交融的今天，中国创立并发展自我语言文化传播机构，表明了一个大国负责任的态度。

另外，孔子学院起步晚，但是成效快，这也是引起国际社会骤然关注和机警反应的重要因素。与其他国家的语言推广相比较，孔子学院的迅猛发展是不争的事实，大概由于在风格上没有沿袭“温文尔雅”的中庸式的传统思路，所以特别引人瞩目。观澜溯源，孔子学院的快速发展是诸多因素共同簇拥的结果。作为新兴的语言国际推广机构，其与法语联盟、英国文化委员会等的发展具有不同的历史维度、社会维度和行业维度，或者形象地讲，孔子学院与西方国家的语言推广机构不在同一历史天空下。

法语、英语、西班牙语以推广机构的方式走向世界大约始于20世纪初，比孔子学院早起步一个世纪，世界在这一百年的变化可谓沧海桑田，特别是“全球化”程度的加深成为国际社会发展最凸显的表征之一。百年

① 孙洪斌：《文化全球化研究》，四川大学出版社2009年版，第77页。
② 转引自王列、杨雪冬编译：《全球化与世界》，中央编译出版社1998年版，第17页。

间,“全球化”逐渐由社会思潮演变为各个国家、各个行业、各个群体都不可游离的现实客观存在。对全球化的理解和诠释见仁见智,约翰·汤林森的界定得到了较为广泛的认同:全球化指“世界上各种社会、文化、机构及个人之间的复杂关系快速发展变化的过程。这一过程将包括某种时间与空间的压缩,即对跨越这些客观存在所用时间加以戏剧化压缩而使距离缩短,好像世界变小了,在某种意义上也使人与人之间相距更近”[①]。在全球语境下,国际社会各元素的发展都力争追求国际指标,在国际发展的框架下定位绩效、分析原因、探求空间。世界各国民众对非母语文化的需求与百年前已不可同日而语,不在同一数量级,缺乏可比性。而伴随中国经济的腾飞,基于贸易合作等刚性需要所产生的海外汉语学习需求,是激发孔子学院快速发展最为重要的动力之一。

最后,现代科技手段的介入也是不容忽视的一个方面。经过“第三次浪潮”的洗礼,信息化已经成为主导社会生活的基本“活动元”,搜索引擎“秒杀”了地理、物理障碍,瞬间促成跨文化的交流。现代传媒技术的日新月异使语言与文化的传播美轮美奂,亲切可人。创新科技的助力、多媒体的介质、娱乐化的方式、交互式的途径,以及交通的便捷和信息的流通,带来了汉语和中华文化的集约式规模传播,为孔子学院的迅速发展奠定了较高的物质平台。

四

孔子学院为汉语和中华文化走向世界开创了一种崭新的语言文化传播模式。开放,提升自我;创新,缔造价值;共建,助推发展;平台,铸就规模。对孔子学院的文化功能和社会价值的考量需要建立一种历史意识。

① 转引自苏咏鸿:《边界的瓦解与重构——网络语境下的经济全球化与文化本土化》,中国传媒大学出版社2009年版,第3页。

任何事物都是历史的，社会价值也是在历史演进过程中变迁的，或者说孔子学院的社会价值是动态发展的。实际上，一个时代的价值并不是作为另一个时代的先导而存在，而是具有自己的时代精神，具有自身存在的价值。一个时代的历史就是这种精神或者价值在自身内部的展开或者发展。对孔子学院功能与价值的探究还仅仅是个开始，笔者希望抛砖引玉，引发更多有识之士对孔子学院作出更广泛更深入的研究。

（原载《山东社会科学》2015 年第 8 期）

适度干预:孔子学院发展中的政府行为选择

王海兰　宁继鸣

【摘要】 在孔子学院发展中,政府面临两难选择:一方面政府需依托孔子学院实现公共职责,满足社会需求,为其提供多层面的支持;另一方面政府的过度干预往往会加剧孔子学院的"政治色彩",增加他国对孔子学院的警觉,甚至是排斥和抵制,阻碍其发展。基于此,政府应对孔子学院实行"适度干预",强调干预的客观必然性和合理有效性,遵循干预边界的适度性、干预方式的适当性和干预策略的适时性原则,以提高孔子学院的组织绩效,实现组织使命。

【关键词】 孔子学院　政府行为　适度干预

Moderate Intervention: Selection of the Government's Behaviors During the Development of the Confucius Institute

Wang Hailan　Ning Jiming

Abstract: The Chinese government is confronted with a dilemma during the development of the Confucius Institute. On the one hand, the Chinese government needs to implement its public functions through the Confucius Institute to fulfill the social needs and to provide support for the Confucius Institute in different ways. On the other hand, the excessive interventions of the Chinese government will make the Confucius Institute more"political". Thus, other countries may become alert and even reject the Confucius Institute, which will hinder the development of the Confucius Institute. Therefore, the Chinese government should take moderate interventions as the necessary and effective means. In order to improve the organization performance and achieve its missions, the Chinese government should take moderate interventions according to the principles of the appropriate boundary and methods as well as timely strategies.

Key words: Confucius Institute, government's behaviors, moderate intervention

据统计,截至 2014 年 7 月,我国已在 122 个国家和地区建立了 457 所孔子学院和 707 个孔子课堂,形成多层级全球性系统网络,在推动汉语和中华文化对外传播,促进中外文化交流中做出重要贡献。但有一个问题一直存在且不容忽视,即在孔子学院的建设与发展过程中,如何定位政府的角色与作用,以及如何界定政府的行为边界和行为方式等。不可否认,孔子学院之所以能在较短的时间内发展迅猛且成就突出,离不开政府的推动和支持。从某种意义上说,孔子学院就是政府以行政化手段培植汉语国际教育市场主体,培育和发展汉语国际教育市场的产物。从组织性质上看,孔子学院是以政府为主导的,以提供国家教育类公共产品为主的非营利组织,在全球化时代帮助或协助政府履行公共责任。因此,政府与孔子学院具有先天的血缘关系,对孔子学院发展具有重要而特殊的影响。

然而,在孔子学院发展过程中,政府始终面临一种两难的选择:一方面政府需要支持和依托孔子学院履行公共职责,实现服务国家利益和国际道义的义务与责任,同时,孔子学院的存在与发展亦离不开政府政策、资金等多方面的支持与关照;但另一方面,政府的过度干预必然会加剧孔子学院的"政治色彩",增加他国对孔子学院的警觉,甚至是排斥和抵制,阻碍其发展。伴随着孔子学院在广度和深度方面的发展,这种两难选择将会越来越凸显。之所以会出现这种困境,原因是多方面的。部分原因可归于"意识形态"范畴,部分原因源于作为一个跨国语言推广机构,政府干预的行为边界和行为方式并无标准可依,即使在国际社会也无成熟模式可参照。作为中国政府,需要一个探索和建构的过程。据此,本文基于孔子学院组织属性及其产品特性的分析,为政府的行为选择提供一种视角和方案。

围绕孔子学院发展中的政府行为,本文探讨三个问题:一是政府干预语言国际推广机构的理论依据与国际经验;二是孔子学院发展中的政府行为现状及其亟待解决的问题；三是孔子学院发展中政府行为的适度干预。

一、政府干预语言国际推广机构的理论依据与国际经验

语言国际推广机构是指各国旨在推广本国语言和文化而专门成立的组织机构，被认为是一国语言政策的重要实践主体。建立语言推广机构是各国推广本国语言的通行做法，如法国的法语联盟、英国的英国文化委员会、德国的歌德学院、西班牙的塞万提斯学院和中国的孔子学院等，其影响在世界范围是非常广泛且深入的。各国语言推广机构的共同使命是传播本国语言和文化，其功能目标大体可归为三个层面：一是教育层面，促进语言推广，提升语言影响力，推动本国与他国的教育交流与合作；二是文化层面，推动本国文化对外传播，促进他国对本国文化的了解；三是政治层面，增进政治互信，依托人文交流和公共外交促进国家间的相互信任与理解。

语言推广机构在起源上就与政府保持密切关系。梳理这些机构的历史会发现，其无一例外地发端于国家在特定的国内和国际环境之下对塑造国家形象的利益诉求，是政府希望依托语言和文化的传播提升本国的国际影响力和话语权的产物。几乎所有语言推广机构的设立均与政府推动有关，且以非营利组织身份帮助政府履行公共职责。因此，从诞生之日起，语言推广机构就与政府有着不可割裂的先天关系，政府必然在其发展中发挥重要及特殊的作用，而机构本身则必然将维护和拓展国家利益作为其价值取向。

（一）政府干预语言推广机构的必要性与适度性：理论依据

语言国际推广机构的非营利组织特性和混合产品属性要求政府必须对其提供必要支持和进行必要监管。“历史证明，语言传播与国家发展是

相辅相成的，国家发展为语言传播提供了强大后盾，语言的推广可以更好地促进国家的发展，服务于国家的政治、外交、经贸、文化、科技等各个领域，其作用带有基础性、综合性和一定的先导性，所产生的效应是巨大而持久的。”[①]语言推广机构提供的主要是语言教育和文化推广类产品，这些产品大部分具有竞争性不强、排他性较弱的特征，属于准公共产品。同时，语言和文化产品区别于其他产品的最大特征是具有意识形态属性，体现着一个国家、民族的思维方式和价值观，关系民族的凝聚力和自信心，政府在提供公共产品中负有不可推卸的责任。同时，语言推广机构在参与公共事务管理过程中，政府有必要加以引导和监督，防止其偏离公益性轨道。而语言和文化的意识形态属性则要求政府必须对语言推广机构的行为加以适当的调控和规制，避免出现多重“政治风险”。

作为非营利组织，语言推广机构的生存和发展需要稳定的资金来源。非营利组织资金主要来自政府资助，企业、社会组织、个人的捐赠，以及组织自身的盈利性收入。但总体而言，语言推广机构的产品大部分为免费提供的公益性产品，自身盈利性收入所占比重相对较少，政府提供的资金在其中占较大比重。语言推广机构的盈利性收入主要来自语言教学活动，与语言的价值、语言学习需求量等因素密切相关。在组织成立的早期阶段，对于绝大部分语言推广机构而言，获得的捐赠往往非常少，特别是在起步阶段，需要政府在制度、资金和人员等方面提供支持。综观各国语言推广机构与政府的关系可明显看出，无论国家体制有何不同，推广机构的运作都离不开政府的支持，各语言推广机构实质上是政府实施其语言推广政策的重要载体，加大对语言推广机构的投入和支持是政府的重大战略举措。[②]

然而，在语言推广机构发展过程中，政府的介入同时存在积极和消极

① 宁继鸣：《汉语国际推广：关于孔子学院的经济学分析与建议》，山东大学博士学位论文，2016 年。
② 参见宁继鸣：《汉语国际推广：关于孔子学院的经济学分析与建议》，山东大学博士学位论文，2016 年。

两种效应。机构的组织性质和产品性质决定了政府有必要对其运作提供支持和加以监管。但在市场经济条件下,政府行为具有一定边界,政府只有在一定范围内,以恰当的方式对经济社会进行干预,才能有助于经济社会的发展,并不是干预得越多越好,而是要适度。政府的越位、缺位、移位都可能带来“政府失灵”,在语言推广机构发展中更是如此。语言推广机构具有的跨国性、教育性、非营利组织性,以及其产品具有的意识形态属性等要求政府的行为边界和行为方式必须适度,过度干预带来的“政治色彩”将使语言推广机构遭遇抵制和排斥,阻碍其发展;政府缺位或移位,不能及时提供必要的支持与保障,以及未能进行适当的监管与调控等行为,可能导致语言推广机构的生存危机或带来“政治风险”。政府的支持和国家政治文化利益的隐藏性、长期性等原因,使得各国语言推广机构往往面临双重质疑:一是国际国内社会对其运营和决策独立性的质疑,二是国内社会对公共资金使用成本效益的质疑。[①] 如何在获得政府支持的同时淡化政府色彩和官方形象,即政府在语言推广机构运行过程中既进行必要的干预和支持,又控制在适度区间,是各国语言推广机构面临的共同问题。

(二)政府干预语言推广机构的共性特征:国际经验

世界主要语言推广机构,如英国文化委员会、法语联盟、歌德学院、塞万提斯学院等都与政府保持着密切联系,政府在其发展中发挥重要作用。在这些机构的发展中,政府行为呈现一些共性特征,表现为政府定位和作用的阶段转换性、政府介入方式的多样性、政府行为边界与行为方式的国别化。

1. 政府角色和作用的阶段转换性

在语言推广机构发展中,政府一直发挥作用,但从整个过程来看,政

① 参见曹叠峰:《各国语言推广机构运营模式和决策机制的比较分析》,《湖南师范大学社会科学学报》2014年第1期。

府所扮演的角色和所发挥的作用具有阶段转换特征。总体而言，在初级阶段，政府往往发挥主导作用，机构在资金来源上几乎完全依赖于政府，在组织管理和活动指导思想上也依附于政府；在成熟阶段，语言推广机构对政府的依赖程度会减少，政府由主导者逐渐转为服务者和监管者。成立于1934年的英国文化委员会可以划分为四个发展阶段：1934～1954年的曲折起步阶段，1954～1977年的平稳发展阶段，1977～1996年的全球扩张阶段和1996年至今的战略调整阶段。在前两个阶段，委员会的资金主要来源于政府拨款，所开展的业务主要是服务于国家外交和政治需求的援助性活动。1977年后，受《伯理尔报告》的影响，政府对委员会的资助日益减少，委员会为了组织生存被迫调整策略，逐渐转向市场化运营，加强同国外政府的合作，把英语教学、英语考试等活动作为全球性商品向国外提供，注重商业利益的全球扩张。[①] 法语联盟的分支机构在成立初期，法国政府都会提供部分启动资金，此后各个分校开始独立经营、自负盈亏办学。需强调的是，政府角色转换并不代表政府对语言推广机构的重视程度降低，也不代表政府对其实际控制能力变弱。伴随全球经济、政治和文化的发展以及各推广机构自身发展的需要，在非营利组织旗帜下，政府越来越倾向于将语言推广机构纳入"国家战略"发展框架下运作。哪些因素会影响政府在语言推广机构发展中的角色转换是一个值得探讨的课题，我们会继续研究。

2.政府介入方式的多样化

政府参与语言推广机构的方式多种多样，从推广机构宏观战略的制定到微观运作都有政府的身影，具体包括制度安排、资金提供和组织管理三个层面。

在制度安排上，各国政府都将语言推广机构纳入国家外交发展框架，

① 参见徐波：《当代英国海外英语推广的政策研究——以英国文化委员会为中心》，西南大学博士学位论文，2009年。

从宏观上管控其发展战略，通过一系列制度安排确保语言推广机构的地位。在组织归宿上，政府将语言推广机构纳入政府序列，使其成为政府附属机构，如英国文化委员会隶属于英国外交部，法国法语联盟与法国外交部保持密切关系。德国联邦政府于1969年和1976年分别与歌德学院签署的合作协议和框架协定，既在战略上将歌德学院纳入联邦外交文化范畴，又确保其在法律上的自治地位。

在资金提供上，各国政府都为本国语言推广机构的设立与发展提供了必要的支持。政府财政拨款是各国语言推广机构最重要的资金来源，特别是国外分支机构的启动资金几乎全部来自政府拨款，其工作人员中也有很多是政府派出人员，政府支付其酬金。这些语言推广机构的自营业务收入也与政府财政预算有着千丝万缕的联系，其开办的语言培训班中，大部分学员直接或间接受到了该国财政和与之相关基金会的资助。如，2007～2008年度，英国外交和联邦事务部对英国文化委员会的拨款达1.89亿英镑，此外，其他政府部门对其拨款700万英镑[①]；塞万提斯学院的经费来源为国家预算，2006年塞万提斯学院的经费为6861万欧元，比2005年增加了11％，其中，国家拨款占89％；法国国际合作与发展司在语言文化推广方面的预算为20.31亿欧元。[②]

在组织管理上，政府部门以多种形式参与语言推广机构的运营。第一，各国元首通常是各个主要语言推广机构的名誉校长或名誉主席。如在法语联盟中，法国总统是名誉校长，而法国各驻外大使都是所在国分支机构的名誉校长；西班牙国王是塞万提斯学院的名誉主席；伊丽莎白女王是英国文化委员会庇护人，查尔斯亲王是副庇护人。第二，各国语言推广机构主要负责人的任命需要向政府汇报，最高权力机构和最高行政管理

① 参见英国文化委员会（British Council）网站，http://www.britishcouncil.org/new/about－us/who－we－are/how－we－are－run/how－we－are－funded/.

② 参见张西平、柳若梅：《世界主要国家语言推广政策概览》，外语教学与研究出版社2008年版，第91页。

机构中都有政府的派驻代表。如英国文化委员会的理事会成员中有两个成员的任命需由外交和联邦事务大臣提名;塞万提斯学院理事会由外交部、教育及文化部、经济及财政部以及董事会的代表组成;法语联盟章程则规定,法国内政部长、国民教育部长和外交部长都有权派代表视察各法语联盟建立的机构,并听取有关这些机构运作的汇报。第三,各个主要语言推广机构的分支机构几乎都与本国使(领)馆有合作伙伴关系,常常是同使(领)馆教育处协调后才采取行动。如法语联盟同法国使馆有着稳定的合作关系,通过"项目合同"的方式确定文化教育项目需要资金、活动内容和日程安排等具体事项。

3. 政府行为边界和行为方式的国别化

尽管主要语言推广机构都与政府有着密切联系,但是不同语言机构在运营模式和决策机制等方面都体现了政府行为边界和行为方式的国别化特征。有的语言推广机构,政府行为边界较大,参与方式较直接;有的语言推广机构,政府参与较少,主要采用间接方式参与。根据政府对语言推广机构的集分权程度,形成了三种不同的管控模式:一是战略管控,政府与语言推广机构签署战略协定,推广机构在战略协定框架下制定自身目标,开展具体业务,如歌德学院。二是项目管控,政府对提供资助的项目进行监管,实际是谁投资,谁有决策权。如英国文化委员会部分项目的举办地点由其赞助方英国"海外发展管理局"决定。三是运作管控,政府对语言推广机构从战略规划到具体运作都进行监督检查,如塞万提斯学院。值得注意的是,为避免因政府过度参与带来的负面影响,政府与语言推广机构之间越来越倾向于建立一种"合作关系"而不是"附属关系"。如法语联盟在获得总部审批设立后,其运作就具有了很强的独立性,政府只是其中一个合作方,随着英国文化委员会自负盈亏能力的增强,"英国政府正试图淡化其在英语推广上的角色，不愿过多介入”[①]。从政府掌控和决策集中程度看，歌德学院、英国文化委员会、孔子学院、法语联盟呈逐渐下降的趋势。[②]

二、孔子学院发展中政府行为的现状与问题

（一）孔子学院发展中的政府行为现状

与世界其他语言推广机构相比，孔子学院起步较晚，但是发展迅速且起到积极的示范效应，这一方面得力于合作设立模式的优越性，另一方面离不开政府的有力支持。中国政府在孔子学院建设中的行为，既体现了其他语言推广机构中政府行为的一些共性特征，同时又立足于中国国情，彰显了中国特色。

1. 多层级政府主体参与孔子学院建设

中国政府高度重视孔子学院建设，党和国家领导人不仅多次批示要加强孔子学院建设，打造综合文化交流平台，发挥在人文交流方面的积极作用，还多次出访和参与孔子学院的活动。在孔子学院总部理事会中，时任国务院副总理刘延东担任理事会主席，教育部、财政部、国务院侨务办公室、外交部、国家发展与改革委员会、商务部、文化部、国务院新闻办公室等部委领导人为理事会成员。这种组织架构意味着各部委的各层级政府部门都有参与孔子学院建设的责任和义务。

孔子学院总部/国家汉办是全球孔子学院的最高管理和统筹机构，负责管理和指导全球孔子学院。其具体职责包括：制定孔子学院建设规划和设置，审批各地孔子学院的年度项目计划和预决算，指导、评估孔子学

① 徐波：《当代英国海外英语推广的政策研究——以英国文化委员会为中心》，西南大学博士学位论文，2009 年。

② 参见曹叠峰：《各国语言推广机构运营模式和决策机制的比较分析》，《湖南师范大学社会科学学报》2014 年第 1 期。

院办学活动，对孔子学院运行进行质量管理，为各地孔子学院提供教学资源支持与服务，选派中方院长和教学人员，培训孔子学院管理人员和教师，组织召开孔子学院大会等。

在实际运作中，作为孔子学院最主要的建设主体，国内高校自然成为政府的延续性机构。孔子学院主要采用中外高校合作设立的模式，截至2015年，全国共有200多所高校参与到孔子学院建设中来。在我国长期以来形成的教育产权制度中，国家是教育产权的最后所有者，学校是政府管理社会事务的重要手段之一。在这种独特的教育产权形式下，政府可以通过对高校的财政、师资、学科设置等方面的调控行使较大的控制权。

2. 政府以多种形式介入孔子学院

在制度安排上，《中共中央推动文化大发展大繁荣的决定》明确提出"加强海外中国文化中心和孔子学院建设"，《中共中央关于全面深化改革若干重大问题的决定》提出"鼓励社会组织、中资机构等参与孔子学院和海外文化中心建设，承担人文交流项目"，将孔子学院建设纳入国家战略发展框架，奠定了孔子学院在国家发展，特别是文化发展中的地位。国务院办公厅专门出台《关于加强汉语国际推广工作的若干意见》，对孔子学院发展提出框架性要求，教育部《国家中长期教育改革和发展规划纲要(2010～2020年)》提出要"提高孔子学院办学质量和水平"，教育部、财务部、国家汉办等出台一系列专门制度，确保孔子学院健康有序运行。如《国家公派出国教师生活待遇管理规定》(财教〔2011〕194号)，《孔子学院发展规划》(2012～2020)，以及《孔子学院章程》等。

在资金和资源投入上，中外双方按照1∶1比例投入，中方投入部分主要由政府承担。资金方面，政府对孔子学院的投入主要分为启动经费和项目经费。2013年，中方为孔子学院支出2.78亿美元。资源方面，政府资助研发教材和向孔子学院赠送图书、教材等。2013年，孔子学院总部向俄罗斯、西班牙、日本等30国转让教材版权100多种，支持9个国家

18所孔子学院开发本土教材21种147册，向120个国家1375个机构赠书70万册，其中为孔子学院(课堂)配送教材41万册。人员方面，原则上中方向每所孔子学院派遣1名中方院长，2名汉语教师，政府承担外派人员的工资。2013年，孔子学院总部向孔子学院派出院长、教师、志愿者1.44万人。[①] 同时，依托国内高校或省级政府机构在全球建设了19个汉语国际推广基地。

在运作管理上，政府对孔子学院运作上的管控主要通过人事管理和年度计划的审批来实现的。根据《孔子学院章程》，孔子学院理事会的中外方成员比例由双方协商确定，从目前实际结果看，中方比例大部分超过50%，中方院长和汉语教师由中国政府派遣。孔子学院须按规定期限编制项目实施方案及预算、项目执行情况及决算，并经总部审批。在项目开展上，目前孔子学院大部分按照“重点项目＋特色项目”的方式进行，重点项目一般为孔子学院总部规定必须开展的项目。

3.政府在孔子学院发展中发挥多重作用

政府的多主体、多形式介入使其在孔子学院运行中发挥重要而特殊的作用。如上所述，政府在资金、人力、资源等方面提供了全方位的支持，以确保孔子学院顺利运行。实际上，与世界其他语言推广机构的起源类似，孔子学院就是政府以行政化手段培植汉语国际教育市场主体，培育和发展汉语国际教育市场的产物，其起点具有明显的“官方色彩”。从长期来看，政府在孔子学院发展中的作用可归纳为三个方面：第一，采用中外合作模式，以行政化的手段快速整合国内优质教育文化资源，为孔子学院的发展提供了可靠的资源支撑和人力支撑，降低了发展中的不确定性和风险，赢得了孔子学院所在地的信任。第二，采取行政化手段，中央一级的领导人参与和支持孔子学院的相关活动，提高了孔子学院的“规格”，迎

① 参见孔子学院总部/国家汉办：《孔子学院2013年度发展报告》，http://www.hanban.edu.cn/report/index.html.

合了海外合作院校和所在地政府“被认同”的利益诉求，奠定了孔子学院在当地的“社会地位”。第三，采取跨越式发展，短期内形成全球孔子学院网络，为孔子学院发展创造了“规模效应”，形成了资源共享、合作、竞争并存的态势，造就了一股势不可当的“场域”。

（二）孔子学院发展中亟待探讨的政府行为问题

在市场经济条件下，政府在公共领域的行为一直是存在争议的问题。之所以存在争议，一方面是因为事物总是变化的，政府行为应根据变化而作调整，另一方面则是因为我们总希望追求一种“最优”的状态。探讨发展中的政府行为，目的在于寻找政府行为的“最优”点，实现孔子学院组织绩效的最大化。以下三方面问题亟待探讨：

第一，政府在孔子学院建设中的参与方式和参与程度问题。政府以哪种方式或哪些组合方式参与孔子学院建设，参与的最优程度是多少，等等。第二，在孔子学院发展的不同阶段，政府的角色定位是不同的，这就涉及了政府的角色定位和转换问题。在具体运作过程中，如何定位政府在孔子学院建设中的作用，政府角色转换的条件是什么，在哪个时点上转换是最优的，针对不同国家、不同类型的孔子学院，政府的功能定位和角色转换具有哪些特殊性等，这些问题需要在实践调查和系统的学理研究的基础上予以进一步明确。第三，如何通过孔子学院的中国特色，即教育产权问题，更好地发挥政府在教育资源和文化资源整合中的作用，如何通过有效的机制建设引导社会机构、民间资本参与孔子学院建设。

三、适度干预：孔子学院发展中的政府行为选择

根据孔子学院的产品属性，借鉴世界各国政府干预本国语言推广机构的经验，我们认为，实行政府对孔子学院的“适度干预”，可以更好地发挥政府在孔子学院发展中的作用，有效提升组织绩效。

(一)孔子学院发展中政府适度干预的内涵

“适度干预”的完整内容包括两个方面:一是政府干预的“客观必要性”,这是由语言推广和文化传播的公共性和“市场失灵”决定的,政府有责任和义务支持孔子学院发展;二是政府干预的“合理有效性”,政府对孔子学院的支持要以维护市场效率和国家利益为原则,以提高孔子学院的组织绩效和实现使命为宗旨。提出政府对孔子学院的“适度干预”实际上是使政府的行为得以优化。即在孔子学院发展中,政府如何在适当的领域,选择适当的时机,采取适当的方式和手段,进行适当程度的干预,使得孔子学院能最大化、最高效地实现组织使命,促进其健康、可持续发展。在孔子学院发展中,政府“适度干预”的内涵具体包含以下三个方面:

1.政府行为边界的适度性

约翰·穆勒认为“扩张政府范围”和“把政府活动限制在极狭小的范围内”都不是明智的主张,政府干预应在适度范围内。[①] 经济学家、诺贝尔奖获得者刘易斯指出,政府可能会由于做得太少或做得太多而遭到失败。[②] 在孔子学院发展中,政府不是“无所不能”,也不是“一无是处”,而应在适当的范围和领域内行为。其合理边界应界定为:第一,市场失灵的范围就是政府干预的范围,市场失灵决定了政府运作的空间范围。[③] 语言与文化传播的公共产品属性和外部性使得市场在这一领域存在失灵,这为政府参与孔子学院建设提供了空间。政府干预孔子学院的目的不是为了取代市场,而是为了排除因市场失灵而造成的汉语国际教育市场发展中的障碍,是为了培育和促进市场的形成与发展,让市场在汉语教学和中华文化资源配置与扩散中发挥更大功效。因此,在孔子学院发展中,市场能发挥作用的地方应交给市场去做,市场无法胜任的才是政府应监管和

① 参见[英]约翰·穆勒:《政治经济学原理及其在社会哲学上的若干应用》下卷,商务印书馆2009年版,第555~574页。

② 参见[英]阿瑟·刘易斯:《经济增长理论》,三联书店、上海人民出版社1994年版,第475页。

③ 参见杨志刚、方明:《穆勒的政府适度干预思想及其启示意义》,《学海》2008年第4期。

参与的。第二，在市场失灵的领域中，当政府干预成本过高或干预能力过弱时，政府对孔子学院干预范围就应受到限制或进行适当调整。第三，政府干预的事情，必须是政府比较了解的；不甚了解的事情，政府不宜随意干预。简言之，政府在孔子学院中的行为边界是以不影响市场效率和国家利益为限度，在“市场失灵”的场域内监管和参与在其自身能力范围内的事情。政府行为边界就是政府能力的边界，当政府对孔子学院的干预超过其能力范围时，就意味着政府跨越了自己应当干预的“度”，在这种情况下所采取的行为可能对孔子学院发展带来“负效应”。在孔子学院发展中，可以通过社会力量来解决的，应该尽可能地交给社会力量来解决。政府的职能更多的是如何通过制度安排，鼓励和吸引社会力量参与到孔子学院发展中来，而不是替代社会力量。

2. 政府行为方式的适当性

政府适度干预既包括干预范围的适度，也包括干预方式和手段的适当。孔子学院所提供的产品具有公共性与私有性混合，商品属性与意识形态属性并存的特征，这一特性对政府的行为方式和手段提出挑战。一种语言和文化的传播归根结底在于个体基于自身利益最大化的考虑选择学习和掌握它，孔子学院教授汉语、传播中华文化使命的实现程度在很大程度上取决于其所提供的产品内容和提供的方式是否满足和适应海外民众的需求。孔子学院的发展受国家利益和市场需求的双轮驱动，政府干预孔子学院方式的适当性在于将市场和国家“两只手”相结合，采取行政手段和法律手段相结合，直接规制与间接规制相结合，宏观调控与微观管制相结合的多元组合方式，使政府对孔子学院的干预正当、合理、高效，既为孔子学院发展助力，又避免海外受众“反感”。

3. 政府行为策略的适时性

政府行为策略适时是指政府对不同国家和区域，不同发展阶段的孔子学院应采取不同的干预策略，在干预范围和干预方式与手段上体现针对性和动态性。孔子学院的发展具有很强的差异性。不同国家和地区、不同发展水平的孔子学院面临的“市场失灵”的程度和对政府干预的需求程度不同。孔子学院所在地的市场化程度、经济发展水平、汉语需求程度、孔子学院自身的发展水平等因素会影响政府干预的边界和干预手段，而且这些影响因素之间存在相互关联，使其对政府行为选择的影响更为复杂。需要强调的是，孔子学院的发展受国家利益和市场需求双轮驱动，其组织的非营利性和产品的教育性、商品性以及意识形态性等特征，要求政府对孔子学院的干预不能简单地按照完全市场条件下的政府行为原则执行，而应以提高组织效率和使命实现为导向，根据针对性和动态性原则，因地制宜，采取不同的行为组合方式。一般而言，在孔子学院跨越式发展阶段，政府是主导性的，在孔子学院战略布点、项目启动和资金支持等方面都发挥核心作用。在这一阶段，政府往往兼顾“裁判员”和“运动员”双重身份。在孔子学院进入规范化发展阶段，政府则应逐渐撤出具体经营，而转向宏观调控，承担“裁判员”的角色。适度干预的重要内涵就是要求政府根据孔子学院所处环境和发展阶段采取动态优化的干预策略。

（二）孔子学院发展中政府适度干预的选择

政府适度干预实质是优化政府在孔子学院发展中的行为，使其更好地支持和服务孔子学院发展，提高组织绩效，践行组织使命。实现政府适度干预需从以下三方面努力。

1. 规范政府在孔子学院建设中的角色与行为

政府适度干预最重要的是明确政府在孔子学院发展中的角色定位，并对其角色行为进行规范。不可否认，政府在孔子学院发展中发挥着重要、特色的作用，扮演多重角色。在起步阶段，政府是孔子学院的主导者，发挥决定性作用。但在其进入规范发展后，政府在孔子学院中的角色主要为监管者和参与者。作为监管者，政府要在一定的法律体制下，依据法律规定对孔子学院的国内参与主体、孔子学院的海外业务等进行监督和管理，为孔子学院的发展提供必需的制度保障和环境保障。汉语国际教育市场还处于萌芽时期，政府对孔子学院除了“监管”外，还需强调如何“支持”其发展，不仅仅要弥补“市场失灵”，更重要的是推动汉语国际教育市场的培育与形成。作为参与者，政府是孔子学院的建设主体之一，要在非营利组织和市场化运作框架下，以合作者或者投资者的身份支持孔子学院的建设与发展。政府所扮演的这两种不同角色，应遵循不同的行为规范。而想要规范政府在孔子学院发展中的行为，就应制定孔子学院相关法律法规，使政府行为有据可依。

2. 加强对孔子学院的调研与总结

加强对孔子学院所在地的政治、经济、文化等环境的调研，评估孔子学院的发展阶段与水平，总结孔子学院的国别和区域特征、类型特征和发展阶段特征，为政府干预选择行为边界和行为方式提供依据。

3. 加强对世界主要语言国际推广机构中政府行为的比较研究

世界语言推广机构与孔子学院在组织性质和功能使命等方面具有共性特征，可以为孔子学院的建设和发展提供启示与借鉴。随着汉语国际推广和孔子学院事业的发展，学界对世界语言推广机构的关注度上升，但从政府干预的角度还可以挖潜。前文对世界语言推广机构中的政府行为已进行了一些梳理，但还有待于进一步深入研究，如对比分析英国文化委员会、法语联盟和歌德学院中，在推广机构的不同发展阶段，政府行为边界和行为方式的动态变化以及行为效果等，为孔子学院发展中政府的适度干预提供理论和实践参考。

四、结　语

《孔子学院发展规划（2012～2020年）》提出，孔子学院发展应坚持“政府支持，民间运作”的基本原则。政府在孔子学院中应扮演什么角色，发挥什么作用，在哪些方面需要提供支持，支持到什么程度，以什么方式支持，它能做什么不能做什么，以及如何做得最好，这将是一个贯穿孔子学院发展始终的问题。孔子学院的发展是市场力量和国家利益双轮驱动的结果，是政府以行政化手段培植的汉语国际教育市场主体，是推动汉语国际教育市场形成与发展的重要途径与手段。政府在孔子学院发展中发挥着重要而特殊的作用。孔子学院的健康可持续发展离不开政府的支持与监管，构建孔子学院发展的理论支撑必然需要加强对政府行为的研究。在这方面，我们还任重道远，需要更多实践者和学者贡献智慧与力量。

（原载《云南师范大学学报（哲学社会科学版）》2016 年第 1 期）

社会资本在孔子学院资源配置中的作用

孔　梓　宁继鸣

【摘要】 社会资本是一种结构性资源。孔子学院借助社会资本能够有效地应对资源配置过程中面临的挑战。社会资本通过约束合作、投资回报、心理认同这三条路径发挥资源配置的作用。这三条作用路径都是以信任为基础的，但不同作用路径依托的信任类型有所差别，分别是威慑型信任、了解型信任和认同型信任。不同信任类型之间应当相互转化、彼此加强，从而加深社会资本在孔子学院资源合理配置中的作用，使孔子学院的功能得到更好的发挥。

【关键词】 孔子学院　资源配置　社会资本　信任

Role of Social Capital in Confucius Institute Resources Allocation

Kong Zi　Ning Jiming

Abstract: Social capital is a structural resource. With the help of social capital, the Confucius Institute can effectively deal with the challenges confronted in the process of resource allocation. Social capital plays an important role in resource allocation by regulating cooperation, returns on investment and psychological identity. These three functional pathways are based on trust, however, different functional pathways are supported by different types of trusts which include deterrence-based trust, knowledge-based trust and identity-based trust. Also different types of trust can be mutually transformed and strengthened, so as to deepen the role of social capital in the rational allocation of the Confucius Institute resources, and give full play to the functions of Confucius Institute.

Key words: Confucius Institute, resource allocation, social capital, trust

在世界范围推广本国语言、传播本国文化，是各国语言推广机构共同的目标。作为语言推广机构的重要成员，孔子学院同样将其视为自己的宗旨。在孔子学院运行过程中，资源配置的优劣，关系到孔子学院是否可实现良性及可持续发展。孔子学院以汉语教学和中华文化传播为主旨，将稀缺分散的海内外教学和文化资源整合到同一平台，根据不同国家和地区的文化需求，从整合后的资源库中提取能够满足需求的相关资源，针对性地提供给不同国家和地区的受众。资源的合理配置有助于突破现有资源的限制，分享资源和信息，使资源得到高效利用，有效增强了孔子学院机构内外的认同度和凝聚力。因此，如何高效配置资源始终是孔子学院的主要任务。

波兰尼(K. Polanyi)将人类经济生产方式划分为市场经济、再分配经济和互惠经济三类[①]，基于此，社会资源配置关系也存在三种类型——权力授予类型、市场交换类型和社会关系网络，这已得到了学界的普遍认可。权力授予类型的资源配置是行政资本作用的结果，权力机构通过强制性权力来安排社会资源的分配，以实现资源的优化配置；市场交换类型的资源配置是经济资本作用的结果，市场依靠市场机制(主要包括价格机制和竞争机制)来实现对稀缺资源的有效配置；社会关系网络的资源配置功能是社会资本作用的结果。社会资本作为一种基于信任的资源配置方式，既不同于政府主导下的行政资本，也有别于市场主导下的经济资本。它通过处于网络内的个人或组织彼此互动，能够有效地配置社会资源。本文从社会资本入手，分析其在孔子学院资源配置中发挥的作用及作用机制，以期更好地实现孔子学院的使命和功能，增进世界对中华文化的了解和理解，满足国际社会对汉语学习的需求。

① 参见[匈]波兰尼：《大转型：我们时代的政治与经济起源》，冯刚、刘阳译，江苏人民出版社2007年版，第51～59页。

一、社会资本在孔子学院资源配置中的作用

资源合理配置是孔子学院功能实现的基础。资源合理配置是符合社会生产、生活需要的有效的资源使用,其着眼点在于“有效”“有用”。从微观角度看,组织内部有效的资源构成,合理的组织结构,完善的制度等能达到资源配置的合理化;从宏观上看,资源的合理安排能够可持续地满足社会需求。资源合理配置表现为资源来源丰富,针对性强,资源分配的覆盖面广,资源分配结构合理,资源使用效率高。孔子学院资源配置有三个突出特征:第一,中外方共同投入资源,这是由其中外合作模式决定的,也是孔子学院区别于其他语言推广机构最大的特色。孔子学院以中国大学为依托主体,以国外大学及其他机构为基地,充分借助外方的资源优势,整合中外双方优质资源,共同致力于孔子学院的建设和发展。第二,以项目管理的方式配置资源。孔子学院资源配置有相当部分或绝大部分是在项目实施过程中实现的。根据各自的定位和发展特色,孔子学院每年会推出不同的项目,主要包括汉语教学、文化传播、学术研究、汉语比赛以及HSK考试等,在项目开展过程中,借助在当地聚集的社会关系将资源提供给感兴趣的受众。第三,市场需求和权威关注相结合的双重资源分配调节方式。孔子学院资源服务的对象包括大中小学、政府、商界、社区及其他社会公众等不同群体,根据这些受众的实际需求,孔子学院会在市场规律指导下有针对性地提供资源。满足社会需求的项目能够获得更多资助,相反,不被受众认可的项目无法获取任何资源。孔子学院在按照市场规律配置资源的同时,也会特别关注重点地区和重点对象,为其投入更多资源。总之,孔子学院在配置资源过程中形成了以中外合作双方为投资主体,以项目管理为配置手段,以市场和权威为双重调节方式的资源配置模式。

孔子学院在配置资源过程中面临很多挑战。首先，孔子学院配置资源是在不同文化语境下进行的。截至 2014 年，孔子学院分布在 120 个国家（地区），不同文化背景的受众对资源的需求不同，教学和文化资源需要与不同文化传统的对接与交流，使其更符合跨文化语境，针对性更强。其次，中国经济的快速发展从根本上推动了海外孔子学院的蓬勃发展，但随着中国经济的迅速发展和综合国力的不断增强，海外关于“中国威胁论”的论调时有响起，孔子学院在全球迅速增长的态势也引发了关于“中国文化入侵”的猜测。海外对汉语和中华文化的需求逐年增加，海外公众在主观上愿意接纳多元文化，但客观上对他国文化仍存有顾虑。最后，作为一个以汉语教学和中华文化传播为主题的合作组织，孔子学院的资源主体是汉语和中华文化。语言具有工具性和文化性的双重属性，语言的文化属性使语言与意识形态和价值观联系在一起，语言和文化资源的配置难以通过市场和行政的手段进行推动，更容易出现“市场失灵”和“行政失灵”的现象。

在这种情况下，社会资本能够在语言和文化资源配置过程中发挥独特优势。在科尔曼（J. S. Coleman）看来，社会资本是“个人拥有的社会结构资源”[①]。基于此，本文将社会资本界定为个体或组织在社会结构中所处的位置给他们带来的结构性资源。在帕特南（R. D. Putnam）看来，信任是社会资本的核心和“必不可少的组成部分”[②]，能够通过推动协调和行动来提高资源配置效率。他通过对意大利改革进行的长达 20 年的调查研究充分证明了社会资本作为一种资源配置手段的有效性。社会资本配置资源既不同于政府主导下的行政资本，也有别于市场主导下的经济资本，它通过加强社会网络内个体或组织之间的互动、互惠和互信，提高资源配

① Coleman, James S. *The Foundations of Social Theory*, Cambridge, MA: Harvard University Press, 1990, p. 302.

② ［美］罗伯特·帕特南：《使民主运转起来》，王列、赖海榕译，江西人民出版社 2001 年版，第 195 页。

置效率。社会资本一旦形成，便会对孔子学院资源合理配置产生影响，主要表现在如下三个方面：

第一，动员孔子学院发展所需的资源。教学和文化资源是孔子学院发展的基础，优质的资源总是稀缺有限的，呈现供不应求的局面。对孔子学院而言，要想取得更好的发展就必须获得这些稀缺资源。获得稀缺资源的途径有两种：第一种是个体或机构通过某种渠道占有资源，但资源本身是稀缺有限的，获取资源有时不仅需要极高的社会成本，而且缺乏成功的保障。此外，任何一个机构都不可能具备发展所需的所有资源。因此，高成本、高风险促使人们寻求另一种相对稳妥、可靠的捷径。另一种资源是潜存于社会关系网络之中的。这类资源是组织成员长期互动的结果，是机构内外社会网络相互嵌入的最终体现。这些资源主体将资源部分或全部嵌入到机构形成的社会网络当中，它不为某个人占有，而是为组织共同体共有，具有社会性。社会资本能够推动个体或组织与其他能够支配社会资源的个体或组织建立合作关系，使这些个体或组织能够放心地将资源嵌入到社会关系网络中，通过与这些个体或机构的互动，获得社会网络中的资源，实现关系型融资。

第二，提高孔子学院资源的配置效率。资源配置过程应该遵循一个原则是"利益最大原则"，即由预期收益决定资源投入规模和方向。[①] 社会资本恰好能够通过降低成本满足这一原则。一个社会资本丰富的孔子学院，拥有建立在长期信任与合作互惠基础上的社会关系网络，网络成员之间传递资源和信息的渠道顺畅，在资源流动过程中，可以节省判断信息和资源可信度、筛选信息、整合信息等的成本，减少一些烦琐的环节，使有限的教学和文化资源随着重复使用而不断增值。在这种情况下，往往能够更容易取得预期的效果，提高孔子学院资源配置效率。

① 参见刘冠生：《城乡资源配置原则探析》，《东岳论丛》2006 年第 6 期。

第三，促进对孔子学院资源的理解和认同。以信任为核心的社会资本有助于促进孔子学院公共精神的形成，增强多元文化的凝聚力和认同感。孔子学院所在的海外社会是由多个文化共同体组成的。孔子学院社会网络就像是一根纽带，把不同文化联系在一起，在这个纽带的作用下，不同文化之间充分交流，反复磨合，互动越频繁，就越有可能为了共同利益而合作，越有助于形成对多元文化价值观的尊重、理解和认同，促成孔子学院公共精神的积淀。这种孔子学院公共精神作为一种社会网络的价值规范，调节和引导个体和组织的行为，使不同文化之间的相处更加融洽，凝聚力会显著地增强，增强了孔子学院在不同文化语境下抵御风险的能力，能快速有效地识别、评估风险，迅速采取有效的防范措施。从 2012 年的美国签证风波①可以看出，孔子学院在美国发展的这几年里，深入民间，促进了中美文化交流，积累起一定的社会资本。社会资本促进了美国社会对孔子学院的认同和理解，在孔子学院面临风险时，使其结成一个整体，增强了共同抵御风险的能力。可见，以信任为核心的社会资本有助于组织内成员共享规范，增强组织内聚力和成员归属感，达成相互的理解和认同，形成一种整体性社会秩序，从而推动多元文化和谐与社会稳定。

二、孔子学院社会资本配置资源的实现路径

社会资本动员和配置资源是通过社会网络内的个人或组织彼此互动实现的。“处在一个网络结构之中的个人或组织通过频繁的接触、互动，

① 2012 年 5 月美国国务院发布了一份指令性公告，提及持“教授”身份在中小学执教的中国教师必须在 6 月 30 日前离境。在中方就此作出回应之前大概一个星期内，大约 37 所美国大学的校长向美国国务院提出抗议，认为这是干涉大学的自主权，大学有权决定自己的事务。在美国社会各界的压力之下，美国国务院于 5 月 25 日再次发布一份修订公告，承认 8 天前的原指令“草率而不完整”，并澄清大学须为中小学任教的访问学者提供担保，若在 6 月 8 日之前报告国务院，这些教师将无须在 6 月 30 日前离境；同时明确表示，孔子学院符合联邦法规，不需要认证。

通过惯例、制度性规范等，彼此之间建立起义务与期望，形成各种信任关系，从而能够动员互动的社会关系网络中的社会资源，最终实现对资源的配置。”①

孔子学院采用中外合作的模式，在这种模式下国内和国外的机构共同承办孔子学院，这种合作关系形成了孔子学院的核心社会网络。在这一核心网络中教育机构占到90%左右，包括了国内200多所高校和教育部门，以及海外400多所高校或教育机构以及500多所中学。孔子学院在开展教学和文化传播活动过程中，与海外的文化机构、教育部门、社区、商界等之间产生了密切的联系，在核心社会网络之外又形成了辐射社会网络。核心社会网络和辐射社会网络共同组成了庞大的国际化社会网络平台。孔子学院社会网络成员随着项目的运作而互动，社会资本在网络成员的互动过程中发挥资源配置的作用。具体来看，社会资本影响孔子学院资源配置主要有三种路径：

第一，基于约束合作机制的实现路径。孔子学院采取的中外合作模式是一种制度性安排，这种安排要获得中外合作双方国家法律层面的一系列批准和认可，才能实现从分散零碎的海外汉语教学向有组织的制度化教学文化实践转变。在中外合作框架下，孔子学院严格遵守《孔子学院章程》，合作双方签署协议，并按照协议的规定履行各自的责任和义务，按照规定编制项目实施方案及预算，并报理事会和总部审批。获得总部批准的年度项目由中外双方共同筹措经费，双方投入各自的优势资源。在资源使用过程中也有多层把关，既有教育部、财政部共同制定的文件进行规范，也要孔子学院总部出台的专门管理办法加以约束，还要接受中外双方共同组成的理事会和院长的监督和管理。这种资源配置方式最重要的在于有可靠的制度作保障。这样，中外双方能够形成稳定的合作关系，放

① 钱海梅：《社会资本：基于信任的资源配置方式——兼论社区治理中社会资本的运作机理》，《现代管理科学》2011年第2期。

心地将资源嵌入其中，并推动资源在制度框架中有序流动。

第二，基于投资回报机制的实现路径。科尔曼曾指出，社会行为者之所以愿意将部分权力交给他人，是因为他们预期这样的行动可以给他们带来更大的利益。[①] 孔子学院在利用社会资本配置资源过程中发挥了重要的作用。“互惠规范作为社会资本所持的固有理念，是一种对称性的关系，它向人们指明了什么样的行动是符合传统或正确的。通俗地讲，即我现在这样对你，希望你或者他人能够相应地回报我。”[②]十年间，孔子学院在满足当地对汉语和中华文化的资源需求的同时，在海外也产生了广泛的社会影响。在社会资本影响下，孔子学院与当地民众对彼此有了义务与期望，按照网络结构形成的互惠规范开展合作互动，推动资源在社会网络中流动。

第三，基于心理认同机制的实现路径。社会资本除了借助社会规则、制度约束或共同协议等方式影响资源整合和流动之外，它所引起的心理上的相互依赖性也会对资源配置产生作用，这种心理上的相互依赖性表现为基于个体关系、感情等产生的心理认同。美国中田纳西州立大学校长西德尼·麦克斐(S. Mcphee)对中国的关注和情感源于其15年前的首次访华。从1999年至今，他先后访问过95个中国的省市村镇，结交了很多中国朋友，出版了《一位美国大学校长眼中的中国》摄影集，目前他的女儿在中国当老师。在麦克斐的建议下，2010年中田纳西州立大学设立了孔子学院。在孔子学院建设发展过程中，麦克斐亲自推动孔子学院与当地中小学合作，向中小学生推荐中文教学项目，告诉他们学习汉语的好处，邀请小学生及其父母和社区的老师访问中国，邀请田纳西州长访问中国，让政治家们了解孔子学院的重要性，并获得他们对孔子学院的支持。文化相似性是心理认同机制的重要内容。[③] 正是由于对中国、中华文化

① 参见[美]詹姆斯·科尔曼:《社会理论的基础》，邓方译，社会科学文献出版社1999年版，第61页。
② 寇东亮:《社会资本的伦理意义》,《西北大学学报(哲学社会科学版)》2005年第7期。
③ 参见庄国土:《文化相似性和中泰关系》,《华侨大学学报(哲学社会科学版)》2013年第2期。

和孔子学院的认同，西德尼·麦克斐主动发动自己的社会关系，将汉语和中华文化资源扩展到当地更大的范围。

三、孔子学院社会资本配置资源的核心

孔子学院社会资本配置资源的三种实现路径有一个共同特点，即社会资本对资源的配置是基于信任实现的。信任是社会资本的核心和必不可少的组成部分。基于福山的定义[①]，本文将信任界定为个体对他人释放出的善意，使个体愿意进行资源交换以满足双方共同的目标。信任是在制度、社会关系和资源基础上建立起来的，主要表现在三个方面：愿意维持现有关系并开展更多互动，愿意投入或获取更多资源，愿意提供更为宽松的制度环境。

不同社会资本配置资源路径所依赖的信任基础不同。信任的分类众多，划分依据和标识类别各不相同。由于社会关系网络是孔子学院社会资本配置资源的基本载体，因此，本文参照萨皮罗、谢帕德和柴拉斯基[②](Shapiro, Sheppard, Cheraskin)对信任的划分标准，从社会关系的形成过程出发，将孔子学院在资源配置过程中产生的信任分为威慑型信任、了解型信任和认同型信任三类。

第一，威慑型信任。在制度基础上建立起来的社会资本通过惯例、制度性规范等建立起义务与期望，这类社会资本中的信任是建立在有效的惩罚机制上，这种机制使得合作双方违反合约的成本非常高。双方都认为对方违约的可能性很小，并由此促成合作行动。荷兰教育部 2013 年年底决定，自 2015 年起正式将中文列为荷兰中学第二外语的选修语言之

① 参见[美]弗朗西斯·福山：《信任：社会美德与创造经济繁荣》，彭志华译，海南出版社 2001 年版，第 30 页。

② Shapiro, Sheppard, Cheraskin, "Business on a Handshake," *Negotiation Journal*, 1992, No. 8, pp. 365-377.

一。那些开设了中文课程的中学，学生在选择英语作为第一外语进行学习之外，还可以选择法语、德语或者中文作为第二外语进行学习。该政策出台之后，很多当地的中学纷纷找到莱顿大学孔子学院，请孔子学院的教师到其中学开设中文课程。

第二，了解型信任。这种信任类型是个体重复互动的产物，是建立在参与双方的理性选择基础之上的。合作一方从以往的互动经验中判断对方的信誉，并决定是否建立信任关系。了解型信任“有助于互惠规范的建立，促进个体之间为追求共同利益而合作”[①]。这种信任类型在当前孔子学院中非常普遍。以法国布列塔尼孔子学院为例。该孔子学院成立之前，当地的中法友协已经运行了十几年，在长期运行过程中在当地积累了丰富的资源，该协会以中高级汉语教学为主攻业务范围。孔子学院在当地成立之后，其中很重要的一点就是如何与当地已有的汉语教学机构建立起合作关系。经过一段时间的摸索，孔子学院总结出一套与当地同类机构和谐共存的方法：双方通过协商提供不同类型的课程，在组织活动、开展项目时共享资源。这种友好共生、互惠双赢的合作思路让当地充分了解到孔子学院并不是一种威胁，它们的成立反而能给当地的机构带来新的资源、新的活力，从而为孔子学院赢得了当地其他汉语培训机构的信任。

第三，认同型信任。在全球化背景下，文化心理认同理念替代传统的身份认同理念，是跨文化传播的重要原则。这种信任一般建立在血缘关系、社会关系等基础之上，有着紧密的相互依赖性，呈网状分布。如在认同基础上建立起来的社会资本依靠“感召性权威”和“传统权威”向当地社会进行动员，民众出于对这些权威个体的人格信任和对于“能人”及“传统权威”的认可，给予不同程度的信任。

① Rousseau, D. M., Sitkin, S. B., Burt, R. S. and Camerer, C., "Not So Different After All: A Cross-discipline View of Trust," *Academy of Management Review*, 1998, Vol. 3, pp. 393-404.

在孔子学院发展的不同阶段，这三种信任类型能够发挥作用的程度也有所差异，表现出显著的阶段性特征。作为一种制度存在，孔子学院是在政府支持下建设的，因此，在初始阶段，威慑型信任发挥主要作用；随着项目的不断深入，孔子学院广泛吸收社会力量，开展互动和交流，逐渐建立起了解型信任，信任在这一阶段有了明显的可预测性，也不易受到破坏；随着了解的不断加深，会产生认同，并在此基础上建立起认同型信任，在此，信任的存在已经演变成当事人对他人意愿的高度理解及认同。孔子学院三种信任类型之间同样可以相互转化。威慑型信任有助于了解型信任和认同型信任的生成；了解型信任和认同型信任之间也会相互转化；了解型信任和认同型信任增多，又会进一步推动威慑型信任的加强。三种类型之间的相互转化会形成良性循环，进一步提升资源配置的有效性，加速孔子学院功能的实现。

总之，社会资本的存在，增加了孔子学院与利益相关方之间的相互信任，使其结成一个网络共同体，并作用于资源配置过程中，使得孔子学院资源来源更加丰富，资源针对性更强；资源覆盖面广，流动更加顺畅，资源分配更加合理；资源使用效率高，能够持续有效地满足社会对于汉语和中华文化的需求，推动其社会影响不断扩大，有助于孔子学院功能的进一步发挥。

（原载《东岳论丛》2014 年第 12 期）

社会网络分析视角下的创新项目扩散研究
——以孔子学院为例

周汶霏　宁继鸣

【摘要】 创新项目扩散是组织实现创新价值与可持续发展的重要途径。本文从社会网络分析的视角出发，以孔子学院为研究案例，考察这一跨国组织的创新项目扩散机制问题，主要结论有：孔子学院创新项目扩散网络总体较为均衡，各项目网络虽有一定集中度，但行动者之间关系较为平等；孔子学院各类行动者在分布位置上有一定差异，家庭、企业、社区、媒体及其他类型机构分布较为边缘化，表明孔子学院创新项目扩散网络的外部联系仍需加强；扩散网络中最为活跃的行动者多来自孔子学院系统内部，政府在孔子学院创新项目扩散过程中发挥着提供支持和服务的作用；未来发展应更注重推进项目创新，提升行动者专业性和项目整合性，深耕项目质量，增加项目的附加价值。

【关键词】 创新项目　孔子学院　扩散　社会网络分析

Research on Diffusion of Innovative Project from the Perspective of Social Network Analysis
—A Case Study of Confucius Institute

Zhou Wenfei　Ning Jiming

Abstract: Diffusing innovative project is a crucial way for organizations to promote sustainable development. Based on social network analysis, this paper takes Confucius Institute as a research case to analyze the interaction mechanism of the diffusion of innovation projects. The conclusions are as follows: the main network structure of Confucius Institute's diffusion of innovation is more balanced. Even though the project networks are certain concentrated, the actors involved are relatively equivalent. There are some differences in the distribution of Confucius Institute's actors; family, business, community, media and other types of social institutions are more marginalized, which shows that Confucius Institute's network need to strengthen the external social connections. The Chinese government plays an important role in providing support and services during the process of diffusion of innovative projects of Confucius Institute, while the most active actors mainly come from the internal system of Confucius Institute. In the future, Confucius Institute should promote the innovations of projects, enhance the professionalism of members, raise the quality of the projects, and increase the added value of the projects.

Key words: innovative project, Confucius Institute, diffusion, social network analysis

一、引　言

如果说创新是组织发展的根本动力，那么创新的价值则需要通过扩散来实现。根据美国学者罗杰斯(Rogers)的定义，创新扩散(innovation diffusion)主要指新的观念或者实践，在一定时间内、通过一定的传播渠道，于社会系统成员中进行传播的问题。① 从实践层面看，创新可以技术或者项目的形式呈现，其中技术创新扩散一直以来都是创新扩散领域的研究重点，而对创新项目扩散的关注则稍显不足。创新项目能否实现扩散，除了项目本身的质量之外，还在很大程度上取决于传播渠道和社会成员的影响，这二者往往要在社会网络的联结中发挥作用。正如罗杰斯所说，关系网络可成为人们进行创新决策的主要信息来源和沟通渠道，在某种情况下，这种关系网络能够部分代替人们对创新的个人经验，使采纳者进行模仿和跟随，这正是扩散过程的核心。② 近年来，不少国内外学者③围绕社会网络中各系统成员的相互关系，从不同领域和视角切入，研究探索多样态的网络对创新扩散的影响问题。

① Rogers, E. M., *Diffusion of Innovations*, New York:Frce Press,2003, p. 23.

② 参见[美]埃弗雷特·M. 罗杰斯:《创新的扩散》,辛欣等译,中央编译出版社 2002 年版,第 287 页。

③ Valente, T. W., "Network Models and Methods for Studying the Diffusion of Innovations," in P. J. A. S. Carrington, *Models and Methods in Social Network Analysis*, New York: Cambridge University Press, 2005, pp. 98-116; Moon, F C., *Social Networks in the History of Innovation and Invention*, Springer, 2014;范太胜:《基于产业集群创新网络的协同创新机制研究》,《中国科技论坛》2008 年第 7 期;黄玮强、姚爽、庄新田:《基于复杂社会网络的创新扩散多智能体仿真研究》,《科学学研究》2013 年第 2 期;赵良杰、赵正龙、陈忠:《社会网络与创新扩散的共生演化》,《系统管理学报》2012 年第 1 期;范如国:《复杂网络结构范型下的社会治理协同创新》,《中国社会科学》2014 年第 4 期;罗晓光、孙艳凤:《创新扩散网络结构与创新扩散绩效关系研究》,《科技进步与对策》2015 年第 8 期;王伟光、冯荣凯、尹博:《产业创新网络中核心企业控制力能够促进知识溢出吗?》,《管理世界》2015 年第 6 期。

本文选取孔子学院为研究案例，尝试运用社会网络分析(Social Network Analysis)的方法，从网络结构层面考察孔子学院创新项目的扩散机制。孔子学院作为中国文化“走出去”的典型代表，自 2004 年成立至 2016 年，已经发展为遍布 140 个国家和地区、拥有 511 所孔子学院和 1073 个孔子课堂[①]的跨国语言与文化传播组织，受到国际社会的广泛关注。2016 年 12 月 10 日，第十一届全球孔子学院大会在昆明举行。时任国务院副总理、孔子学院总部理事会主席刘延东出席并致辞，指出孔子学院要以“创新、合作、包容、共享”为努力方向，深化改革创新，拓展办学功能，提高办学质量，实现内涵发展。孔子学院面对的国际传播环境复杂多变。身处“一带一路”倡议大背景之下的孔子学院，面临着新的发展机遇，也经历着从数量扩张向质量夯实的重要转变，要在不断加剧的全球文化竞争中取得一席之地，就必须坚持创新路线。在十几年发展历程中，凭借创新项目的不断推陈出新，孔子学院已经构建起包括品牌创新，知识、技能与素养创新，社会资源创新在内的多层次创新生成与扩散系统[②]，并逐渐塑造出联结国家、组织机构、社区、家庭及各类社会群体的全球网络体系，这为孔子学院创新项目的跨国扩散与价值递增提供了重要结构条件。本文采用社会网络分析(SNA)方法展开分析，这是一种研究社会行动者之间互动关系的结构性方法，其研究对象不仅包括个体行动者之间的联系，还涉及群体或组织之间、国家或国家联盟之间的联系。[③] 因此，从这一视角切入，可为从整体上把握孔子学院的创新发展路径、揭示跨国组织的行动者关联机制，以及统筹思考如何提升创新项目的全球扩散效率等问题提供适切的分析思路。

① 参见《携手并肩开创孔子学院发展新局面》,《人民日报》2016 年 12 月 11 日。

② 参见周汶霏、宁继鸣:《孔子学院的创新扩散机制分析》,《中国软科学》2015 年第 1 期。

③ 参见[美]林顿 · C. 弗里曼:《社会网络分析发展史》,张文宏、刘军、王卫东译,中国人民大学出版社 2008 年版,第 2 页。

二、问题的提出

社会网络中的行动者可能包含个人、子群、组织或集体等各类型，行动者之间也可能存在多种链接关系，如个体评价、物质或非物质交易与传递、互动、空间与身份的移动、正式角色、亲属关系等。[①] 孔子学院全球网络中活跃着各类行动者，他们归根结底由个体构成，但涉猎者众多，不可能全部列出，因而本文以子群的形式对行动者进行分类。孔子学院全球网络行动者的多样化构成决定了对创新项目的多层次要求，形成了不同属性的创新类型，包括基于传播汉语与中国文化、提升软实力的品牌创新，基于组织机构活动和发展需要的社会资源创新以及基于汉语国际教育的知识、技能与素养创新。本文从上述三类创新中各选取一个有代表性的创新项目作为分析对象，即"孔子新汉学计划"项目、"汉语桥"项目与"汉语教师志愿者"项目，三类项目构建的孔子学院社会网络则作为本文的网络边界。要分析孔子学院创新项目扩散网络的作用机制，首先需考察这一网络的结构特征。据此，本文提出以下研究问题：

研究问题 1：孔子学院创新项目扩散网络有何结构特征？

在社会网络分析中，识别网络的规模、密度、中心性、凝聚度等指标，对认识网络的整体属性与结构特征具有重要参考意义。网络规模指网络中包含的全部行动者数量。[②] 网络密度可理解为网络中行动者实际存在联系的比重，密度越大，网络内部成员联系越紧密。[③] 中心性是社会网络的分析重点之一，包括中心势和中心度两类指标。中心势用于描述一个

① 参见[美]斯坦利·沃瑟曼、凯瑟琳·福斯特：《社会网络分析：方法与应用》，陈禹等译，中国人民大学出版社 2012 年版，第 27 页。

② 参见刘军：《整体网分析——UCINET 软件实用指南》，格致出版社、上海人民出版社 2014 年版，第 19 页。

③ 参见[美]斯坦利·沃瑟曼、凯瑟琳·福斯特：《社会网络分析：方法与应用》，陈禹等译，中国人民大学出版社 2012 年版，第 131、230～231 页。

网络围绕某些节点进行建构的趋势,测量中心势有多种方法,包括度数中心势、中间中心势与接近中心势。度数中心势指一个网络向某个点集中的特征,中间中心势测量的是中介性最高的行动者与其他行动者中介性的差异,接近中心势是从集合视角考察行动者之间最短路径长度的差异。中心度则用于描述行动者在社会网络中居于何种地位、拥有何种权力,其中,特征向量中心度主要用于测量网络中各节点的中介影响力。凝聚度指一个集体的全部行动者通过社会关系联系在一起的程度,凝聚度越高,网络的权力越分散,信息越分散,行动者之间越平等。[①] 据此,本文围绕研究问题1提出以下细分问题:

Q1-1:孔子学院创新项目扩散的总体网络是否有特定的集中趋势?

Q1-2:不同创新项目在网络密度、中心势上是否有差异?

Q1-3:哪些行动者在创新项目的扩散过程中更为活跃?

Q1-4:创新项目网络的结构特点与创新内容层次有何关系?

Q1-5:不同属性事件中各行动者在分布、活跃性、创新决策类型上有何差异?

当信息的传者与受者之间具有某种同质性时,沟通最容易发生,社会网络中的行动者同样遵从这一规律。所谓同质性,指进行沟通的两个体之间相似的程度。[②] 这种同质性可能表现为性别、年龄、婚姻、地理位置等方面的相似性;而在社会网络语境中,同质性可能表现为行动者社会地位与社会角色的结构相似性,即结构等价,简而言之,就是一对或者多对行动者拥有相同的网络地位。[③] 从结构等价入手研究孔子学院创新项目扩散网络,并不涉及具体的个体特征,而是从一般性的群体身份视角考察行动者之间的关系,通过使用欧几里得距离法或者相关系数法进行测算,从

① 参见刘军:《整体网分析——UCINET软件实用指南》(第二版),格致出版社、上海人民出版社2014年版,第127~135,203页。

② Moon, F. C., *Social Networks in the History of Innovation and Invention*, Springer, 2014.

③ 参见[美]斯坦利·沃瑟曼,凯瑟琳·福斯特:《社会网络分析:方法与应用》,陈禹等译,中国人民大学出版社2012年版,第259页。

而完成对整体网络的分层聚类，进一步分析行动者关系的一般性特征。因在本文中，孔子学院创新项目的行动者之间被界定为互惠关系（双向联系），结构等价的行动者之间是相邻接的，距离很近，结合凝聚子群的内涵考虑[①]，可以认为在孔子学院创新项目扩散网络语境下，通过分层聚类所得到的不同地位子集，也可视为不同的凝聚子群。[②] 基于此，本文提出以下研究问题：

研究问题2：孔子学院创新项目扩散网络具有怎样的分层聚类结构？

对这一问题的探究，有助于发现在孔子学院创新项目的产生和扩散过程中，哪些行动者聚在一起能够产生更为一致的价值取向和更具绩效的行动模式，也有助于从网络结构上发现创新扩散过程中存在的问题。为回答研究问题2，本文进一步提出以下问题：

Q2-1：孔子学院创新项目扩散网络的地位子集（凝聚子群）如何分布？

Q2-2：这些地位子集中的行动者之间有何关系？

Q2-3：这些地位子集之间有何关系？

三、研究方法

（一）研究样本与研究方法

本文提取孔子学院三个创新项目的新闻信息作为研究样本，其原因在于新闻报道具有真实性与时效性，能较真实反映孔子学院创新项目扩散的互动过程。在获取新闻信息的基础上，使用内容分析法对其进行分析，获得三类项目的事件属性类数据、行动者类型数据与链接关系类数据，三类数据的具体界定如下所述：

① 所谓"凝聚子群"，指彼此间有稳定、直接、强烈、频繁或正向联系的行动者子集，凝聚度越高的子群，其中的行动者具有相同理念的可能性更大。详见［美］埃弗雷特·M.罗杰斯：《创新的扩散》，辛欣等译，中央编译出版社2002年版，第126页。

② 参见［美］斯坦利·沃瑟曼、凯瑟琳·福斯特：《社会网络分析：方法与应用》，陈禹等译，中国人民大学出版社2012年版，第285页。

每一类创新项目都是在许多个具体的活动事件基础上促成的，不同创新项目的事件构成也不同。根据孔子学院总部/国家汉办公布的《孔子学院章程》中对孔子学院的职能界定，本文将事件属性概括为教学培训类、文化交流类、协同发展类三种类别。教学培训类活动包括学生培养、教师培训、志愿者培训等语言教学活动，以及孔子学院在当地举办的文化教学或体验活动；文化交流类活动指跨地域举办的各类文化体验或者交流活动；协同发展类活动指孔子学院进行的合作办学、项目开发、政策制定、提供各类中国相关信息咨询等活动。

孔子学院的社会网络是一种跨地域、跨行业的大规模网络，行动者的类型和关系也具有多样性，但因具有相同或相近的发展理念而走向合作，共事于同一创新项目中，通过互动产生各种“化学反应”。从这一视角看，这些行动者具备一定的同质性（homophily），为社会网络分析提供了必要前提。本文对行动者类型的划分以子群为单位，具体分类见表1：

表1　　行动者分类

<table>
<tr><td>中国学生</td><td>国外中小学幼儿园</td><td>国外其他机构</td></tr>
<tr><td>外国学生</td><td>国内政府</td><td>孔子学院</td></tr>
<tr><td>国内教师</td><td>国外政府</td><td>孔子课堂</td></tr>
<tr><td>当地教师</td><td>志愿者</td><td>国内家庭</td></tr>
<tr><td>中方管理者</td><td>国内企业</td><td>国外家庭</td></tr>
<tr><td>外方管理者</td><td>国外企业</td><td>国内媒体</td></tr>
<tr><td>国内大学</td><td>国内社区</td><td>国外媒体</td></tr>
<tr><td>国外大学</td><td>国外社区</td><td rowspan="2">孔子学院总部/国家汉办</td></tr>
<tr><td>国内中小学幼儿园</td><td>国内其他机构</td></tr>
</table>

在此基础上，使用UCINET 6软件构建行动者—事件集合，即如果在一篇新闻中出现行动者A，记为“行动者A与事件具有关联关系”，如果一

个事件中出现多主体，则记为“多主体与该事件具有关联关系”，从而获得链接关系数据，构成行动者—事件的“二模”网络，将行动者类型数据与链接关系数据进行矩阵转换，获得孔子学院创新扩散行动者与事件的二模矩阵，经过矩阵转换和二值化处理，得到孔子学院创新项目的总体链接一模网络和三个项目链接一模网络。

（二）数据获取

孔子学院相关新闻消息一般经由孔子学院总部/国家汉办官方网站对外界公布，其新闻来源较为多样化，由孔子学院总部、各地孔子学院、国内外合作高校、国内外媒体等信源构成，因而本文将孔子学院总部/国家汉办官方网站作为提取新闻信息的目标网站。使用爬虫程序，分别提取网站中有关汉语桥、孔子新汉学计划与汉语教师志愿者三个创新项目的新闻信息，提取时间为2017年1月20～21日。共获得新闻文本356篇，剔除内容重复的无效文本5篇，共获得有效新闻文本351篇，具体分布如表2所示。

表2　　提取新闻文本分布情况

项目名称	原始文本数	有效文本数	新闻发布时间起止点
汉语桥	164	161	2010年3月2日至2017年1月13日
孔子新汉学计划	13	12	
汉语教师志愿者	179	178	
合计	356	351	

（三）编码信度及数据信度分析

获取数据之后，由两位编码员在不同的时间点，使用内容分析法中的意义分析方式[①]，提取事件属性类数据、行动者类型数据与链接关系类数

① 有关内容分析方式的选择参考了周翔《传播学内容分析研究与应用》（重庆大学出版社2014年版）。

据。使用霍尔斯蒂系数[①](Holsti coefficient)计算方法对两次编码结果的信度进行测试,得到结果 $PA_0=2A/(nA+nB)=0.886$,即两次编码结果得到88.6%的一致性。对项目总体数据以及汉语桥、孔子新汉学计划、汉语教师志愿者三类项目数据分别进行信度检验,获得克朗巴哈系数(Cronbach's α)分别为0.984,0.988,0.987,0.985,表明本研究的数据构成具有很高的信度。

四、研究发现

针对研究问题1,对三类创新项目行动者网络进行整体处理。本文统计了2010年3月至2016年12月参与创新项目扩散的孔子学院数量(图1)。研究发现,在开始的一个时间段(以月份为单位),只有少数孔子学院参与了创新项目的扩散,但是在随后的每一个时间段内,参与其中的孔子学院数量会不断增加,扩散事件数量也迅速增加。2016年5月后,参与扩散的孔子学院数量进入平稳增长期,符合罗杰斯所描述的创新采用速度[②]分布特征。需要说明的是,2016年是信息采集量最多的一年,这不仅与孔子学院创新项目扩散事件的数量增长有关,也与孔子学院总部官方网站所能检索到的新闻信息数量有关,不排除一种可能,即往年某些新闻信息已经无法在网站检索到,因此没有被计入此次分析数据中。

为回答 Q1-1 和 Q1-2,本文使用 UCINET 6 软件得到孔子学院创新扩散行动者的总体链接网络和三个项目的链接网络。

① 参见周翔:《传播学内容分析研究与应用》,重庆大学出版社2014年版,第229页。
② [美]埃弗雷特·M·罗杰斯:《创新的扩散》,辛欣等译,中央编译出版社2002年版,第20页。

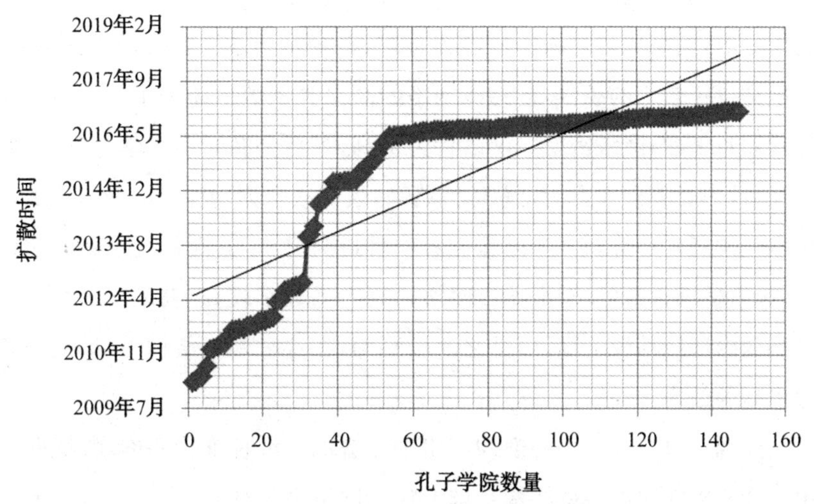

图 1　孔子学院创新扩散的时间分布(2010 年 3 月至 2016 年 12 月)

分析总体网络及孔子新汉学计划、汉语桥与志愿者三个项目的网络，去除孤立点，得到网络的相关结构性数据，如表 3 所示：

表 3　孔子学院创新项目扩散的网络数据

数据＼网络	总体网络	孔子新汉学计划	汉语桥	志愿者
规模	26	18	26	25
密度	0.954	0.784	0.923	0.747
度数中心势(%)	5.00	24.26	8.33	27.54
中间中心势(%)	0.09	2.38	0.32	3.27
接近中心势(%)	8.56	35.38	13.52	39.04
聚类系数	0.963	0.885	0.949	0.869

我们发现，孔子学院创新项目扩散的总体网络密度很高，说明内部成员联系紧密，合作行为较多，网络整体效率也较理想；网络中心势指数偏

低，网络形态趋近环形，表明网络中的行动者之间并无显著差异，无明显的中心点，网络成员之间的链接分布较为均衡，关系平等，为创新项目的扩散提供了较好的条件，且总体网络的高聚类系数也印证了这一点。从创新项目上看，网络密度以汉语桥为最高，其后是孔子新汉学计划、志愿者项目；中心势指数普遍比总体网络高，表明三个创新项目的网络均表现出一定的集中趋势，其中，以志愿者项目最为突出，其次是孔子新汉学计划，汉语桥项目最低；三个项目网络的聚类系数都较高，表现出三个项目网络的内部结构较均衡，成员之间较平等，在这种网络结构中，扩散会获得更高的效率。

作为刻画行动者中心度和网络中心势的一种标准化测度，特征向量中心度能够在网络整体结构基础上找到网络中最核心的成员，对于无向图尤为适用。[①] 为回答 Q1-3 和 Q1-4，本文以孔子学院创新项目扩散的总体网络为分析对象，通过计算得到总体网络与三个创新项目网络的特征向量中心度，如表 4 所示。

表 4　　行动者的特征向量中心度

序号	行动者	总体	孔子新汉学计划	汉语桥	志愿者
1	中国学生	0.089	0.198	0.204	0.141
2	外国学生	0.324	0.230	0.208	0.225
3	国内教师	0.102	0.188	0.204	0.217
4	当地教师	0.418	0.224	0.208	0.240
5	志愿者	0.275	0.182	0.181	0.242
6	中方管理者	0.362	0.270	0.208	0.240
7	外方管理者	0.273	0.278	0.197	0.234

① 参见刘军：《社会网络分析导论》，社会科学文献出版社 2004 年版，第 134 页。

续表

序号	行动者	总体	孔子新汉学计划	汉语桥	志愿者
8	孔子学院	0.466	0.244	0.208	0.242
9	孔子课堂	0.108	0.198	0.208	0.210
10	孔子学院总部/国家汉办	0.219	0.278	0.208	0.233
11	国内政府	0.201	0.245	0.208	0.233
12	国外政府	0.148	0.253	0.196	0.200
13	国内家庭	0.026	0.275	0.204	0.226
14	国内大学	0.129	0.284	0.208	0.203
15	国外大学	0.138	0.000	0.196	0.210
16	国内中小学幼儿园	0.047	0.000	0.196	0.044
17	国外中小学幼儿园	0.127	0.270	0.188	0.172
18	国内社区	0.046	0.128	0.201	0.169
19	国外社区	0.010	0.198	0.197	0.161
20	国内企业	0.046	0.000	0.096	0.131
21	国外企业	0.010	0.000	0.189	0.220
22	国内其他机构	0.025	0.214	0.177	0.129
23	国外其他机构	0.069	0.088	0.204	0.177
24	国内媒体	0.084	0.000	0.200	0.000
25	国外媒体	0.071	0.000	0.173	0.162
26	国外家庭	0.071	0.000	0.204	0.141

表 4 显示：在孔子学院与孔子课堂、外方合作院校任教的当地教师、中方管理者（大于等于 0.300）居于总体网络中的相对核心位置，表明这些行动者在创新项目的扩散中发挥着核心作用，扮演着沟通和连接其他行动者的中介者角色；其次是就读于孔子学院、孔子课堂或外方合作院校的

学生、志愿者、孔子学院总部/国家汉办、国内政府(大于等于0.200);再次是国外政府、国内外大中小学幼儿园、孔子课堂、国内教师、中国学生、国内外媒体、国内外其他机构、家庭、企业与社区(大于等于0.010)。这种分布情况说明,孔子学院的创新项目主要通过孔子学院机构内部的行动者进行扩散,外部力量主要来自政府、国内外合作院校,而家庭、企业、社区、媒体及其他类型机构则处于边缘位置,表明孔子学院创新项目的扩散活动与外部社会环境的互动较弱,仍有较大的发展空间。需要说明的是,通过内容分析发现国内政府在创新项目扩散中主要通过外交部门和中国驻国外大使馆、领事馆及其工作人员发挥作用,主要是为各类文化教育交流活动、孔子学院教师及志愿者培训提供政策、资金、人员和技术等支持。从项目网络看,孔子新汉学计划项目中,特征向量中心度排名前三位的是国内大学、外方管理者、孔子学院总部/国家汉办,表明三者在新汉学计划项目中发挥较突出的中介交互作用,能够最大限度地连接其他行动者,创新项目投放到这三个节点上会收到更理想的扩散效果;同理,志愿者项目中前三位是志愿者、孔子学院、当地教师与中方管理者。汉语桥项目中外国学生、当地教师、中方管理者、孔子学院、孔子课堂、孔子学院总部/国家汉办、国内政府和国内大学是中介交互作用最强的八个节点。

从创新项目的网络结构差异可以看出创新项目的内容层次对其扩散网络形态的影响。作为品牌创新的"孔子新汉学计划"项目,参与主体由来自不同国家的政治、社会、经济及文化领域的精英人士构成,通过中外联合培养人文领域高端人才的方式,促进孔子学院与学术研究的协同发展,其网络密度比总体网络低,网络集中度却更高,主要围绕大学、政府、学校管理者、高校教师等行动者建构;作为社会资源创新的"汉语桥"项目,采用跨国跨地域的中外合作方式开展各类文化交流活动,如每年定期举办的世界大学生中文比赛、世界中学生中文比赛、全球外国人汉语大赛、汉语桥夏令营、汉语桥校长访华团等,经过数年发展已经逐渐趋向稳定,行动者来源多样,网络内部互动频繁、联系紧密,地位较为平等;基于知识、素养与技能创新的"汉语教师志愿者"项目,是利用我国的汉语人力资源优势,开辟的向世界有需求国家提供汉语师资的新措施之一,面向国内国外招收、培训、考核、派出汉语教师志愿者,其行动者主要由孔子学院总部/国家汉办、孔子学院与孔子课堂、学生、教师及管理者等构成,网络呈现相对集中趋势,表明该项目的扩散范围相对固定。

针对 Q1-5,通过分析得到创新项目扩散事件的属性类数据,基本分布是:教学培训类事件有 151 项,文化交流类事件有 190 项,协同发展类有 10 项。不同属性的创新扩散事件中各类行动者活动频次分布情况如表 5 所示。

表 5　　不同属性的事件中各行动者分布情况

序号	行动者	教学培训类		文化交流类		协同发展类	
		频次	占比(%)	频次	占比(%)	频次	占比(%)
1	中国学生	6	0.56	41	4.24	4	4.65
2	外国学生	53	4.97	137	14.15	3	3.49
3	国内教师	21	1.97	31	3.20	4	4.65
4	当地教师	137	12.85	75	7.75	6	6.98
5	志愿者	142	13.32	10	1.03	1	1.16
6	中方管理者	118	11.07	61	6.30	8	9.30
7	外方管理者	88	8.26	37	3.82	10	11.63
8	孔子学院	153	14.35	93	9.61	6	6.98
9	孔子课堂	41	3.85	17	1.76	2	2.33
10	孔子学院总部/国家汉办	54	5.07	57	5.89	8	9.30
11	国内政府	39	3.66	59	6.10	5	5.81
12	国外政府	47	4.41	19	1.96	9	10.47

续表

序号	行动者	教学培训类		文化交流类		协同发展类	
		频次	占比(%)	频次	占比(%)	频次	占比(%)
13	国内大学	22	2.06	44	4.55	2	2.33
14	国外大学	30	2.81	40	4.13	3	3.49
15	国内中小学幼儿园	7	0.66	21	2.17	1	1.16
16	国外中小学幼儿园	38	3.56	24	2.48	2	2.33
17	国内社区	3	0.28	27	2.79	1	1.16
18	国外社区	13	1.22	15	1.55	2	2.33
19	国内企业	4	0.38	22	2.27	1	1.16
20	国外企业	4	0.38	2	0.21	0	0.00
21	国内其他机构	2	0.19	14	1.45	1	1.16
22	国外其他机构	22	2.06	11	1.14	3	3.49
23	国内媒体	4	0.38	54	5.58	3	3.49
24	国外媒体	7	0.66	13	1.34	0	0.00
25	国内家庭	2	0.19	15	1.55	0	0.00
26	国外家庭	9	0.84	29	3.00	1	1.16

如表5所示，在教学培训类事件中，前三位活跃行动者是当地教师、志愿者与孔子学院；文化交流类事件的前三位活跃行动者是外国学生、当地教师和孔子学院；协同发展类事件的前三位活跃行动者是外方管理者、国外政府、中方管理者和孔子学院总部/国家汉办。不同属性事件中的行动者分布也印证了创新项目扩散网络的结构性特点，每一类事件的扩散网络中都没有发现特别明显的高权力者或中心行动者。QAP(Quadratic Assignment Procedure)相关分析结果表明，文化交流—教学培训事件在行动者分布上相关关系不显著(QAP Correlations 0.057，QAP P-Values 0.313)，文化交流—协同发展事件在行动者分布上相关关系也不显著

(QAP Correlations 0.392, QAP P-Values 0.011),这说明,在统计意义上文化交流网络与教学培训、协同发展事件网络彼此之间影响不大,文化交流与教学培训"两张皮"的情况依然存在;教学培训—协同发展事件网络在1%的水平上呈显著正向关系(QAP Correlations 0.419, QAP P-Values 0.007),表明协同发展网络与教学培训网络互动良好,但协同发展类事件在三类事件中数量比重最小,说明仍有较大发展空间。

基于组织机构的创新决策一般分为三种类型,即选择性创新决策、集体性创新决策和权威性创新决策。选择性创新决策指由个体作出采纳或者放弃创新方案的决定;集体性创新决策指采纳或者放弃某项创新方案由组织系统内部成员集体决定;权威性创新决策由组织系统内部的少数成员决定。[①] 结合表4、表5看,教学培训类和文化交流类事件的活跃行动者以教师、孔子学院工作人员、学生为主,因而创新决策多采用集体性创新决策的方式;协同发展类事件的活跃行动者多是孔子学院及相关机构管理层、政府部门与孔子学院总部/国家汉办,因此一般以权威性创新决策方式为主。

对研究问题1的分析结果显示,孔子学院创新项目扩散的总体网络内部行动者联系紧密,链接分布均衡,网络整体结构分散;不同属性事件中行动者的分布具有一定的差异性,这与创新项目的内容层次差异及行动者角色和功能的差异有关;总体网络和三个创新项目网络的聚类系数均很高,表明网络内部可能存在一定数量的行动者子集。为回答Q2-1和Q2-2,本文从两行动者与其他行动者之间的关系出发,尝试对总体网络进行"切割"。通过使用迭代相关收敛算法[②],获得四个地位子集,说明26类行动者分属于四种不同的角色功能中,分布情况如下:

β_1:{1—中国学生,2—外国学生,3—国内教师,17—国内社区,18—

① 参见[美]埃弗雷特·M.罗杰斯:《创新的扩散》,辛欣等译,中央编译出版社2002年版,第362页。

② 参见罗家德:《社会网分析讲义》,社会科学文献出版社2010年版,第287页。

国外社区,12—国外政府,26—国外家庭,14—国外大学,15—国内中小学幼儿园,23—国内媒体};

β_2:{11—国内政府,19—国内企业,20—国外企业,21—国内其他机构,22—国外其他机构,16—国外中小学,13—国内大学,24—国外媒体,25—国内家庭};

β_3:{4—当地教师,8—孔子学院,6—中方管理者,5—志愿者};

β_4:{10—孔子学院总部/国家汉办,9—孔子课堂,7—外方管理者}。

凝聚子群本身意味着其中的各行动者较子群外行动者联系更紧密、互动更频繁。通过计算子集的中心度发现,四个地位子集中各成员的平均距离基本在1~2,这意味着每个子集中的行动者与其他行动者都可以建立直接联系,彼此关系可认为"结构对等"①,这意味着同一子集中的行动者联系更为方便高效。需要注意的是,在现实中,某些子群中的某些行动者之间建立直接联系的情况是比较少见的,比如β_1中的国内教师—国外社区、国外家庭—国内教师,β_2中的国内其他机构—国内家庭、国内企业—国外大学等,碍于地域、职业等因素的影响,这些行动者可能需要通过一个或者一个以上中介者产生联系,但由于中介者可能是同一个节点,所以这些行动者也被认为"结构对等"。

为回答Q2-3,本文使用E-I指数分析四个地位子集之间的关系。E-I指数(External-Internal Index)是用以测量整体网络中凝聚子群分布密度的一种算法,可用于研究凝聚子群之间的关系问题,计算公式是E-I指数=凝聚子群密度/整体密度,使用UCINET 6软件计算,得到E-I Index=0.452。这一结果表明,这四个地位子集内部的行动者均具有一定的内聚力,但程度居中,并没有形成具有极高内聚力的子群,四个子集之间的关系相对比较松散,出现"小团体"或子集间冲突的可能性较低。

① 刘军:《社会网络分析导论》,社会科学文献出版社2004年版,第190页。

五、研究结论与对策建议

如果说创新是孔子学院十余年高速发展之核心动力，那么孔子学院架构的全球网络就是促进各类行动者协同发展、实现创新有效扩散的依托路径。凭借创新项目的不断推陈出新与跨国扩散，孔子学院试图建构一个促进世界各国相互理解、实现合作共赢的综合文化交流平台。本文从社会网络分析视角考察孔子学院创新项目的扩散机制，基于上述分析提出以下结论，并提出相关对策建议：

第一，孔子学院创新项目的扩散网络总体较为均衡，没有发现特别突出的中心权力者和权威者，网络各行动者之间关系较为平等，彼此之间具有较为理想的可达性，为创新项目扩散提供了较好的结构条件。三个创新项目的网络均表现出一定的集中趋势，其中，知识、素养与技能创新以"汉语教师志愿者"项目为代表，网络集中程度最高，孔子学院总部/国家汉办、孔子学院与孔子课堂、学生、教师及管理者是其中活跃的中介行动者，扩散范围相对固定；品牌创新以"孔子新汉学计划"项目为代表，集中度居中，更为注重孔子学院社会资源的积累、社会影响力的提升以及孔子学院品牌及其项目的增值，主要围绕大学、政府、学校管理者、高校教师等行动者建构；社会资源创新以"汉语桥"项目为代表，集中度最低，采用跨国跨地域的中外合作方式开展多类项目，使行动者来源多样化，网络内部互动频繁、联系紧密。研究表明，创新项目扩散需要在合理定位项目属性的基础上，关注并充分利用其扩散网络的结构特性，重视发挥中介行动者的交互作用，进一步激发其在扩散网络中的传导活力，提升创新项目扩散的空间互动协同效应。

第二，虽然孔子学院各行动者在总体网络中的分布相对分散均衡，但分布位置上存在一定差异。总体上看：创新项目主要通过孔子学院机构内部的行动者进行扩散，孔子学院机构本身、在孔子学院/孔子课堂或外方合作院校任教的当地教师及就读学生、孔子学院/孔子课堂及合作院校的中方管理者在孔子学院创新项目扩散中扮演着中介行动者的角色；志愿者、孔子学院总部/国家汉办、国内外政府、孔子课堂、国内外大中小学幼儿园、国内教师、中国学生也是较为活跃的行动者，也居于总体网络的较中心位置；家庭、企业、社区、媒体及其他类型机构则分布在较为边缘的位置，且彼此的联系密度较小，表明创新项目扩散的大众传媒渠道和地方性渠道的利用率仍有待提升，孔子学院扩散网络的外部联系仍需加强，孔子学院与所在地的社区、企业、媒体、家庭及其他类型机构的互动合作应在广度和深度上继续拓展，而这就需要发展更多更优质的孔子学院创新项目作支撑。从扩散事件属性与创新决策类型看，教学培训类和文化交流类事件多采用集体性创新决策的方式，协同发展类事件则以权威性创新决策方式为主；从扩散事件属性与行动者活跃度看，文化交流与教学培训、协同发展类事件的行动者的活跃度彼此无显著影响，协同发展与教学培训类事件的行动者的活跃度彼此有显著正向影响，表明孔子学院应加强文化交流类与教学培训类、协同发展类事件的整合互动，在创新项目扩散过程中促进行动者互动与资源共享，使不同事件的行动者网络能够有机结合起来，提升扩散效率，这对行动者的专业性与项目的整合性提出了更高要求。

第三，正如英国文化委员会、歌德学院、法语联盟等海外语言与文化推广机构由官方发起或支持，孔子学院的成立与发展也有鲜明的"官方色彩"，这一方面为其快速发展注入了巨大动力，另一方面也引发了国外某些机构或人员对其"官方背景"的质疑甚至误解，因而客观认知政府在孔子学院发展中的作用十分重要。由上述分析可见，中国政府在孔子学院创新项目扩散过程中，主要通过教育部/厅、外交部门、驻外大使馆及领事馆发挥作用，为各类文化教育交流活动、孔子学院教师及志愿者培训提供政策、资金、人员和技术等支持;孔子学院总部/国家汉办作为中国教育部直属单位,主要负责指导和管理全球孔子学院,提供关于汉语与中国文化的教育与交流资源及服务。对两者中心度分析发现,无论是中国政府还是孔子学院总部/国家汉办,主要是在协同发展类创新项目(如孔子新汉学计划)中承担更多的创新决策责任,在总体网络中均不处于中心位置,参与创新扩散事件的频率也不在活跃者之列,真正活跃的行动者主要是教师、学生、孔子学院等一线教育行动者。

第四,如果说数量增长是孔子学院在过去十年的发展常态,那么从重数量向重质量转变,在"一带一路"倡议之大背景下谋求再发展,或将成为孔子学院未来时期发展的重心,这就要求在既有数量规模的基础上,持续推进教学、文化与学术项目的创新,并通过协同发展推动高质量项目在全球网络的扩散,提升成员专业性,深耕项目质量,增加项目的附加价值。如本文所提及的创新项目中,以"汉语桥"项目的行动者分布最为多样和均衡,而其也是孔子学院最为知名的创新项目之一,这与该项目采取的多种合作方式齐头并进,发展针对不同层次受众需求的创新项目,将项目的管理与实施常态化、规范化,将人际关系渠道、大众传播渠道和地方性渠道充分结合利用等多种举措不无关系,也就是说,创新项目的规模发展、质量提升与组织网络功能的完善与发挥应是一个协同并进的过程。

限于时间、技术等方面的原因,本文存在一定不足,有待日后继续完善。首先,本文尝试从社会网络分析的视角切入,选取了三类有代表性的创新项目作为分析对象。虽然所选项目能在一定程度上反映其创新扩散的结构特性,但并不足以推广至所有项目类型,相对于积累十二载、创造中国语言文化"走出去"诸多奇迹的孔子学院实践而言,本文的分析只是管中窥豹。其次,本文采用爬虫程序对相关新闻信息进行采集,但由于某些往年新闻信息已经无法检索到,或不能全面呈现孔子学院创新项目发展之全貌,且只是对数据进行了较为简单的分析,后续研究将继续深入挖掘数据意义。最后，在实际情况中，孔子学院各类社会互动的行动者与关系具有多层级性，因而其社会网络往往表现出复杂网络的种种特征，且由于孔子学院需要在一百多个国家的不同语言与文化语境中展开工作，实际社会环境可能更复杂，其网络形态和行动者关系也非一篇文章所能尽述，对相关问题的探讨仍待日后持续推进。

（原载《中国软科学》2017 年第 5 期）

基于扎根理论的孔子学院品牌体验研究

张　云　宁继鸣

【摘要】 作为一个面向全球的非营利性教育服务组织，品牌战略是孔子学院实现可持续发展的重要途径。消费者始终处于品牌实现的终端，扮演着极其重要的角色。对于尚处品牌新创阶段、亟须探索品牌发展路径的孔子学院来说，对消费者的品牌体验进行研究具有指导意义与参考价值。本文运用质性研究的扎根理论，通过对孔子学院消费者的深度访谈进行扎根分析，探索消费者的品牌体验要素及其相互关系，以及品牌关系质量的生成路径，以期对孔子学院的品牌发展有所帮助。

【关键词】 孔子学院　扎根理论(品牌)　品牌体验

Study on Brand Experience of Confucius Institute Based on Grounded Theory

Zhang Yun　Ning Jiming

Abstract: As a non-profit education service organization globally oriented, brand strategy is an important way for Confucius Institute to realize sustainable development. However, the consumers are always in the terminal of brand realization and play an important role. To study brand experience of consumers has more guiding significance and reference value for Confucius Institute which is still in brand creation stage and needs to explore brand development path urgently. This paper applies grounded theory of qualitative research. In this paper, deep interview of consumers in Confucius Institute is analyzed by grounded theory so as to explore the elements of brand experience of consumers and their relationship and the path generated by brand relationship quality. In addition, the corresponding brand growth strategy of Confucius Institute is put forward based on this in order to help brand development of Confucius Institute.

Key words: Confucius Institute, grounded theory (brand), brand experience

经过十余年的发展，分布于134个国家的500所孔子学院(截至2015年)以汉语教学和文化交流为载体，初步形成了多层次、多样化、全覆盖的格局[①]，成为主动构建中国形象的一个重要的综合性的教育与文化交流平台，发挥着越来越重要的作用。在这一过程中，品牌发展问题日益凸显。近几年，无论是中国政府还是孔子学院总部，均对孔子学院的品牌建设以及内涵发展提出新的要求。孔子学院作为一个遍布全球的非营利性教育服务品牌，如何进行品牌定位，如何制定品牌发展战略，从而塑造孔子学院在全球受众中的品牌形象，在孔子学院基本实现全球布局后的今天显得尤为迫切。

一个品牌从初创到最终成长为一个真正的强势品牌都要经历一个漫长的过程，在这一过程中，消费者始终处于品牌实现的终端，扮演着极其重要的角色，对于尚处品牌新创阶段、亟须探索品牌发展路径的孔子学院来说，对消费者的品牌体验进行研究具有指导意义与参考价值。本文运用质性研究的扎根理论，通过对孔子学院消费者的深度访谈进行扎根分析，探索消费者的品牌体验要素、相互关系，以及品牌关系质量的生成路径，并在此基础上提出对孔子学院品牌成长的建议。

一、问题的提出与理论基础

(一)问题的提出

作为孔子学院可持续发展的路径之一，其品牌研究近年来逐渐受到实务界和学界的重视。综观相关文献，国内学者对孔子学院的品牌发展问题研究经历了一个逐步深化的过程，首先是认识到品牌之于孔子学院

① 参见刘延东在2015年“第十届全球孔子学院大会”开幕式上的主旨演讲。

十分重要，孔子学院应逐步形成有影响力的品牌，形成品牌效应[①]，进而指出准确定位的重要性并提出相应的品牌发展策略[②]，亦有学者把孔子学院定位为文化品牌并由此提出相关发展策略与品牌传播策略[③]，雷莉就孔子学院的品牌建设问题进行个案分析[④]，沈蓓蓓指出孔子学院在品牌发展过程中存在的问题并基于品牌识别的视角提出了孔子学院品牌塑造的框架。[⑤] 国外研究中虽未发现品牌研究的直接相关成果，但 Chang 等把孔子学院定位为全球性的非营利学习型组织并从管理学视角对其分布式领导和知识共享模式进行了分析并予以充分肯定，同时指出这一管理模式对其他全球性非营利性和商业性学习型组织的借鉴意义与推广价值[⑥]，这一结论对孔子学院的品牌定位具有借鉴意义。

综合以上相关研究发现：在研究内容上，虽各有侧重，深度亦有所不同，但多围绕品牌发展与传播策略进行，对品牌关系的生成及影响因素研究有待深入，这是决定品牌发展战略的重要前提；在研究视角上，鲜有从消费者的视角展开的成果，而消费者是品牌实现的终端，在品牌发展过程中具有决定作用；在研究范式上，“遵循宏大的思辨范式，许多实际未被解决的问题被整合进了研究论文，而缺乏问题的思考”[⑦]，或是针对个案进行单独描述与总结。孔子学院是一个为全球消费者提供汉语教学及文化交流服务的非营利性教育服务组织，对它的研究既要有宏观层面的论述和经验层面的总结，也要有理论的生成，换句话说，孔子学院研究既要有全局眼光，更要能够解

① 参见于森：《从孔子学院看汉语言文化推广的模式与效果》，《武汉大学学报（哲学社会科学版）》2010 年第 6 期；聂莺：《孔子学院文化品牌形象解读》，《工会论坛》2012 年第 1 期。

② 参见央青：《试论孔子学院的品牌塑造》，《南昌大学学报（人文社会科学版）》2011 年第 5 期；赖祯黎：《孔子学院成长期品牌塑造策略》，《青年记者》2012 年第 29 期。

③ 参见洪晓楠、林丹：《孔子学院的发展历程与文化意蕴》，《文化学刊》2011 年第 5 期；聂莺：《孔子学院文化品牌形象解读》，《工会论坛》2012 年第 1 期；杨夏莹：《中庸文化原则与不断创新突破——孔子学院品牌传播策略创新》，《东南传播》2012 年第 9 期。

④ 参见雷莉：《美国孔子学院汉语言文化推广模式研究——以美国犹他大学孔子学院为例》，《西南民族大学学报（人文社科版）》2013 年第 11 期。

⑤ 参见沈蓓蓓：《孔子学院品牌塑造研究》，中央民族大学出版社 2015 年版，第 86～135 页。

⑥ Chang Li H., Mirmirani S., Ilacqua J. A., “Confucius Institutes: Distributed Leadership and Knowledge Sharing in a Worldwide Network,” *Learning Organization*, 2009, Vol. 16, No. 6, pp. 469-482.

⑦ 安然、魏先鹏、许萌萌、刘程：《海内外对孔子学院研究的现状分析》，《学术研究》2014 年第 11 期。

决实际问题。

任何一个品牌最初都是由品牌所有者创立,但它最终能否发展成为一个真正的品牌往往是组织与消费者双方共同努力的结果,而且消费者在这一实现过程中具有决定性的作用。品牌只有存于消费者心中,才会产生意义;一个品牌设计得再好,不被消费者接受就等于零。本文运用管理学、传播学及教育学相关理论,从孔子学院消费者的视角出发,对孔子学院的品牌体验进行研究,通过基于深度访谈的扎根理论分析得出孔子学院品牌体验要素,探究品牌体验、顾客感知价值与品牌关系质量之间的互动关系,构建了孔子学院品牌体验模型,以期为制定孔子学院品牌发展战略提供决策参考。

(二)理论基础

传统品牌理论的研究对象主要是产品品牌,而随着服务经济的发展,商品主导逻辑逐步向服务主导逻辑转变,服务品牌相关研究越来越受到重视。教育服务品牌研究是其分支之一。统观教育品牌研究,研究内容主要聚焦于教育品牌的内涵、基本特征,实施品牌化战略的必要性、意义,教育品牌建设的基本途径及策略等。[①] 但总体来看,服务品牌的研究对象多囿于公司、企业等营利组织,而对非营利组织品牌的研究较之营利组织研究少之又少。而且,在非营利组织品牌研究成果极其有限的情况下,其研究对象又表现出多囿于慈善组织的单一化倾向,尤其是互益类非营利组织的品牌研究几乎还是空白。[②] 同时,从非物质层面如宗旨、使命等角度进行的非营利品牌研究尚显不足。[③] 而作为一种价值观驱动型组织,非营利组织表现出完全不同于营利组织的特质,其价值观与品牌表达的一致性、品牌影响因素、作用机理、量表开发及本土化研究等方面均有重要的

① 参见王国平:《品牌战略:中国高等教育的必然选择》,《高等工程教育研究》2004 年第 3 期;张锐、张燚:《高校品牌研究:回顾与展望》,《重庆文理学院学报》2008 年第 4 期;章祥翔、章艳:《教育品牌资产生成路径研究》,《教学与管理》2013 年第 11 期。

② 参见张冉:《国外非营利组织品牌研究述评与展望》,《外国经济与管理》2013 年第 11 期。

③ 参见张冉:《国外非营利组织品牌研究述评与展望》,《外国经济与管理》2013 年第 11 期。

研究价值与研究空间。

孔子学院作为一个品牌，其品牌属性表现为新创且面向全球的非营利教育服务品牌，其品牌属性具有一定的复杂性，现有品牌理论对于孔子学院的适用性有待考证。在此种情况下，特选取扎根理论作为本文的研究方法，目的是通过挖掘消费者对孔子学院的品牌体验来探讨孔子学院品牌体验及关系质量的生成机制。目前，关于孔子学院品牌的相关研究数量极其有限，系统研究及理论生成相对不足，尤其是从消费体验视角进行的研究尚未出现，而且，对消费体验的研究需要一手资料来作支撑。扎根理论正是一种从资料中生成理论的研究方法，恰恰能够满足本研究对资料获取和理论生成的诉求。

扎根理论是质性研究的重要方法之一，它是由美国社会学家格拉斯(Glaser)和斯特劳斯(Strauss)于 1967 年在《扎根理论的发现》中提出的，随后被广泛应用于社会学、管理学、教育学等领域，成为质性研究中最具规范性、系统性的路径之一。[①] 陈向明将其要义总结为：研究的目的是生成理论，而理论必须来自经验资料；研究是一个针对现象系统地收集和分析资料，从资料中发现、发展和检验理论的过程；研究结果是对现实的理论呈现；通过系统的资料收集和分析程序而被发现的理论被称为“扎根理论”。[②] 扎根理论特别适用于对社会过程的分析及探索性研究。

二、基于扎根理论的研究设计

(一)研究对象：孔子学院的消费者

鉴于孔子学院是一个全球性的教育服务组织，为保证研究的科学性，在对孔子学院学员进行选取时，我们充分考虑孔子学院的地理分布情况，选取亚洲(韩国、泰国、蒙古)、非洲(刚果)、欧洲(俄罗斯、德国、意大利、西

① 参见郭欣、陈向明：《教育质性研究的本土化探索》，《教育发展研究》2015 年第 6 期。
② 参见陈向明：《扎根理论在中国教育研究中的运用探索》，《北京大学教育评论》2015 年第 1 期。

班牙、荷兰、乌克兰、波兰)、美洲(美国、加拿大、墨西哥、巴西)及大洋洲(澳大利亚)五大洲16国的30名学员作为研究对象①,围绕"孔子学院带给他/她的体验"这一核心内容进行了一对一的深度访谈。

(二)研究程序

1.文献梳理

文献梳理始于研究初始阶段并伴随于整个扎根理论的研究过程。不同阶段的文献梳理有着不同的目的。初期文献梳理的目的在于回顾某一个研究兴趣在现有文献中的理论知识和实证视角②;数据分析过程则需要根据新出现的概念和范畴进行详细的文献回顾与梳理,以不断比较、引导进一步的研究。

2.学员访谈与分析

访谈采用理论抽样的方法,即依据分析框架和概念发展的需要选取访谈对象。本研究的主题为孔子学院的品牌体验。为最大限度地获取相关资料,我们主要选取了和孔子学院接触较为密切的学员,通常也是汉语语言能力较强的学员;考虑到孔子学院服务类型的多样性,我们在选取过程中也注意兼顾不同服务类型的接触者,并在此基础上尽量兼顾学员的年龄、身份、地理分布等。但特别要强调的是,研究对象的选取最核心的标准还是理论建构的需要。理论抽样是概念驱动的,同时也是累积性的,抽取的每一个事件都是建立在前面资料收集和分析的基础之上,反过来又有助于后面的资料收集和分析。③ 因此,访谈对象的选取不是一次性完成的,而是在分析过程中根据初步显现的概念和理论聚焦需要逐步抽取的。

① 研究对象选取与孔子学院亲密接触的学员主要出于经济性考虑,即最小单位获取最多信息。

② 参见费小冬:《扎根理论研究方法论:要素、研究程序和评判标准》,《公共行政评论》2008年第3期。

③ 参见[美]朱丽叶·科宾等:《质性研究的基础:形成扎根理论的程序与方法》,朱光明译,重庆大学出版社2015年版,第156页。

3. 三级编码和理论建构

根据扎根理论的操作程序对访谈资料进行三级编码，即开放性编码、主轴式编码和选择性编码。在编码过程中不断在资料与概念、概念与概念、概念与范畴之间进行比较，从中抽象出核心范畴，并建立彼此之间的联系，最终形成实质理论。

（三）资料收集

采用一对一深度访谈的方式进行资料收集。访谈确定了一个粗线条的初始访谈提纲，涉及的主要问题包括：在孔子学院的经历与体验，对孔子学院的认知与印象以及孔子学院的特点与价值等。同时，在访谈过程中根据分析情况和理论建构的需要进行了动态调整。访谈通过面谈和在线访谈两种方式进行，每次访谈时间为 30～70 分钟不等，平均约为 50 分钟。访谈时，在征得访谈对象同意的情况下对访谈内容进行了录音、整理并撰写访谈备忘录，最终形成了近 20 万字的访谈录音及备忘录。

（四）资料整理

在扎根理论研究的过程中形成了数量庞大的文本资料，且在整个分析过程中需要在资料、概念、范畴和理论之间不断地进行比较，并在比较中对相关分析进行不断的调整，仅仅依靠纸笔进行分析和编码特别容易陷入混乱。为提高工作效率以及准确性，在分析过程中采用 Mindjet Mindmanager Pro15 这一思维导图软件对资料进行整理、分析与编码。

三、基于扎根理论的分析过程

（一）开放性编码

开放性编码是对资料进行逐句登录并将资料重新组合从而实现初始概念化的过程。本研究对访谈录音及备忘录等原始资料进行分析，共得到 574 条原始语句及相应的初始概念，并在此基础上进行了必要的整理、合并及重新提炼，形成了13个范畴，分别为：核心服务、服务场景、教职员工、计划性传播、非计划性传播、功能价值、情感价值、社会价值、财物价值、认知、满意、信任、承诺。数据的开放性编码涉及众多分析单元及内容，为节约篇幅，本文仅截取了其中一个范畴的一部分作为这一研究过程的例证，如表1所示。

表1　开放性编码的范畴化举例①

范畴	原始语句	初始概念
功能价值	(20)毕业以后，我想一直学习汉语、说汉语。在孔子学院，老师们都是中国人，所以一直说汉语，这样了解了很多我不知道的内容，提高了我的汉语水平。 (01)在釜山很难接触到中国文化。我以前就对中国文化特别感兴趣，可是没有地方(机会)学。孔子学院很好，真的，因为(有了)孔子学院，我知道了很多，比如剪纸啊，京剧啊，茶道啊什么的。 (02)我觉得孔子学院是一个很好的办法(途径)，(可以)让美国人的想法更开放一点。因为我们还挺保守的，我们自己认为我们的国家是最好的。孔子学院是一个很好的机会，让我们改变思想，因为确实不是这样的，而且让中美关系越来越开放(融洽)，越来越好。 (28)中国电影、流行歌曲什么的，孔子学院的老师也告诉我们，让我了解很多，这样很好，这些在韩国(是)很难找的。 (05)我觉得孔子学院挺好的。孔子学院开了以后，蛮(很)多学生会去看看书，因为以前没有一个地方可以去看中文书。 (04)我是(一名)初中体育老师，本来(因为)对中国历史感兴趣，所以去孔子学院学了4年汉语，在那儿学习以后，我现在在我的学校教汉语。有的学生想学汉语，我们就开了汉语课。 (03)我所在的学校只有一个汉语老师，我非常希望有机会和其他同行交流，孔子学院给我提供了很好的和同行交流的机会。 (27)孔子学院的很多活动都是可以自己亲身体验的，所以印象特别深，挺好的。 (26)那里的老师非常热情，给我介绍相关情况，院长还给我推荐了汉语教材，现在我上课使用的教材就是他给我推荐的。我们一直有联系。	提高汉语能力，提供了解中国及中国文化的平台，利于中外文化交流，利于开阔视野，获取稀缺资源，提供来华机会，课程收费较低，提供培训机会，有助于职业发展，提供同行交流的机会，为所在大学提供师资，获得美好体验

① 此处所列原始语句，除对个别语法错误略作修正外均保持原貌。此外，原始语句之前的数字为受访者序号，下同。

（二）主轴式编码

主轴式编码是在开放性编码所形成范畴的基础上探究各范畴之间的逻辑关系并形成主范畴的过程。通过对开放性编码所形成的13个范畴进行类聚、整合与深度分析，围绕每一范畴寻找彼此之间的相关关系，最终形成了4个主范畴。各主范畴所包含的范畴及其对应的内涵如表2所示。

表2　　主轴式编码形成的主范畴

主范畴	对应范畴	范畴的内涵
消费体验	核心服务	孔子学院为学员提供的诸如课程、文化传播活动、教学资源等有形及无形服务
	服务场景	孔子学院为人们提供的物理环境、语言环境及人文环境等
	教职员工	所有在孔子学院任职的人员，包括中外方院长、教师及其他工作人员等
传播体验	计划性传播	孔子学院控制下的内、外部传播，包括人际传播、组织传播及大众传播等
	非计划性传播	非孔子学院所控制的内、外部传播，包括人际传播、组织传播及大众传播等
感知价值	功能价值	学员从孔子学院所提供的各类服务中所感知到的功能、质量与期望绩效进行比较后所得到的效用，主要包括能力价值、机会价值和资源价值
	情感价值	学员从消费孔子学院所提供的各类服务过程中的体验、感受和情感状态中所得到的效用，主要包括体验价值和关系价值
	社会价值	孔子学院提供的各类服务在提高社会自我概念方面给学员带来的效用
	财务价值	短期和长期感知成本的降低给学员带来的效用

续表

主范畴	对应范畴	范畴的内涵
品牌关系质量	认知	学员由传播接触与消费接触产生的对孔子学院的各种知识的认识
	满意	学员由消费体验产生的对孔子学院的总体满意态度,包括认知及情感等方面
	信任	学员由消费体验产生的对孔子学院有信心的总体态度
	承诺	学员由消费体验产生的对孔子学院有所依恋与认同的总体态度,愿意与孔子学院保持稳定的关系并为之付出努力

(三)选择性编码

选择性编码是在主轴式编码的基础上系统处理范畴之间关系并最终提炼出典型关系结构的过程。通过描述现象的"故事线"来挖掘"核心范畴"并探寻其与主范畴及其他范畴之间的关联,最终构造出典型关系结构。本文形成的典型关系结构及其内涵如表 3 所示。

表 3　　选择性编码形成的典型关系结构

典型关系结构	典型关系结构的内涵	由受访者代表性语句提炼的关系结构
消费体验→感知价值	核心服务、服务场景及教职员工等消费体验是影响感知价值的重要因素,直接影响感知价值,学员通过这些消费体验形成对孔子学院价值的感知	(01)学员对课程的接触影响其对功能价值的感知 (06)学员对活动的接触影响其对功能及心理价值的感知 (16)学员与教职员工的接触影响其对心理价值的感知
传播体验→感知价值	通过不同媒介接收的传播内容是影响感知价值的重要因素,学员通过这些传播体验形成对孔子学院价值的感知	(01)、(14)、(23)传播接触影响学员对孔子学院价值的感知

续表

典型关系结构	典型关系结构的内涵	由受访者代表性语句提炼的关系结构
感知价值→品牌关系质量	学员对孔子学院功能、情感、社会及财务价值的感知是影响品牌关系质量的重要因素，学员通过价值感知形成对孔子学院的认知以及或满意、或信任、或承诺的关系	(02)学员对功能价值的感知影响其对孔子学院的满意度 (25)学员对功能价值的感知影响其对孔子学院的信任度 (09)学员对功能、情感、社会价值的感知影响其对孔子学院的忠诚度
消费体验→感知价值→品牌关系质量	感知价值作为中介变量，影响消费体验与品牌关系质量之间关系的强度	(14)孔子学院的课程影响学员对功能价值的感知，进而影响品牌关系质量 (09)孔子学院的教职员工影响学员对功能、情感价值的感知，进而影响品牌关系质量
传播体验→感知价值→品牌关系质量	感知价值作为中介变量，影响传播体验与品牌关系质量之间关系的强度	(09)计划性传播接触影响学员价值感知，进而影响品牌关系质量 (17)非计划性传播接触影响学员价值感知，进而影响品牌关系质量

如表 3 所示，本研究围绕核心范畴的故事线可以概括为：

消费者通过核心服务、服务场景、教职员工等消费体验，品牌标志、官方网站、宣传材料等计划性传播，以及口碑、公共关系等非计划性传播的传播体验形成对孔子学院的价值感知，并据此形成认知、满意、信任及忠诚态度。

（四）理论模型饱和度检验

在访谈实施阶段，本研究发现，当访谈到第 24 名学员时，其已经无法再提供能形成新的概念和范畴的信息。根据理论饱和的原则，此时即可停止访谈。为确保研究结论的可靠性，又选取了6名访谈对象进行了访谈，并辅以5位孔子学院中外方院长/教师的访谈[①]，均未发现新的重要信息。由此可见，上述结论符合理论饱和的原则。

四、结论与启示

（一）研究结论

本文通过对16国30名孔子学院学员的深度访谈，运用扎根理论，借助 Mindjet Mindmanager Pro15 思维导图分析软件，对孔子学院消费者的品牌体验进行质性研究，发现了影响品牌体验的主要因素以及品牌接触、感知价值和品牌关系质量之间的关系，初步建立了孔子学院品牌体验模型。主要研究发现如下：

第一，消费体验与传播体验是影响消费者感知价值的重要维度。其中，消费体验主要包括核心服务、服务场景与教职员工等主要维度，传播体验包括计划性传播与非计划性传播等主要维度。具体来看，在消费体验中，核心服务与教职员工是主要影响因素。同时，和消费体验比较而言，孔子学院学员对传播体验的感知度均偏弱，不论是计划性传播接触还是非计划性传播接触均未达到令人满意的程度，问题主要体现在：传播渠道单一，传播力度有限，传播内容与传播对象缺失等。同时，在分析品牌关系质量时发现，虽然目前孔子学院的知名度不高，但其满意度、信任度及忠诚度都较高，尤其是满意度和忠诚度均达到了非常高的程度。这从另一个侧面说明孔子学院在消费体验方面已得到学员的认可，而传播体验方面表现欠佳。

第二，感知价值对于提升品牌关系质量具有重要作用。在感知价

① 5名工作人员包括美国孔子学院外方教师1名，新加坡孔子学院外方教师1名，韩国孔子学院中方院长1名、外方教师1名，荷兰孔子学院中方教师1名。

值的四个维度功能价值、情感价值、社会价值及财务价值中,目前孔子学院的优势集中体现在功能价值、情感价值及财务价值这三个方面,每一方面又呈现出多层次、多样化的特点。这些价值共同作用,对其学员产生了相当大的吸引力。同时也发现,孔子学院在功能价值和社会价值方面仍存在不足,具体表现为课程建设存在缺陷及社会自我概念偏低等。

第三,消费者的消费体验与传播体验共同影响其对孔子学院的价值感知,而感知价值又进一步影响消费者与孔子学院的关系质量。也就是说,感知价值在消费体验、传播体验与品牌关系质量之间充当了中介变量的角色,消费体验与传播体验间接影响品牌关系质量的提升。孔子学院要提升与消费者的品牌关系质量,既要重视提升感知价值,又要重视提升消费者的消费体验与传播体验。

(二)对孔子学院品牌成长的启示

第一,加强自身建设,以核心服务为重点提升功能价值,以教职员工为核心提升情感价值。消费者对孔子学院的价值感知对于孔子学院提升品牌关系质量具有重要作用。在消费者的核心价值中,核心服务是重点,而课程服务是重中之重。访谈中,课程设置方面的问题是学员反映最多的问题之一。为保证孔子学院在全球范围内提供一致性服务并实现有效管理与评估,提升其功能价值,孔子学院总部宜在《汉语国际教育通用课程大纲》等文献的基础上,尽快制定系列符合孔子学院宗旨与职能并符合行业标准的《孔子学院课程标准》,建立一个相对稳定的、框架性的课程标准体系,实现在标准与规范前提下的针对性与开放性。全球各孔子学院可以此为参照,结合本地需求开设相关课程,统一标准以方便管理与评估,有效控制教学质量并形成鲜明特色,为品牌成长奠定基础。

孔子学院作为一个教育服务机构,其所有职能都是由教职员工向消费者进行传递而完成的。在服务过程中,消费者是否能够通过与孔子学院的互动获得好感并与之建立满意、信任甚至忠诚的关系，教职员工在其中起着至关重要的作用。要培养忠诚于品牌的消费者，首先应从培养忠诚于自己事业的员工入手。孔子学院应通过建立品牌文化来塑造自己的员工，使之成为品牌的代言人，在服务中努力做到专业而用心。与此同时，还要想消费者所想，甚至想消费者所未想，实现超值服务，最终赢得消费者的信任。前者是能力问题，需要职业化的师资与员工队伍作为支撑；后者是态度问题，可以通过品牌文化的内化得以实现。

第二，重视品牌传播，以品牌知识传播为基础提升感知价值及品牌认知度，以品牌形象传播为重点提升社会价值及品牌美誉度。对于消费者来讲，消费体验与传播体验均具有重要意义与价值。而研究显示，和自身建设相比，孔子学院在品牌传播方面存在认知度偏低、社会价值感知偏弱等问题，尚有较大的提升空间。目前，外方对孔子学院这一"品牌"的认知尚处于起步阶段。因此，孔子学院在重视自身建设以给消费者创造美好消费体验的同时，应进一步重视品牌传播方面的工作，确保二者齐头并进，相得益彰。

孔子学院在品牌传播方面应具有方向性，使传播活动持续统一在"提升全球消费者对孔子学院品牌的认知和联想"这一目标上，以品牌知识传播为基础提升感知价值及品牌认知度，以品牌形象传播为重点提升社会价值及品牌美誉度。具体来说，传播渠道上要不断拓展，充分利用自身构建的国际社会网络、公共关系、新闻及社交媒体、官方网站以及口碑传播等多种渠道进行信息与品牌传播；在传播力度上要不断加强，增加传播的频率与效度；在传播内容上要不断丰富，不仅要传播孔子学院的活动与品牌故事，还要传播孔子学院的品牌精粹与品牌个性，逐步在消费者心智中树立孔子学院鲜明、独特而宜人的品牌形象，进而实现顾客满意与品牌忠诚；在传播对象上，充分重视内部传播，将孔子学院的品牌文化内化为教职员工的行为准则并通过他们传递给学员，从而促进孔子学院的品牌发展，使孔子学院从一个新创品牌最终成长为一个强势品牌，发展成为全球最权威的汉语培训与中外文化交流机构，使全球广大的汉语学习者与中华文化爱好者受益。

（原载《山东大学学报（哲学社会科学版）》2014年第2期）

非营利组织全球文化治理功能的实践

——以孔子学院项目为例

王彦伟

【摘要】 孔子学院是中国在海外设立的旨在促进汉语教学和中国文化传播的国际非营利性教育组织，历经十余年建设，已成为综合人文交流实体化平台，成为中国加强话语体系建设、积极参与全球文化治理的有效载体。以公共产品理论和自组织理论为基础，对孔子学院全球文化治理功能的实现路径和保障机制进行分析后发现，孔子学院的全球文化治理功能体现在提供全球公共产品、组织中外交流活动、进行跨领域跨组织协调、影响所在国政策并参与地区治理四个方面。孔子学院自身也需要建立"总部—地区中心—孔子学院"的三级治理结构，实现孔子学院不同层级利益相关者的自组织和自主治理。孔子学院的创新实践为非营利组织积极参与全球治理探索了有效路径，为其他机构和项目提供了一定程度的借鉴。

【关键词】 非营利组织 全球治理 全球文化治理 孔子学院

Practice of Global Cultural Governance Function of Non-profit Organizations

—A Case Study on the Confucius Institute Program

Wang Yanwei

Abstract: The Confucius Institute is an international non-profit educational organization set up by China overseas to teach the Chinese language and disseminate Chinese culture. After over a decade's development, it has become a physical platform for comprehensive cultural and educational exchanges, and an effective carrier for China to strengthen its own discourse system and actively participate in global cultural governance. Based on the public goods theory and self-organization theory, the author analyzed the implementation path and safeguard mechanism of the global cultural governance function of the Confucius Institute, and found that the global cultural governance function of the Confucius Institute is shown in four aspects: providing global public goods, organizing Chinese and foreign exchange events, coordinating across fields and organizations, and influencing the policies of the host country while participating in regional governance. The Confucius Institute itself also needs to build a three-level governance structure involving "headquarters-regional centers-Confucius Institutes", so as to realize the self-organization and self-governance of the stakeholders of the Confucius Institutes at different levels. The innovation practice of the Confucius Institute has explored the effective path for non-profit organizations to actively participate in global governance, and can provide certain insight to other institutions and programs.

Key words: non-profit organization, global governance, global cultural governance, Confucius Institute

一、案例背景

在世界范围内建立共同体并建立更加完善的治理机制，需要在经济全球化、科技现代化的基础上实现文化多元化，这是任何一个民族国家、尤其是负责任大国积极参与全球治理的重要内容。改革开放以来，中国以积极的姿态全方位地融入国际社会，并努力在国际事务和全球治理中发挥重要作用。中国参与全球治理的一个重要途径就是从教育、文化等软资源入手，在全球治理过程中建构国家形象、增强文化软实力。措施之一就是在世界各地建立了数百家孔子学院来推广传统文化。①

孔子学院设立的初衷就是加快汉语走向世界的步伐，推动中外文化与文明的交流与互鉴。如今它已成为中国在全球人文交流与教育合作领域的重要实践成果。孔子学院提供文化与教育领域的全球公共产品，开创基于自愿、平等、合作的语言与文化传播模式，搭建不同文明对话与交流的平台，为维护文化生态平衡做出贡献，为增进不同国家和民族间的相互信任与理解发挥独特作用。②

① 参见[美]约瑟夫·奈：《美国世纪结束了吗》，[美]邵杜罔译，北京联合出版公司 2016 年版，第 60 页。

② 参见李军、田小红：《中国大学国际化的一个全球试验——孔子学院十年之路的模式、经验与政策前瞻》，《中国高教研究》2015 年第 4 期。

近年来，关于孔子学院的资金来源和学术自由等问题，海内外也出现了一些质疑和批评。尽管如此，在中国以更加积极的姿态参与全球治理的大环境下，孔子学院作为非营利教育机构，其所承担的全球文化治理主体身份已日见雏形，对其全球文化治理功能以及其自身治理的研究，兼具理论和社会价值。

当前，有关孔子学院功能与价值的相关研究，重点关注于孔子学院对中国文化、高等教育、外交和国家软实力建设等做出的贡献。研究认为，孔子学院已不仅仅是单纯的汉语和中国文化教学场所，而且关涉中国文化对外交流、教育国际化、民间外交与公共外交、国家软实力尤其是文化软实力构建等多个宏大的社会领域，以"润物细无声"的方式逐渐发挥作用，彰显国际性非营利教育机构的社会功能。研究指出，应加大孔子学院的投入力度，更好地发挥政府、市场和社会互动的优势，以中国加大对外开放和交流为契机，推动孔子学院发挥更大的功能。[①] 以上研究的出发点和落脚点都是作为国家单位的中国。本文以孔子学院为研究对象，进行中国积极参与全球文化治理、承担全球治理大国责任的案例研究，凸显孔子学院在全球命运共同体中的价值和可持续发展动向，为中国参与全球治理的其他项目提供参考。

二、孔子学院全球文化治理功能的产生

孔子学院是进行语言与文化传播的非营利教育机构，因此具备语言和文化属性、非营利性和教育属性三大基本属性，这是其具备全球文化治理功能的基础。

① 参见宁继鸣、马晓乐：《传播的视角：国际汉语教育的社会价值探析》，《国际汉语教育》2010 年第 2 期；吴瑛：《中国文化对外传播效果研究——对 5 国 16 所孔子学院的调查》，《浙江社会科学》2012 年第 4 期；赵跃：《孔子学院教育功能研究》，山东大学博士学位论文，2014 年；李军、田小红：《中国大学国际化的一个全球试验——孔子学院十年之路的模式、经验与政策前瞻》，《中国高教研究》2015 年第 4 期。

(一)孔子学院的语言和文化属性

语言是文化的载体。当一国的民族语言被作为外语普遍学习的时候,就在相当程度上反映着该国国际地位和国际影响力的真正提升。在国外设立专门机构推广本国语言文化,已经成为国际通行做法,如英国文化委员会、法国法语联盟、德国歌德学院、西班牙塞万提斯学院等都有几十年甚至上百年的历史。这些机构在推广本国语言文化、促进多元文化交流等方面发挥了重要作用。孔子学院伴随旺盛的汉语国际需求和中国国家地位的提升而产生,其章程中明确指出了五项任务:开展汉语教学;培训汉语教师,提供汉语教学资源;开展汉语考试和汉语教师资格认证;提供中国教育、文化等信息咨询;开展中外语言文化交流活动。这五项任务中,前三项围绕"语言"进行,构成了教学、资源供给、认证考核三位一体、相互关联的整体;后两项任务围绕"文化"进行。尽管目前孔子学院的功能已得到进一步完善,促使其成为在国家对外经贸、教育、科技等多个领域综合的人文交流平台,但语言和文化属性仍然是孔子学院的根本属性。

(二)孔子学院的非营利性

按照孔子学院的章程来看,孔子学院是以推广汉语、推动文化交流、促进世界各国与中国友好往来为宗旨的非营利教育机构,在组织性、民间性、非营利分配性、自治性和志愿性[①]五个方面都表现出了非营利性特征。其中,从民间性看,孔子学院不是政府机构。从自治性看,孔子学院是一个本土组织,在章程规定的范围内享有办学自主权。从非营利分配性看,目前绝大多数的孔子学院都是以总部牵头,采用国内外大学共同合作的模式,此类孔子学院的收益都用于该孔子学院的运营,并不分配给任何单位或个人。今后,孔子学院即使会把一小部分收益分配给孔子学院合作

① 参见徐崇温:《非营利组织的界定、历史和理论》,《中国党政干部论坛》2006 年第 5 期。

方或者特许经营方，其占比也会很小且经过严格限制的。

（三）孔子学院的教育属性

原美国驻英国大使约翰·温纳特在1944年写给英外务大臣安东尼·艾登的备忘录中说："世界的未来取决于这一代的年轻人将会做什么。"教育方面的国际合作在重建世界秩序上具有极为重要的意义。在很长的一段时间内，人们充满这样的希望：教育确实可以在建立一个相互依存的世界共同体中发挥重大作用，而国际主义必定是教育的关键。在这个希望的鼓舞下，无论是国家和政府间的组织，还是非政府组织，都将相当大部分的资源投入到了教育交流项目的继续和扩展中。①

孔子学院定位于非营利性教育机构，这与英国文化委员会、法语联盟、歌德学院、塞万提斯学院等世界语言推广机构相比有所区别。孔子学院的教育属性体现在以下三个方面：一是孔子学院首要职能是开展汉语教学，满足各国汉语学习者的需求；二是孔子学院主要由中外大学合作建设，选址大多在国外大学中，并由中外大学合作投入空间场地、教师、教材等资源，发挥大学在科学研究、人才培养、社会服务和文化传承创新方面的主要功能；三是按照目前中国国内的运作机制，孔子学院的政府支持由中国教育主管部门牵头承担，其他职能部门配合，这也在制度和政策方面为孔子学院发挥其教育职能提供保障。

三、孔子学院全球文化治理功能的实现

国际非营利组织参与全球治理和公共事务治理的方式与途径主要有四种：提供全球公共产品、组织跨国活动、与国际政府间组织协调、影响国家政策并参与地区治理。② 具体到孔子学院全球文化治理功能，也主要

① 参见［美］入江昭：《全球共同体——国际组织在当代世界形成中的角色》，社会科学文献出版社2009年版，第51～52页。

② 参见叶江：《全球治理与中国的大国战略转型》，时事出版社2010年版，第126～143页。

体现在以下四个方面。

(一)提供全球公共产品

全球治理的目标是稳定的世界秩序,这需要政府、市场和社会多方的共同参与。非营利组织参与全球治理的重要方式就是提供全球公共产品。根据受益者范围的不同,公共产品可分为四个层次:地方、国家、区域和全球。全球公共产品是一种原则上能使不同地区的许多国家乃至世界上所有国家都受益的公共产品,它是公共产品概念在国际范围内的延伸和拓展,是"指那些具有很强跨国界外部性,能使不同地区的许多国家或全球所有国家受益,需要全球合作才能提供的货物、服务、资源、环境、规则和体制等"[①]。非营利组织,尤其是国际非营利组织在提供全球公共产品上具有其自身的特点与优势。

语言国际推广最早是为国家的殖民扩张服务的,表现为国家公共产品。随着世界经济全球化的不断发展,不同文明之间的竞争与冲突进一步加剧,维护语言多样性、文化多元化,成为构建和谐世界的重要选择,在语言国际推广的国家公共产品属性进一步加强的同时,其全球公共产品的属性日趋明显。[②]

结合近五年(2011～2015 年)全球孔子学院大会的有关信息,孔子学院的服务范围除了前文中所属的五项任务之外,还专门拓展增加了"新汉学国际研修计划",资助有关中国的研究及学术交流,培养更多造诣高深的汉学家,同时支持中国的高校建立国别研究中心,培养熟悉各国语言文化的中国学者。

以上产品和服务涉及多项职能,其公共属性可以按照产品和服务的类型,根据保罗·萨缪尔森(Paul A. Samuelson)公共性界定标准,即消费

① 邱东、徐强:《全球公共品视角下的 SNA》,《统计研究》2004 年第 10 期。

② 参见宁继鸣:《语言国际推广:全球公共产品和国家公共产品的二重性》,《文史哲》2008 年第 3 期。

的非竞争性与受益的非排他性[①]进行具体分析。

1.汉语教学

首先,汉语教学的效用具有不可分割性。汉语教学课程有效供给的结果是全世界掌握和精通汉语的民众越来越多,汉语作为一门交际语言的使用规模和频率不断提高,增加了汉语学习者的就业机会。这种效用从享用的空间来看是不可分割的,从享用的时间上来看是受益终身的。其次,汉语教学课程具有人为的消费的非竞争性。尽管设立新的汉语教学课程需要一定的初始成本,但课程一旦实施,在一定容量内,多一个学生不会影响其他学生听课的效用,教学效果不受影响。最后,汉语学习的受益具有显著非排他性。汉语学习课程是收费教育,其规则是谁付费谁受益,不付费不受益。学生付费参加汉语学习课程,也无法阻止别人同样付费学习。因此,汉语教学类产品和服务具有一定的非竞争性和排他性。

2.资源配置

资源配置是孔子学院运行的基础和保障。根据孔子学院总部/国家汉办网站上的官方信息,资源配置涵盖了资金、师资和教材(图书及多媒体教学资源等)。对资源公共属性的分析相对复杂,这是由资源种类的复杂性决定的。为了分析方便,根据开放程度将资源分为两类,一类是开放与共享程度低的资源,包括汉语师资、实体教材,以及具有版权或者由人工辅导的多媒体课程;另一类是开放与共享程度高的资源,包括正在使用的多媒体教学资源包、无版权的电子读物,以及无人工辅导的多媒体课程。与前者的竞争性与排他性相比,后者具有显著的非竞争性和非排他性。

① 参见[美]保罗·萨缪尔森、威廉·诺德豪斯:《经济学》,代光译,北京经济学院出版社1996年版,第570~572页。

3.考试认证

对于各类汉语考试,考生需要支付考试费用。增加考生的直接影响包括增加考场、监考人员和试卷等,间接影响包括对考场的布置安排、监考人员培训等。考生之间相互独立,既不存在竞争,也不相互影响。对于教师资格认证,教师需要支付考试费用。现有的各类选拔考核,也不会因为某个人的参与影响他人的通过率。因此,在一定的范围和规模内,考试认证具备一定的非竞争性和非排他性。

4.信息咨询

孔子学院建立在海外的大学和社区,成为当地学校师生和民众了解中国的窗口。最初的咨询以来华留学咨询为主,并逐步扩展到文化、教育、科技等多个领域,乃至对中国的对外投资产生显著的积极作用。① 对于孔子学院提供的信息咨询服务,不会由于接受服务的人员多少发生明显的成本变化,也不可能仅仅掌握在某些特定的范围内,因此具有显著的非竞争性和排他性。

5.文化活动

孔子学院的文化活动类型多、受众广泛。按照活动地点划分,包括在海外本土的文化活动和短期来华文化活动,前者主要包括孔子学院自行组织的中小型文化活动和孔子学院总部统一规划的大中型活动,后者包括来华文化考察(针对教育官员、议员等高端人群)、来华文化研修(针对师资等)和来华夏冬令营(针对大中小学生)等。对于在海外本土实施的文化活动,鼓励海外民众积极参与,基本不会收取费用,人数增加不会对已参加活动的人产生太大影响,活动的非竞争性和非排他性比较明显。而对于短期来华文化活动,由于成本相对较高,活动人数受到限制,再加上大部分活动的费用不需要本人支付,因此具有竞争性和排他性。

① 参见连大祥:《孔子学院对中国出口贸易及对外直接投资的影响》,《中国人民大学学报》2012年第1期。

6. 合作研究

将科学研究项目按照公共产品属性进行分类，主要可以分为公共产品类科研和非公共产品类科研两类项目。这是两类具有明显不同的经济特征的研究活动。非公共产品类科研的经济收益动机非常明确，一般都设定了收益率、投资回收期、市场占有率等经济指标；公共产品类科研则没有经济和商业目标，不具有任何经济动机，或者是期望取得经济报酬的动机已明确但仍没有形成很明确、具体的经济或商业目标。[①]“孔子新汉学计划”项目资助类型包括博士学位资助项目、短期来华合作研究项目、中华文化书籍出版项目等，显然属于公共产品类科研项目，具有显著的非竞争性和非排他性。

（二）组织中外交流活动

按照《孔子学院章程》等有关规定，孔子学院提供中国教育、文化等信息咨询，开展中外语言文化交流活动等，都是和传统文化或当代中国的交流紧密相关的，具体细分的内容如表 1 所示。

表 1　孔子学院的传统文化交流与当代中国交流活动概览[②]

<table>
<tr><th>类型</th><th>形式</th><th>活动地点</th><th>主要内容</th></tr>
<tr><td rowspan="4">海外活动</td><td>文化课程</td><td>孔子学院</td><td rowspan="7">传统文化专题活动
传统文化综合活动
当代中国专题活动
当代中国综合活动</td></tr>
<tr><td>小型文化活动</td><td>孔子学院、社区</td></tr>
<tr><td>中型文化活动</td><td>孔子学院、社区、所在地区和国家</td></tr>
<tr><td>大型文化活动</td><td>所在国家、所在洲</td></tr>
<tr><td rowspan="3">来华活动</td><td>文化考察</td><td>中国国内</td></tr>
<tr><td>文化研修</td><td>中国国内</td></tr>
<tr><td>文化夏/冬令营</td><td>中国国内</td></tr>
</table>

① 参见周莹莹、齐文春：《公共产品类科研项目的分类及定价体系研究》，《产业与科技论坛》2008年第 7 期。

② 资料来源：根据孔子学院总部/国家汉办网站整理。

根据孔子学院总部近年来发布的《孔子学院年度报告》可知，以上各类文化活动近五年来每年都保持很高的增长速度(见图 1)。这些文化活动的受众也从 2006 年的 22 万人，增长到 2012 年的 900 多万人，2013 年和 2014 年同样保持在 1000 万人左右(见图 2)。

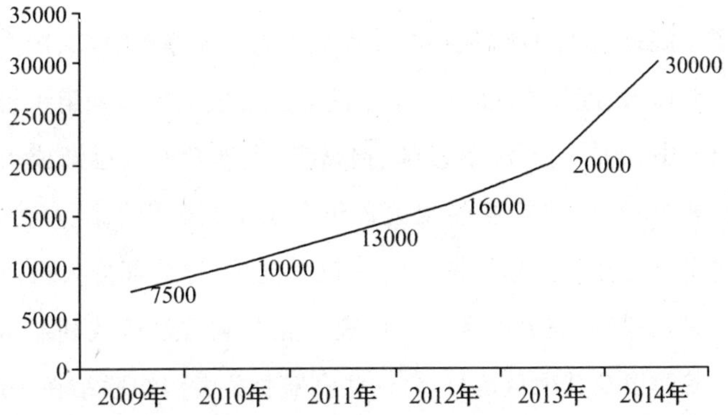

35000
30000
25000
20000
15000
10000
5000
0
7500 10000 13000 16000 20000 30000
2009年 2010年 2011年 2012年 2013年 2014年

图 1　全球孔子学院文化活动数量(场次)统计(2009～2014 年)

资料来源:《孔子学院年度报告》(2009～2014 年)

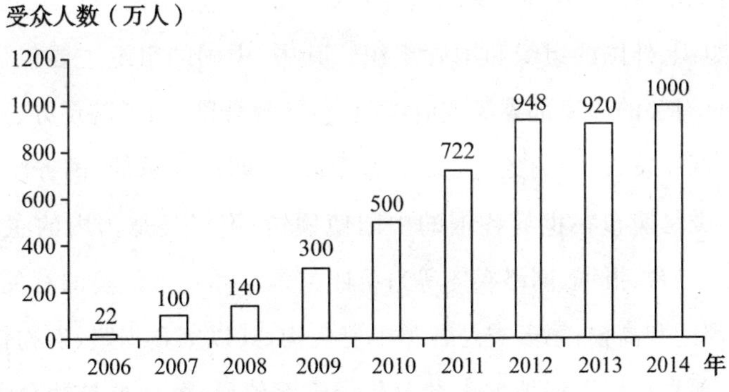

受众人数（万人）
1200
1000
800
600
400
200
0
22 100 140 300 500 722 948 920 1000
2006 2007 2008 2009 2010 2011 2012 2013 2014 年

图 2　全球孔子学院年度文化活动受众人数统计(2006～2014 年)

资料来源:《孔子学院年度报告》(2006～2014 年)

(三)进行跨领域跨组织协调

公共事务治理的跨部门协调是指对那些涉及政府多个部门、企事业单位、中介组织和社会组织等多元化主体的公共事务协调。随着全球公共事务的发展，公共事务治理的复杂性也在不断增强，在参与主体、政策法律、管理过程以及管理目标等方面，都出现了多元化的趋势，因此带来了更高的协调方面的要求。能否有效解决协调过程中存在的各种问题，是提高公共事务治理效率和有效性的一项基础性任务。

孔子学院是新兴事物，最初的建设离不开孔子学院总部、国内外承办机构的资源投入，近年来，随着孔子学院办学规模的扩大和组织机构的完善，理事会、中外方院长、汉语教师、捐赠者、当地政府等逐渐成为孔子学院的利益相关者。[①] 尽管这些相关者包含了个人和组织两大部分，但是以组织名义参与孔子学院的情况仍占较大比重；尽管部分人员以个体的形式参与，但是其在一定程度上也代表了相关利益群体或利益组织。通过孔子学院建设及其项目运行，将这些利益相关者组织联结在一起，促进他们有效协作，是实现孔子学院治理功能、提升公共事务治理效率的重要途径。

按照孔子学院参与组织的国界特征，孔子学院协调的组织可以分为中国的组织、外国的组织和国际组织。其中，中国的组织主要包括六类。第一类是有关的国家部委等政府部门，包括教育部、国务院侨办、财政部、外交部、国家发改委、商务部、文化部、国家新闻广电总局、国务院新闻办等；第二类是遍布在世界各国的中国使领馆；第三类是国内的主流媒体（电视台、电台、报纸、网络媒体等）；第四类是承办孔子学院的有关省市教育主管部门和高校；第五类是各类中资机构，其以资金捐赠、实物捐赠、产品供给、项目承接等多种方式参与孔子学院建设；第六类是社会组织，主要是文化公益组织，其以孔子学院为平台、以项目合作为途径进行对外交流。

① 参见王彦伟：《孔子学院的利益相关方及其互动关系：一个分析框架》，《云南师范大学学报（对外汉语教学与研究版）》2013 年第 4 期。

外国的组织也对应包括六类。第一类是有关的国家部门(如教育部、外交部、文化部等);第二类是其国家驻华使领馆;第三类是当地主要媒体;第四类是承办孔子学院的当地政府、社区或者学校;第五类是各类本地机构,其通过课程学习、项目合作等形式与当地孔子学院发生业务关系;第六类是当地的社会组织,他们会和孔子学院联合实施一些交流活动。

孔子学院与国际组织合作的案例也很多。如孔子学院与联合国教科文组织联合发起有关儒家文化的论坛,联合国教科文组织到孔子学院的考察交流,自 2009 年起孔子学院总部每年派老师到联合国协助中文语言培训和教学等。孔子学院与歌德学院、英国文化委员会、法语联盟等世界主要语言推广组织也保持着紧密的业务联系,一方面,孔子学院总部与其他语言国际推广机构保持着总部层面的沟通;另一方面,很多国家的孔子学院都与当地的语言推广机构开展了各种形式的交流与合作。

(四)影响所在国政策、参与地区治理

孔子学院在汉语教学和文化传播方面的努力,影响了很多国家的政策制定,使其逐渐在地区治理中扮演重要角色。

首先,在孔子学院的影响和努力下,英国、瑞典、爱尔兰、南非、泰国等几十个国家通过颁布政令等形式,把汉语作为外语必修或选修课纳入当地国民教育体系。

其次,将召开孔子学院地区联席会议进行制度安排,并根据发展需要,逐步在孔子学院较多的国家或地区成立孔子学院地区中心。目前,孔子学院地区联席会大多以大洲为单位,按照年度召开,为孔子学院提供了信息交流与资源共享的机会。

孔子学院地区中心是在原有孔子学院国家代表处运行经验的基础上,刚刚起步建设,旨在为当地政府了解孔子学院宗旨和活动提供公开、可靠的信息来源;与当地媒体和社会开展沟通与合作,增进公众对孔子学院的了解;促进当地孔子学院之间的交流与合作,并提供各种服务与评估等。

最后,孔子学院成为中国公共外交的重要内容,在一定程度上影响国家外交政策。

孔子学院拓展了中国外交的空间,为中国与世界其他国家的双边外交提供了新的舞台,有利于发展中国与外国的友好关系。中国政府支持的教育文化交流活动虽然从20世纪50年代开始就已经存在,但长期以来中国外交的重点一直是外国政府和官员,对外国民众尤其是普通民众的关注不足。以汉语教学活动为主的孔子学院的设立,拓展了中国外交的空间,为中国与其他国家的双边外交提供了新的舞台。

四、孔子学院全球文化治理功能的保障

尽管孔子学院以文化和教育的身份属性参与全球文化治理并发挥出积极影响,但西方国家将孔子学院意识形态化的行为却屡有发生。产生这种行为的原因很多,其主要原因可分为两个方面。一方面,在中国崛起的西方叙事和研究范式中,"中国机遇论"和"中国威胁论"始终并存[①],西方国家既希望通过孔子学院学习汉语和中国文化、了解中国并增加合作机会,又担心孔子学院影响自身的核心价值理念。另一方面,在中外合作办学模式、项目运行透明度、中国官方背景和支持等具体运作问题上,西方国家对孔子学院的非营利组织运作模式提出质疑和批评。对于前者,"中国机遇论"和"中国威胁论"此消彼长,反映了西方自身的矛盾心理和内部冲突。对于后者,则可在认识世界语言文化推广机构自身发展规律的前提下,加强孔子学院自身的治理,以期更好地实现孔子学院的全球文

① 参见[澳]潘成鑫:《国际政治中的知识、欲望与权利:中国崛起的西方叙事》,张旗译,社会科学文献出版社2016年版,第42～44页。

化治理功能。

针对孔子学院的自身特点，建立"总部—地区中心—孔子学院"三级治理结构，明确孔子学院利益相关者责权利关系；同时，在一般性非营利组织治理的基础上，充分考虑孔子学院建设运行模式的特殊性，制定其治理措施。

(一)孔子学院的治理结构

尽管治理结构的核心是孔子学院，但围绕这一核心，治理结构在纵向和横向上都需要进行广泛拓展。在纵向上，形成以"总部—地区中心—孔子学院"为链条的多级"委托—代理"式治理结构(如图3)；在横向上，又分别以总部、地区代表处、孔子学院为纽带，与相关的政府部门、非营利组织、中资外资机构建立合作式治理结构(如图4)。这种纵向和横向治理的交错，形成具有明显特征的网络治理，能够实现孔子学院自身治理结构的完善和治理功能的优化。

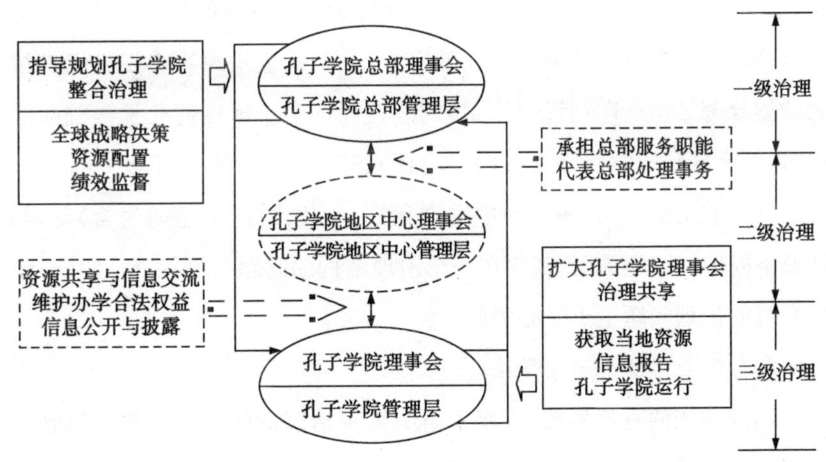

图3 孔子学院委托代理治理结构

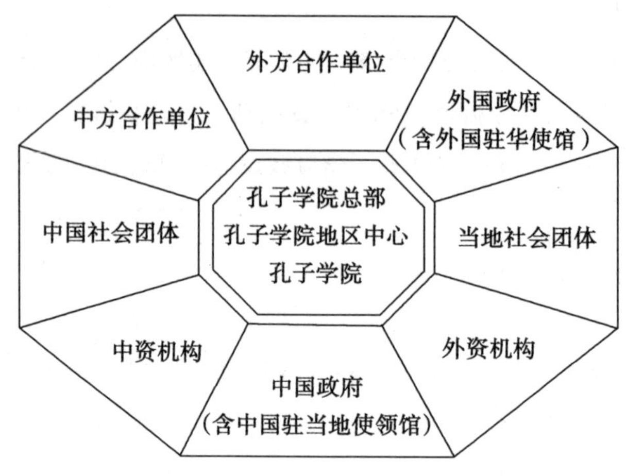

图4　孔子学院合作治理结构

通过以上分析可以看出，治理结构显然是个关键的制度问题。孔子学院自身的治理结构表现在多个方面。从宏观体制来看，体现为治理结构的设立、责权利的分配，如纵向上，总部、地区中心与孔子学院的责权利划分；横向上，参与孔子学院建设的官方组织、社会组织和市场组织责权利的划分等等。从微观管理体制来看，大到一个全球性的孔子学院品牌项目（如全球孔子学院日、汉语桥项目、三巡项目）的制定，小到一个孔子学院日常的文化活动（如海外中国文化周、文化讲座、小型研讨会）等，都涉及不同的利益相关者，都存在一个治理结构的问题。可见，研究孔子学院自身的治理问题是十分必要的。

（二）孔子学院的治理措施

治理功能的有效发挥，依赖于组织自身治理的效率和效果。鲍勃·杰索普（Bob Jessop）根据需要协调的行为系统的类型将自组织分为三类[①]：(1)人际关系的自组织：在人际关系网络中，个人代表本人或其职能

① 参见[英]鲍勃·杰索普：《治理的兴起及其失败的风险：以经济发展为例的论述》，《国际社会科学杂志（中文版）》1990年第1期。

系统，但不要求特定的机构或组织承担义务。(2)组织间关系的自组织：以各组织有利益共同点、都掌握着必需的独立资源为基础，以各组织之间的谈判和正面协调为手段。(3)系统关系的自组织：以降低噪声干扰和进行负面协调为基础。这三种自组织治理形式常在错综复杂的等级体制中相互联系。人与人之间的信任使组织间的谈判较为顺利；组织间的对话促进系统之间的沟通交流；噪声干扰的减少又可通过增进相互理解和增强信心而促进人与人之间的信任。自组织理论中关于人际、组织和系统三个层面治理关系的研究为孔子学院的组织治理提供了理论基础。

孔子学院相对于一般性的非营利机构、乃至世界主要语言文化推广机构，存在很大的不同，体现在以下三个方面：一是孔子学院由中外合作办学，孔子学院同时有中外方两个院长；二是孔子学院大都由总部委托中方机构(省级教育主管部门或中国高等院校)与外方机构(外国高校、外国政府机构或社区)共同建设，总部、中方院校、外方院校三者的相互制约、相互依存是孔子学院稳定发展的关键；三是孔子学院所处的外部环境受国家之间关系和国家外交等因素的影响。

自组织和自主治理理论为描述和解决以上因孔子学院特殊性带来的问题提供了新的解决思路。就自组织而言，尽管目前主要研究对象仅限于组织与组织之间，但实际上人际、组织和系统这三个层次与孔子学院自身治理的特殊性内容是完全契合的：人际的自组织主要是针对孔子学院中外方院长的关系，组织间的自组织主要针对孔子学院总部、孔子学院中方承办机构、孔子学院外方承办机构三者之间的关系，系统间的自组织主要针对中外方国家之间的关系。这就为研究这三个层面的治理关系找到了理论依据。

这三个层面的治理关系具备共同的理论基础，即：治理的网络方式强调了“声誉、信任、互惠以及相互依存”，因此，网络是市场和等级制的替代，而不是二者的混合，而且网络拓宽了公共、私人和自愿部门的边界。

“如果说价格竞争是市场的核心协调机制、行政命令是等级制的核心机制的话，那么信任与合作则是网络的核心机制。”[①]更重要的是，治理的这种用法也表明网络是自组织的。在最简单的意义上，自组织意味着一种自主而且自我管理的网络。网络关系的特点是互惠与相互依赖，而不是竞争。具体到三种关系，分别如下：

一是关于人际（中外方院长）关系的自组织。中方院长具有教学优势，可以与中方教师和中方志愿者保持良好的沟通，可以与当地中国使领馆、孔子学院总部保持紧密的联系；外方院长熟悉办学环境和当地法律法规，可以与外方教育主管部门、高校、社区、社会组织、当地媒体保持良好的沟通。双方都应该认识到对方的优势和长处，建立信任，把工作重点由“谁说了算”的问题转向“谁应该做什么”的分工问题。

二是组织（总部、中方机构、外方机构）间关系的自组织。这中间既有委托代理关系（总部与中方机构、总部与外方机构），又有合作关系。按照传统理论的观点，体现为四个关键词：利益共同点、独立资源、谈判、正面协调。对应到孔子学院的三个建设主体，则体现为以下四个原则：(1)尽管各自的利益需求不同，但是目标相同；只有实现目标，才能满足各自的需求。(2)各自掌握的专业资源不同，但要想实现目标，各自都应该投入资源，进而发挥资源的协同和集成优势。(3)沟通与谈判是必要的，通过两两之间的谈判和博弈实现局部均衡，进而才能实现整体均衡。(4)在可接受的范围内，积极采取各项适应性措施，以利于合作顺利进行。

三是系统（国家）间关系的自组织。把孔子学院放在整个国际环境、外交环境、语言文化交流环境中来看，国家与国家间的关系也会对孔子学院的发展产生重大影响。经典理论中的“以降低噪声干扰[②]和进行负面

① ［美］罗伯特·罗茨：《新的治理》，转引自俞可平主编：《治理与善治》，社会科学文献出版社2000年版，第95页。

② 这是指通过对话而不是把一个“优势系统”的道理和逻辑强加给其他系统。

协调[①]为基础”,对应到国家之间的关系,也体现在两个方面:(1)为了降低噪声干扰,国家与国家之间主张通过对话来解决分歧、求同存异,通过理解对方的文化和思维方式来理解对方国家的行为。(2)为了进行负面协调,在制定国家政策、实施国家战略时尽量不伤害对方国家的利益,以求得长期稳定发展。

以上三个方面,是基于孔子学院的特殊性提出的有关孔子学院自身治理的三项重要内容。三者是相互关联的,中外方院长的交流互信使总部、中方机构和外方机构间的谈判较为顺利;三方间的友好对话促进国家之间的沟通交流;有效的对话和沟通又促进中外方院长的相互信任,这是一个良性的循环,而且是螺旋上升的。

五、结　论

对孔子学院治理功能的研究是在全球化、共同体的产生与发展,以及中国积极转变国家角色、参与全球治理的大背景下进行的。由于历史原因,在本土上进行跨国合作一度成为中国参与全球治理的基本方式。孔子学院突破了原有的形式约束,以主动“走出去”的形式为中国寻求到了新的国际角色和责任。

本研究主要回答了三个问题:孔子学院的全球文化治理功能是如何产生的?如何实现的?为了实现这种功能,孔子学院自身如何治理?本文从孔子学院传播内容的语言和文化属性、孔子学院的国际非营利性、孔子学院的教育属性等方面回答了第一个问题;根据非营利组织参与全球治理的主要方式对孔子学院的功能进行了对比研究,回答了第二个问题;基于孔子学院自身特殊的组织结构和建设运行方式,研究孔子学院的治

① 这是指考虑自身行动对第三者或其他系统有不良后果,从而适当地自我约束。

理框架和治理措施，回答了第三个问题。

孔子学院参与全球治理的途径以及自身的治理方式，为非营利组织承担全球社会公民责任、积极参与全球治理提供了借鉴。这主要表现在以下三个方面：一是发挥行业和专业优势，积极提供全球公共产品和地区公共产品；二是实施在地化战略，形成不同性质、不同层级的利益相关方的联结网络，构建公私合营伙伴关系（Public-Private-Partnership，PPP）①；三是加强自身的治理，通过公共事务的自组织和自主治理，发挥非营利组织和公民社会优势，提高运行效率。

然而，孔子学院研究本身就是一个跨学科的综合性命题。同时，关于治理的研究，经济学、政治学、法学、管理学、社会学等领域的研究者都进行了不同的学科解读与建构。因此，关于孔子学院治理功能的实现机制、孔子学院自身的治理机制等，都是值得进一步研究的命题。

（原载《中国非营利评论》2017 年第 1 期）

① 公私合营伙伴关系（Public-Private-Partnership，PPP），原指政府及其公共部门与企业之间结成伙伴关系，并以合同形式明确彼此的权利与义务，共同承担公共服务或公共基础设施建设与营运。孔子学院构建的海内外利益相关方网络，在某种意义上也是一种 PPP 关系。

空间分析视域下的孔子学院全球发展研究

周汶霏　宁继鸣

【摘要】 通过考察孔子学院的全球分布问题，试图揭示孔子学院历经多年发展所形成的空间分布形态及其反映的关系性问题：第一，整体上看，孔子学院在全球城市的分布具有显著的空间自相关性，呈现一定的不均衡特征；第二，局部上看，孔子学院的分布具有高值环绕、低值环绕与随机分布三种形态；第三，这种分布格局可能受到了所在国家（地区）的国土面积、经济发展水平、教育投入、中国对该地直接投资流量等因素的影响；第四，孔子学院未来发展应适当向发展中国家、"一带一路"沿线国家（地区）倾斜，实现更有效布局，使其社会网络充分发挥传播功能，社会资本得到更高效的配置和利用。

【关键词】 孔子学院　空间分布　空间分析

A Study on the Global Development of Confucius Institutes Based on Spatial Analysis

Zhou Wenfei　Ning Jiming

Abstract: Through exploring the global distribution of Confucius Institutes, this paper reveals the spatial distribution pattern formed by Confucius Institutes after years of development and also analyzes the relational features that this distribution pattern reflects. First, on the whole, the global-city distribution of Confucius Institute has significant spatial autocorrelation, showing a certain feature of imbalance of development. Second, in local point of view, the Confucius Institute distribution has three patterns, which are high value surrounding low value, low value surrounding high value and random distribution. Third, the distribution of Confucius Institutes should be influenced by the factors such as the land area of the country, the level of economic development, the investment in education, the direct investment flows of China and other factors. Fourth, the future development of Confucius Institutes should pay more attention on the countries (regions) along "the Belt and Road", to achieve a more effective spatial distribution, so that its social network would play a greater function of dissemination and its social capital would be allocated and used more efficiently.

Key words: Confucius Institute, spatial distribution, spatial analysis

一、引 言

作为中外合作建立的非营利性跨国组织，孔子学院立足世界，致力于增进各国各地区人民对中国语言和文化的了解，发展中外友好关系，促进世界多元文化发展，为构建和谐世界贡献力量。截至 2016 年 12 月 31 日，已在全球 140 个国家(地区)建立 512 所孔子学院和 1073 个孔子课堂(以下简称“孔子学院”)。[①] 孔子学院不仅是中国文化发展战略的重要构成，更是中国在当今国际社会发挥大国影响力的一种责任担当，是中国实现和平崛起、寻求国际理解与合作的一项重要举措。

2016 年 12 月 11 日，第十一届孔子学院大会在中国昆明召开。国务院副总理、孔子学院总部理事会主席刘延东出席并致辞，强调“要推动孔子学院本土化发展，坚持开门办学，推动文明互学互鉴。要主动服务于‘一带一路’建设，支持区域、国别之间孔子学院合作，努力惠及各国人民，为促进多元多彩文明发展做出新贡献”[②]。如果说过去孔子学院的办学更多的是要“走出去”、在“中—外”语境中争取相互理解与合作，那么兼顾“中—外”与“外—外”语境，进一步推动不同区域、国别间的孔子学院合作及其本土化发展，在有效整合既有资源的基础上，创新发展增量资源，探索有效的合作模式与发展机制，就成为未来孔子学院可持续发展的重要思路。

既往研究指出，组织在地理上的分布能够在一定程度上反映其竞争

① 参见孔子学院总部/国家汉办：《关于孔子学院/课堂》，http://www.hanban.org/confuciousinstitutes/node_10961.htm.

② 刘延东：《携手并肩开创孔子学院发展新局面》，《人民日报》2016 年 12 月 11 日。

力与发展程度，当组织出现一定程度的空间集聚特征时，决定其竞争优势的将不仅仅是组织的内部属性，外部空间因素也将发挥显著的影响作用。[①] 孔子学院如今已经成为遍布全球、拥有1500余所分支的庞大跨国组织，所构筑起来的全球空间分布形态及特征值得关注——孔子学院在空间上是否具有集聚特征？哪些因素会影响其空间分布？来自空间因素的影响能够为支持和推动孔子学院未来发展带来何种启示？对这些问题的思考和研究，有助于加深对孔子学院发展动力机制的理解，并能够为发掘孔子学院之间的有效合作路径提供启示与参考。

二、文献回顾与研究问题

自2004年启动以来，孔子学院一直保持高速发展的态势，吸引了经济学、管理学、传播学、教育学等各领域学者探讨和检视孔子学院的发展机制与社会价值，如从经济学视角探讨孔子学院作为公共产品的价值，及其对中国出口贸易、对外直接投资等领域的影响[②]；从社会网络、利益相关者、创新扩散等理论视角分析孔子学院的运行机制问题[③]；从舆论环境、公共外交、文化功能等视角分析孔子学院的社会与文化意义——可见，从宏观层面研究孔子学院的发展机制及其带来的经济、政治、社会与文化影响是当前的研究热点。另外，袁礼通过使用时间序列、TT指数等统计方法，评估预测孔子学院的入学人数及在各国的布点数量，并构建汉语学习圈，

① 参见[英]克拉克等主编：《牛津经济地理学手册》，刘卫东等译，商务印书馆2005年版，第257～258页。

② 参见宁继鸣：《汉语国际推广：关于孔子学院的经济学分析》，山东大学博士学位论文，2006年；连大祥：《孔子学院对中国出口贸易及对外直接投资的影响》，《中国人民大学学报》2012年第26期；Lien, D., C. Y. Co, The Effect of Confucius Institutes on US Exports to China: A State Level Analysis, *International Review of Economics and Finance*, 2013, Vol. 27, pp. 566-571；许陈生等：《孔子学院对中国对外直接投资的影响研究》，《国际商务（对外经济贸易大学学报）》2016年第2期。

③ 参见李开盛等：《孔子学院在美国的舆论环境评估》，《世界经济与政治》2011年第7期；吴勇毅：《孔子学院与国际汉语教育的公共外交价值》，《新疆师范大学学报（哲学社会科学版）》2012年第4期；马晓乐等：《孔子学院的文化功能与社会价值》，《山东社会科学》2015年第8期。

分析其地理区位及汉语学习需求。①

思考孔子学院全球分布的空间意义，可以为我们提供一种关系性的思维方式②，从空间关系视角审视孔子学院的发展现状，并为实现孔子学院间合作提供有针对性的对策建议。有鉴于此，本文尝试使用空间分析法探讨孔子学院的全球分布问题。空间分析法是地理信息系统（Geographical Information System，GIS）技术中的常用研究方法，关注研究主体的空间聚类信息对其社会活动与社会关系的影响，在此基础上揭示社会过程之间的联系。③ 空间分析法能够将孔子学院的空间信息与非空间信息结合考量，并呈现非空间信息可能具有的空间关系意义，从而有助于理解孔子学院发展过程中潜在的空间影响问题。首先，我们需要获知当前孔子学院全球分布的整体性情况，因此本文提出以下研究问题：

Q1：孔子学院在全球的空间分布形态如何？

对这一问题的解答能够为进一步揭示孔子学院可能具有的空间相关性作准备。空间相关性指某地区的单位分布与其邻近地区的类似单位分布之间存在一定的联系，彼此之间可能相互影响，以集聚现象最为典型。目前，已有学者研究探讨（跨国）组织发展的空间相关性问题，如余佩等发现，跨国公司的集聚对其发展有显著影响，一个区域内的子公司集聚会促进新的区位选择和公司投资④；贺灿飞等发现，跨国公司的功能具有差异性空间分布特征，且不同分布实现的功能也不同⑤；吉亚辉等发现，生产性服务业的专业化集聚和多样化集聚均对地区创新能力存在正面溢出效应。⑥ 经济合作与发展组织指出，组织集聚对创新发展具有重要作用，集聚可为组织发展提供有利于创新的建设性环境、落实各类创新活动、提升

① 参见袁礼：《基于空间布局的孔子学院发展定量研究》，中央民族大学出版社2014年版。
② 参见郑震：《空间：一个社会学的概念》，《社会学研究》2010年第5期。
③ 参见[美]沃德、格里蒂奇：《空间回归模型》，宋曦译，格致出版社、上海人民出版社2016年版，第29～31页。
④ 参见余佩等：《集聚效应对跨国公司在华区位选择的影响》，《经济研究》2011年第1期。
⑤ 参见贺灿飞等：《跨国公司功能区位实证研究》，《地理学报》2011年第12期。
⑥ 参见吉亚辉等：《生产性服务业集聚与创新驱动发展》，《中国科技论坛》2017年第4期。

商品和服务的质量与多样性，并催生积极作用，如伴随人员流动产生的知识溢出效应、进一步联通和激活社会网络、促进利益相关者的深入合作。[①]

孔子学院作为跨国组织的性质提示我们，其空间分布可能呈现一定的集聚或分散特征，继而对孔子学院的发展带来影响。因此，本文提出以下研究问题：

Q2：孔子学院全球分布的整体空间关系、局部空间关系如何？

为了解孔子学院全球分布的整体空间关系，本文使用全局莫兰 I 统计量（Moran's I）来解答这一问题。该统计量描述的是一单位的取值与其邻单位的加权平均值之间的线性相关关系，也就是空间自相关指标。一般而言，莫兰 I 指数越高，表示地理上的集聚性越强，其邻近取值的相似性越大，计算公式为：

$$\text{Moran's } I=\frac{n\sum_{i=1}^{n}\sum_{j\neq i}^{n}W_{ij}(x_i-\overline{X})(x_j-\overline{X})}{\sum_{i=1}^{n}\sum_{j\neq i}^{n}W_{ij}\sum_{i=1}^{n}(x_i-\overline{X})^2}$$

其中，n 为要素总数，x_i 代表要素 i 的属性，X 代表对应属性的平均值，W_{ij} 代表要素 i、j 之间按照某种关系定义的空间权重矩阵。本文中的空间权重矩阵以通过 GIS 软件计算出的孔子学院分布国家（地区）/城市之间的默认距离权重为参照设定，在此基础上分别计算 Moran's I(country)和 Moran's I(city)，根据计算结果判断孔子学院的空间分布是否存在显著的空间自相关。如果发现结果呈现显著的空间自相关，可进一步考察局部的空间分布情况，通过计算 Local Moran's I 获得结果，其公式为：

$$I=\frac{x_i-\overline{X}}{S_1^2}\sum_{j\neq i}^{n}W_{ij}(x_j-\overline{X}) \text{ 且 } S_i^2=\frac{\sum_{j\neq i}^{n}(x_j-\overline{X})^2}{n-1}\overline{X}^2$$

另外，可以采用 Ripley's K 函数进一步印证孔子学院全球分布特征。该函数表示一定距离内中心点的空间聚集或空间分散在相邻区域发生变

① Jonathan Potter, Gabriela Miranda, "Clusters, Innovation and Entrepreneurship," in OECD, 2009, p. 22.

化时的变化情况，如下所示：

$$L(d) = \sqrt{\frac{A \sum_{i=i}^{n} \sum_{j \neq i}^{n} k_{ij}}{\pi n(n-1)}}$$

其中，d 是一定距离，n 为要素总数，A 表示要素的总面积，k_{ij} 是权重。孔子学院的空间分布特征，反映其建设与发展受到来自经济、政治、文化、地域等各种因素的影响。有学者围绕这一问题进行过探讨，如唐纳德(Donald)总结概括了前人的研究，认为建设成功的孔子学院受到经济发展水平、人口的正向影响，及地理距离的负向影响，对外直接投资因素则没有显著影响。[①] 在类似研究中，中国与东道国之间的地理距离一直被视为一个显著抑制孔子学院数量增长的因素，研究方法一般是将中国与孔子学院承办国之间的地理距离作为一个变量置于引力模型中加以分析，这种分析主要基于两经济主体之间的可达性与吸引力有重要影响的前提假设，且一般直接将中国与这些国家间的地理距离作为分析变量。中国学者吴应辉指出，目前汉语国际传播的资源配置体现了"发达国家优先战略"，对亚非拉发展中国家投入则相对较少，未来侧重发展中国家将对推动汉语的国际传播发挥巨大作用。[②] 为探索孔子学院的空间分布背后潜在的影响因素，本文在参考前人研究的基础上提出如下问题：

Q3：孔子学院的空间分布是否受到所在国家（地区）的人口、国土面积、经济发展水平、教育发展水平、中国对外直接投资流量等因素的影响？

① Lien, Donald, Sucharita Ghosh and Steven Yamarik, "Does the Confucius Institute Impact International Travel to China? A Panel Data Analysis," *Applied Economics*, 2014, Vol. 46, pp. 1985-1995.

② 参见吴应辉：《汉语国际传播事业新常态特征及发展思考》，《语言文字应用》2015 年第 4 期。

三、数据来源与讨论分析

(一)数据来源

本文数据主要来自孔子学院总部/国家汉办、中国商务部、世界银行等官方网站,具体收集过程为:首先,提取孔子学院总部/国家汉办官方网站中140个国家(地区)、709个城市的1129所孔子学院名称、协议签署时间与启动时间、地理位置等信息,提取时间为2017年5月30～31日。需要说明的是,由于部分孔子学院的具体信息尚未在孔子学院总部/国家汉办官网公布,因而我们通过人工查找将其补充完整。而后,提取每所孔子学院的分布国家(地区)及城市名称,进一步获取其国家(地区)的国土面积(AREA/平方公里),国家(地区)及城市的地理坐标。① 最后,通过人工方式将孔子学院名称与地理信息进行逐一比对检查,确立分析数据集。另一方面,以世界银行的"世界发展指标"数据②为来源,提取其中孔子学院所在国家(地区)的2015年国民生产总值(GDP/百万美元)、人口数量(POPU/人)、教育总投入(EDU/百万美元)等数据。由于2016年数据尚未全面更新,本研究采用了各变量对应的2015年数据作为分析数据。中国对外直接投资流量(CFDI/万美元)是从中国商务部发布的《2015年度中国对外直接投资统计公报》③中提取到的。

(二)讨论与分析

首所孔子学院于2004年成立,因此,基于已获取的各孔子学院协议签署时间和启动运行时间,本文绘制了2004～2017年孔子学院的数量增长情况(图1)。需要说明的是,某些孔子学院未提供协议签署时间或者启

① 有关各国家(地区)的国土面积及各国家(地区)、城市地理坐标主要通过使用百度地图、谷歌地图、维基百科地图等地图工具获取。

② 参见世界银行数据来源网站:http://databank.worldbank.org/data/home.aspx.

③ 参见中国商务部数据来源网站:http://www.mofcom.gov.cn/article/tongjiziliao/?1265212605=3357678634.

动运行时间，在处理数据时，以协议签署时间为先，如果该数据缺失则以启动运行时间为准。图 1 显示，孔子学院呈逐年快速增长的发展态势，经过 12 年的积累已经具有相当可观的数量规模。

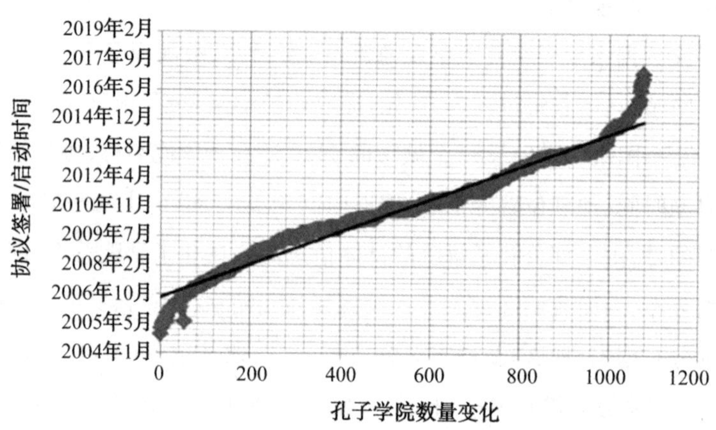

图 1　2004～2017 年孔子学院的数量增长情况

为回答 Q1，本文使用 GIS 软件输入已获得的孔子学院数量及其分布城市坐标，得到孔子学院在全球城市的分布形态(图略)。通过观察发现，欧洲、北美洲孔子学院分布最为密集，亚洲、非洲、大洋洲、南美洲的孔子学院分布相对分散。孔子学院呈沿海分布的特征明显，南美洲、大洋洲和非洲尤为突出，因而对于这些区域的孔子学院，不能仅以其与中国的地理距离作为研究的空间依据。美国、加拿大、英国、法国、德国、意大利、俄罗斯、巴西、韩国、日本、泰国等国家的部分城市孔子学院分布数量达到 10 所以上，呈现密集分布的状态。

为回答 Q2，本文使用 GIS 软件分别输入孔子学院所在国家(地区)坐标及城市坐标，并分别加入以国家(地区)之间的默认地理距离及城市之间的默认地理距离为基准的空间权重矩阵，计算莫兰 I 统计量 Moran's I (country)和 Moran's I(city)，结果如表 1 所示：

表 1　　孔子学院全球分布的莫兰 I 统计量

	指数	Z 值	P 值
Moran's I(country)	0.003	1.486	0.137
Moran's I(city)	0.006*	2.031	0.042

$+p<0.1$；$^{*}p<0.05$；$^{**}p<0.01$；$^{***}p<0.001$

结果表明，以国家(地区)为单位计算，孔子学院的分布并无显著的空间集聚，呈现随机分布的特征。而以城市/地区为单位计算，则呈现出显著的空间集聚特征，表明所在城市与其邻近城市在孔子学院分布数量上相似性较大。

本研究采用 Ripley's K 函数进一步印证孔子学院在全球城市的分布存在空间集聚情况。由于加入加权要素，K 函数可能显示出较高的聚类程度，本文采用多次迭代(99 次)无加权 K 函数的计算方法，通过 GIS 软件计算得到结果(图 2)。K 函数结果表明，特定距离的 K 观测值大于 K 预期值，与该距离的随机分布相比，孔子学院在全球城市的分布聚集程度更高，印证了莫兰 I 统计量的结果。

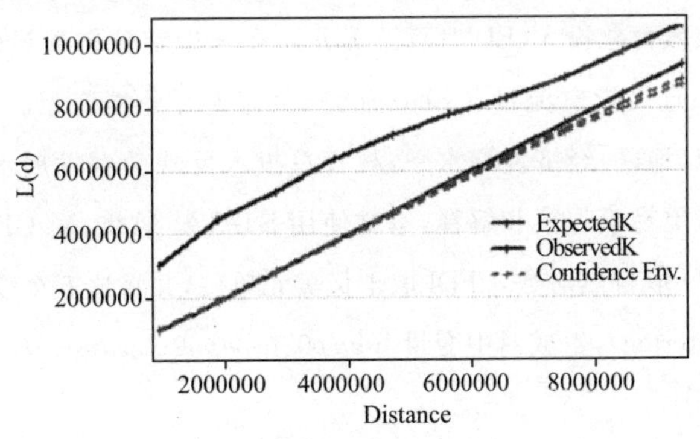

图 2　K 函数结果

孔子学院在各地区的分布并不都呈现集聚状态，在北美洲、欧洲等地区分布较其他地区更为密集，在非洲和亚洲则相对分散，因此，本文使用GIS软件计算Local Moran's I，加入默认距离的空间权重矩阵，考察孔子学院空间分布的集聚与分散差异，得到以下结果：美洲地区的美国、加拿大、墨西哥等国的孔子学院分布存在较多"热点"，呈现高聚集性特征，即在这些地区的城市中孔子学院分布数量更多，且周边城市孔子学院的数量也更多；某些城市或许只拥有一所孔子学院，但其周边城市的孔子学院依然会较为密集。北非、西亚、西欧、南欧地区存在较多"冷点"，在这些地区的城市孔子学院的分布数量偏少，且周边城市的孔子学院数量也偏少；同时，由于某些城市的孔子学院数量较多，但其周边城市孔子学院数量却较少，因而呈现出高值被低值环绕的现象。其他地区各城市的孔子学院分布数量并未发现显著的空间集聚特征，呈现出随机分布的状态。

为回答Q3，本文需要考察孔子学院的空间分布是否受到来自经济发展水平、国家面积、人口数量、教育总投入、中国对外直接投资流量等因素的影响，但由于孔子学院所在各城市的相关数据难以完整获取，本文尝试以孔子学院所在国家(地区)为分析对象浅探这一问题。本文以各国家(地区)2015年的GDP(百万美元)、人口(POPU/人)、国土面积(AREA/平方公里)、教育总投入(EDU/百万美元)、孔子学院分布数量(CIOS/所)及中国对外直接投资流量(CFDI/万美元)为主要分析变量。其中，GDP反映各国家(地区)经济发展水平，教育总投入反映教育发展水平。为使变量的效应更易于观察和解释，本文使用STATA 软件，对GDP、POPU、AREA、EDU取自然对数，CFDI取十亿美元单位，并将这五个变量进行对中处理(centering)，生成对中变量 $\ln gdp0$、$\ln popu0$、$\ln edu0$、$cfdi0$ 与 $\ln area0$(表2)。

表 2　　主要变量的统计描述

变量名称	Obs	Mean	Std. Dev.	Min	Max
cios	104	14.463	62.466	1	611
ln*gdp*0	104	0.367	1.960	−3.441	5.639
ln*popu*0	104	0.461	1.557	−3.199	4.819
ln*edu*0	104	0.297	2.100	−3.680	5.894
*cfdi*0	104	0.114	9.048	−12.57	88.668
ln*area*0	104	0.602	1.935	−5.903	4.942

* *cios* 原指 140 个国家(地区)的孔子学院分布数量,但由于其中 36 个国家存在某些缺失值,因而在分析时被排除,保留 104 个国家的全部完整数据。

本文以不同国家(地区)的孔子学院数量(*cios*)为因变量。由于孔子学院的各国分布数量为事件计数变量(*event count variable*),本文使用稳健泊松回归[①],以 ln*gdp*0、ln*popu*0、ln*edu*0、ln*area*0 与 *cfdi*0 为自变量。其中,模型 1 放入 *GDP* 这一变量;模型 2 放入教育总投入及其与 *GDP* 的交互项;模型 3 放入人口这一变量;模型 4 放入国土面积及其与人口的交互项;模型 5 放入中国对该国(地区)的直接投资流量及其与国土面积的交互项。回归结果展现在表 3 中。

表 3　　不同国家(地区)孔子学院分布的稳健泊松回归结果[②]

对中变量	模型 1	模型 2	模型 3	模型 4	模型 5
GDP	0.617	0.398	0.346	0.399	0.447
	(3.19)**	(3.75)**	(3.24)**	(3.89)***	(4.58)***

① King, "Event Count Models for International Relations: Generalizations and Applications," *International Studies Quarterly*, 1989, Vol. 33, pp. 123-147.

② + $p<0.1$, * $p<0.05$, ** $p<0.01$, *** $p<0.001$.

续表

对中变量	模型 1	模型 2	模型 3	模型 4	模型 5
教育		−0.030	−0.013	−0.050	−0.094
总投入		(0.30)	(0.14)	(0.55)	(1.12)
*GDP** 教育		0.119	0.117	0.115	0.079
总投入		(15.82)***	(15.95)***	(9.86)***	(3.39)***
人口			0.072	0.010	0.042
			(1.45)	(0.15)	(0.59)
国土面积				0.073	0.030
				(1.28)	(0.46)
人口*				−0.009	−0.030
国土面积				(0.36)	(1.24)
中国对外					0.099
直接投资					(2.23)*
国土面积*中国对外					0.024
直接投资					(2.58)**
常数项	0.742	0.336	0.333	0.350	0.654
	(6.85)***	(3.79)***	(3.80)***	(3.76)***	(4.7)***
样本量	104	104	104	104	104
Log-*L*	−232.744	−171.820	−170.927	−169.585	−165.100
BIC	−243.960	356.520	−353.663	−347.057	−346.919

由表 3 的回归结果可知，一个国家(地区)的经济发展水平越高，孔子学院在该区域设立的数量就越多；国土面积、人口、教育发展水平在所有模型中都不显著，说明这些因素对孔子学院的分布数量并不具有显著影响；教育发展水平与经济发展水平的交互项正向显著，反映出经济水平和

一国教育水平的提高，会给孔子学院的分布数量增长带来正向影响；中国对外直接投资这一变量显著，且符号为正，说明中国对一国（地区）直接投资流量越大，孔子学院在该国（地区）的设立数量就越多；国土面积与中国对外直接投资的交互项正向显著，说明国土面积越大的国家（地区），中国对该国（地区）直接投资流量越大，其孔子学院分布数量越多。

四、研究结论与对策建议

正如全球化本身亦处于差异化、不均衡的发展状态一样，对于发展中的跨国组织而言，无论是渠道网络还是资源人才，在空间布局上也可能呈现或集聚或分散的特点，并在一定程度上影响跨国组织自身的发展及其内部各分支间相互合作实现的可能性。本文从空间分析法切入，探讨孔子学院在全球空间布局中所呈现的形态及其影响因素问题，并据此为孔子学院的全球发展提供相关对策建议。

第一，以城市为单位分析孔子学院在全球的空间分布，发现具有显著的空间自相关性，这意味着孔子学院经过 12 年的发展，已经在空间上形成了相互影响的机制，为其实现“外—外”语境中的相互合作提供了空间条件。分析发现，北美地区目前已经形成高值环绕的分布特征，在美国、加拿大、墨西哥等国家的某些城市中，孔子学院分布数量密集且周边城市的孔子学院数量亦密集，代表这一地区的孔子学院已形成空间集聚；与之相对应的，是北非、西亚、西欧、南欧等地区形成了低值环绕的空间分布，在这些地区的城市中孔子学院分布数量较少，且周边城市的孔子学院数量也较少；南美洲、大洋洲、亚洲东部，特别是中国周边国家（地区）的孔子学院则处于随机分布的状态。空间集聚的优势不言而喻，处于高值环绕地区的各孔子学院，彼此间的相互依赖程度更深，可以快速获得来自周边孔子学院或相关组织机构的支持，相互间合作也更易展开，也有利于吸引更多的人才、政策、社会资源、技术支持与类似组织机构在此汇集，处于这一网络中的各孔子学院的影响力和联结沟通力也会于无形中提升。这些因素将带动孔子学院及其相关项目、类似社会组织机构的创新与发展，形成“外溢性”效应，成为孔子学院实现高效本土化发展的重要条件。这也意味着，相较于其他地区的孔子学院或者同一地区其他功能类似的语言与文化传播机构而言，这一地区的孔子学院将具有更强的竞争力和协同创新能力，也更易形成品牌效应。而低值环绕的空间离散分布则预示着这些地区的孔子学院网络较为稀疏，社会资源难以快速扩散，因此也难以吸引人才、政策、社会资源或类似组织机构在此汇集，在这些地区实现孔子学院的相互合作也存在一定难度；未来发展中除了积极争取来自各领域的支持外，积极寻求与周边有相似职能的组织机构的合作，探索有特色的差异化发展之路具有重要意义。

第二，通过分析发现，孔子学院在各国家（地区）的分布数量可能受到所在国家（地区）的国土面积、经济发展水平与教育发展水平、中国对该地直接投资流量等因素的影响。就目前情况看，拥有高 GDP 的经济发达国家（地区）成为孔子学院的密集分布之地，易形成空间集聚；而发展中国家的孔子学院分布多呈现低值环绕或随机分布的状态，难以享受到孔子学院集聚所带来的各种优势。这意味着孔子学院正面临着教育资源相对集中与区域发展不均衡的问题，预示未来应在某种程度上向经济仍处于发展中阶段的国家（地区）倾斜，为这些地区的孔子学院提供更多人才、资源、政策等支持，为进一步推动区域性合作与发展提供结构性条件。另一方面，截至 2016 年，在“一带一路”沿线国家中，有 51 个国家建立了 134 所孔子学院和 127 个中小学孔子课堂[①]——孔子学院在“一带一路”沿线地区的分布并不密集，也就限制了该地区各孔子学院创新能力、工作绩效

① 参见钟英华：《办好孔子学院，促进民心相通》，《光明日报》2017 年 6 月 21 日。

及合作互助能力的提升，难以充分发挥促进“一带一路”语言与文化交流的服务功能，因此，加强孔子学院在“一带一路”沿线国家(地区)的空间布局与可持续发展任重道远也势在必行。孔子学院应注重将政府支持、市场推动与社会互动相结合，加强与国内外企业、媒体、社会机构与组织等外部环境的互动，在保证内部系统高效运转的同时，充分激活外部力量，使孔子学院的作用不再局限于某一处，而是可以实现区域内的互动联通，并能有效推动地区间教育公平的实现。

第三，空间集聚能为孔子学院带来发展机遇，也使其面临复杂的挑战。目前对孔子学院空间信息的挖掘还远远不足，这不仅体现在理论研究上，也反映在具体实践中。首先，至少从当前情况看，孔子学院在全球的空间布局是不均衡的，这种不均衡可能受到多方因素的影响，包括上文提到的东道国(地区)经济发展水平、教育发展水平、中国对外直接投资等因素，也反映出孔子学院过往发展的一种侧重；未来则需要推动孔子学院构建整体性均衡的全球空间布局，同时突出地区性的各类特色孔子学院品牌，实现优势互补与相对均衡的统一，而这将是一项需要持久努力的工作。其次，“定制化”分析当前各孔子学院的具体优势与问题，深入思考如何充分利用既有优势，保持与周边孔子学院的积极互动，从而不断优化合作网络、提升创新能力、实现共同发展。此外，孔子学院的种类和功能正日趋多样化，这种差异化、互补化发展在空间集聚地区的孔子学院中表现得更为明显，未来孔子学院相互间的合作模式也将各具特色，如何结合具体语境，选择适切的孔子学院“节点”扩散创新信息、开展区域性合作，值得深入思考。

由于时间、能力等因素限制，本文存在诸多不足，需待日后完善跟进。由于对孔子学院在全球分布的精确地理位置信息掌握并不完整，只能以城市为最小单位分析其空间相关性，无法展现一座城市中孔子学院分布密集的区域之间所具有的空间相关性；同时由于缺乏孔子学院所在城市的经济发展水平、人口、教育投入等相关数据，对于其空间自相关的分析只能浅尝辄止，未能进一步运用空间计量模型进行分析，这或可成为后续研究的一个起点。考虑到孔子学院在国家（地区）层面的空间分布可能受到多重复杂因素的影响，本研究中所提供的相关数据或无法涵盖全部影响变量，且未考虑时间序列的影响，留待日后研究持续跟进。

（原载《山东社会科学》2017 年第 10 期）

文化传播视野下的孔子学院立法完善

赵　跃

【摘要】　法律法规是保证语言文化传播有效性的手段，也是促进语言教育发展的基础。孔子学院在海外进行语言文化传播，需要适应不同国家的法律政策，与不同的法律文化进行博弈。同时，要用国际视野来审视、规范我国的文化传播，通过完善国家相关教育法规、健全孔子学院内部治理机制、研究法律在国外的适用性、加强与国际组织的合作、建立应急机制和协商机制等措施完善孔子学院的法治建设和治理结构，从而保障、促进语言文化传播的顺利进行。

【关键词】　语言文化政策　孔子学院　立法完善

On the Legislative Perfection of the Confucius Institute from the Perspective of Cultural Policy

Zhao Yue

Abstract: Regulations and policies are not only the important means to ensure the effectiveness of language and culture communication, but also the foundation to promote the development of language education. In the process of language and culture communication abroad, the Confucius Institutes need to adapt to the legal policy in different countries and compete with different legal culture. At the same time, we should use an international perspective to examine and regulate our culture communication. By perfecting the relevant national education laws and regulations, improving the internal governance mechanisms of Confucius Institute, studying the applicability of the law when operating abroad, strengthening the cooperation with international organizations, and setting up the emergency mechanism and the negotiation mechanism, the legal construction and governance structure of the Confucius Institutes can be perfected. With the above measures, language and cultural communication can be safeguarded and promoted smoothly.

Key words: language and culture policy, the Confucius Institute, perfection of legislation

语言推广体现了一个国家的语言政策、语言规划，文化传播体现了一个国家的文化战略、外交战略，这些都会对整个社会乃至全球产生影响。语言与文化传播工作的法治化、规范化是有效进行文化传播的基础和保障。孔子学院作为一种语言与文化传播机构，其相关法律、政策不仅涉及我国的语言规划和语言立法，而且涉及其他国家的语言政策、法规甚至国际法。孔子学院经过多年的发展，经历了从增加数量到提高质量、从极力扩张到合理布局的阶段。在这个过程中，制度建设的重要性越来越凸显。如何使汉语国际传播走向法治化和规范化，如何健全相关法律体系，保障孔子学院的可持续发展，不仅关系到语言文化传播工作的长远发展，还关系到我国的国家利益和对外语言战略和文化战略的有效实施。

一、法律法规：语言文化传播的基础

相关法律法规的制定是语言文化传播战略实施的基础，是保证语言传播的有效性、促进语言教育发展的内在动力和力量源泉。和语言文化传播有关的法律法规的内容一般包括法律制定的目的、传播机构的性质、业务范围、与政府的关系、章程的内容、成员的责权、管理方式、经费来源、资金运作、财务审计等事项。

由于语言文化传播与国家利益密切相关，所以各国都高度重视语言文化传播工作，制定了各种法律政策来规范语言文化传播行为，很多学者也对不同国家的法律法规进行了研究。一般来说，语言文化传播政策可以分为以下四种：一是国家立法机关制定的法律法案，具有强制性的法律效应。如日本在 1972 年颁布了《国际交流基金会法》，韩国在 1991 年颁布了《韩国国际交流财团法》，这些法律对机构设置目的、机构性质、资金来源运作、业务范围、管理者职权、职员任免、员工待遇、国有资产的无偿使用等都作了规定，这些国家级法律成为各自国家语言传播的法律保障。[①] 二是政府行政部门颁布的行政法规，这些法规在语言传播中起到了重要作用。如西班牙国王胡安·卡洛斯于1991年签署的获得国会批准的《西班牙政府令》(第7P1991号)，宣布成立塞万提斯学院，极大地推动了西班牙文化在海外的传播；俄罗斯联邦政府主席切尔诺梅尔金于1997年签发了俄罗斯联邦政府第1647号决议，宣布组建俄罗斯联邦政府俄语委员会，为政府在俄语地区实施国家政策提供咨询和建议，进一步推动了俄语的普及。[②] 三是政府部门与传播机构签订的具有法律效应的合作协议。如德国政府与德国语言文化推广机构歌德学院签订了合作协议(1969年)和框架协议(1976年)，促使歌德学院执行一系列对外文化政策范畴内的任务，使其成为德国政府下属的官方文化传播机构。四是政府部门起草的具有政策导向性的文件。如英国的"海外情报局独立委员会调查报告"(Report of the Independent Committee of Enquiry into the Overseas Information Services，1954年)和海外英语教学指导委员会(Official Committee on the Teaching of English Overseas)的报告(1956年)，这两份报告确定了英语传播的目的、师资培训渠道、传播方式方法等内容，体现了英国的语言传播政策，是英国政府正式将英语传播纳入国家战略体系的标志。美国的语言传播政策主要体现在在其国务院下属的海外学校办公室"综合援助项目"(The Consolidated Assistance Programs，1964年)里，该项目的重要管理文件"外交事务手册"(Foreign Affairs Manual)规定了援助美国海外学校的目的、标准、程序、内容及各级相关单位的目标、责任、成员等事项，通过强有力的法律规范为"美式英语"的国际推广提供了法律保证。

我国目前与汉语文化传播相关的法律、法规还比较欠缺，孔子学院海

① 参见郑梦娟:《国外语言传播的政策、法律及其措施刍议》,《语言文字应用》2009年第2期。

② 参见张西平、柳若梅:《世界主要国家语言推广政策概览》,外语教学与研究出版社2008年版,第197页。

外运营主要依据《孔子学院章程》，除此之外就是着眼于教学的1990年6月23日国家教委《对外汉语教师资格审定办法》（2004年废止）、2004年8月23日教育部《汉语作为外语教学能力认定办法》等从语言教学角度制定的法规，而这些远远不能保障汉语国际推广工作的顺利实施。相关法律法规的欠缺是因为对汉语国际推广工作的重视程度还不够，缺少相关法律意识。汉语国际推广工作不仅关系到语言教学，还与国际政治往来、大国文化竞争、国家软实力提升、国际影响力扩大等方面密切相关，法律法规缺失会使孔子学院缺少法律保障。同时，孔子学院在海外运营，还面临一个中国法律和当地法律的衔接、适用问题，一旦出现复杂的权利纠纷，不但汉语国际推广事业将面临严峻的挑战，国家利益也会受到严重威胁。只有将语言传播纳入国家发展的战略框架内，在法制健全的前提下进行语言国际推广，才能应对国际教育文化市场的激烈竞争，进而维护国家利益。

二、尊重不同的法律文化：孔子学院运行的前提

孔子学院是中国对外传播汉语言文化的机构，汉语国际传播的政策和孔子学院的规章制度对孔子学院的可持续发展具有重要作用。目前此类探讨尚处于起步阶段。例如，2008年陈煜儒等初步审视了海外孔子学院的法律保障问题，2009年郑梦娟考察了英美法西德日韩俄8国语言传播政策、法律及措施，为我国语言传播政策的制定提供了借鉴。[①] 语言传播涉及不同国家和民族，孔子学院只有深入了解东西方在法律文化上的差异，在国内、国外法律体系内运转，才能符合国际游戏规则，确立自身在国内外的法律地位，真正在世界语言多样性和文化多元化的格局中谋求

① 参见郑梦娟：《国外语言传播的政策、法律及其措施争议》，《语言文字应用》2009年第2期。

更多发展空间。

"法律文化"一词源于西方。美国学者劳伦斯·弗里德曼最先提出并界定了"法律文化"的含义，认为法律文化指"与法律体系密切关联的价值与态度，这种价值与态度决定法律体系在整个社会文化中的地位"[①]。笔者认为，法律文化指一个国家或民族在长期的共同生活过程中所认同的、相对稳定的、与法和法律现象有关的制度、意识和传统学说的总和。法律文化可以分为不同的层次：第一层次是客观的法律文化，指法律规范、法律概念、法律原则、法律制度及法律技术性规定；第二层次是主观的法律文化，指法律意识、法律思想、法律观念、法律理论等形态；第三层次是社会实践中的法律文化，指法律的调整方式、法律调整的机制、法律的组织机构、法律的设施、法律的运转活动方式等。一个国家的法律文化体现在不同的种族观念、性别观念、婚姻家庭模式、关于自由的认知与界定等方面。

法律文化具有鲜明的地方特性，不同国家的国情、文化以及历史传承决定了各国的法律文化有很大不同。我国学者武树臣认为，法律文化包括法律活动的总体精神和法律活动的宏观样式两个方面，以基本精神为标准，可以将法律文化分为宗教主义型、伦理主义型、个人本位的现实主义型和国家本位的现实主义型。以宏观样式为标准可以将法律文化分为判例法型、成文法型、成文法与判例法相结合的混合法型。[②] 不同类型的法律文化对法的看法不同、其价值追求不同，法制建设及机构运作不同，人们的法律意识、法律心理和行为模式也不同。综观中西方法律的发展史，我们不难发现，对法律的认识上的差异造成了实际法律效用上的不同。

中国的法律文化尊重传统、强调义务、注重群体、崇尚和谐，推崇通过

① Friedman, L., "Legal Culture and Social Development," *Law and Society Review*, 1969, No. 6, p. 34.

② 参见武树臣：《走出"法系"——论世界主要法律样式》，《中外法学》1995年第2期。

调解实现伦理目标;而西方法律文化具有尊重契约、强调责任、注重个体、崇尚程序正义的特点。

首先,中国法律的基本精神与主要内容是“礼”。“这种被称作‘礼’的精神成为确认权利义务以及行为是非功过,衡量违法犯罪和制定司法程序的最高准则。”中国传统法律文化受儒家伦理思想影响深远,这使得传统中国法律成为一种道德化的法律,法律成为道德的工具,道德成了法律的灵魂。中国法律文化是在相对封闭而自然的环境中形成和发展的,“由于地域辽阔、民族众多、风土各异,仅依靠制定的法律规范难以支配社会生活的一切领域,同时宗法家族历史久远,成为熟人社会的缩影,所以,家族法规成为血缘群体的真正法律”[①]。与此相适应,中国的法律文化成为以人治为主的法律文化,带有鲜明的宗法伦理性,形成了注重传统的特点。而西方法律的基本精神与核心内容是“契约”,这是因为古希腊、古罗马国家的法肇始于平民与贵族的冲突,从某种意义上说,它们是社会妥协的结果。如在中世纪的英国,“国王执行一种特殊的职能,即在全国征召军队,并率领军队出征,只有在这个意义上国王才是‘一国之王’,有号令全国的权利”[②]。

其次,中国法律文化强调人民的义务,注重集体观念,强调法律对维持社会稳定的作用,形成了注重规定义务、以义务为本的法律文化以及与之配套的各项制度。在中国法律文化下,集体主义精神支配着人们的行为与思考。而西方法律文化强调个人权利,有着个人权利至上的原则,更加注重个人主义精神,形成了注重维护权利、以权利为本的法律文化以及与之配套的各项制度。在法律总体精神方面,中国法律文化的集体主义与西方的个人主义相对应。

最后,中国法律文化崇尚和谐,推崇以调解为手段,通过法律规范与

① 武树臣:《走出“法系”——论世界主要法律样式》,《中外法学》1995 年第 2 期。
② 钱乘旦:《英国王权的发展及文化与社会内涵》,《历史研究》1991 年第 5 期。

非法律规范相结合，法治与人治相结合，实现对伦理秩序的追求。中国近代以前采取混合法样式，即成文法与判例制度相结合。荀子在《王制》篇说："其有法者以法行，无法者以类举，听之尽也。"也就是说，在审判中，有法律明文规定的，就按照法律规定加以裁判；在没有法律明文规定或现行法律明显落后于社会生活而不再适用之际，就援引已往的判例，从中引申出某种具体法律原则来裁判案件。抽象、僵化的法律条文因为难以适用一切情况，难以随机应变，相对来说具有一定僵硬性、不能与时俱进等弊端，混合法制可以克服成文法的固有弊端，通过创制使用判例来弥补。所以在中国法律文化下，成文法能够适用的情况就用成文法，成文法不适用于客观情况或出现法律空白、法律模糊地带时就使用判例。当判例积累到一定程度，又会被吸收到成文法中。而西方法律文化强调程序正义理念，通过一个可以预期的既定公正程序规范司法过程，注重达到实质正义或者产生正当结果的过程、手段和方式等形式正义。在这种情况下，形式胜过实质且保障实质。所以，西方法律特别是普通法系注重根据实际情况不断更新判例并注重法律解释，以规范的法律方法填补法律空白或释明法律模糊地带。这使得西方法律文化具有了与社会实践与时俱进的品性。

孔子学院在海外进行语言与文化传播，不可避免地会遭遇中西方法律文化的碰撞、冲突，只有了解、尊重对方的法律文化，孔子学院才能顺利运行。如果只从自身法律文化出发，不站在对方角度考虑，就难以进行对话，文化传播的目的更难以达到。

三、文化影响力与文化法规的博弈

未来世界各国竞争的一个主要方面是文化软实力的竞争，孔子学院在不同国家进行文化传播，首先需要尊重和适应不同的法律文化，同时，在自身发展达到一定程度的时候可以影响对方文化法规的制定，即孔子学院的文化影响力会与所在国文化法规进行博弈。孔子学院的文化传播会在不同渊源、不同性质的法律文化的竞争与冲突中进行，语言政策成为不同语言意识形态、语言文化相互矛盾、冲突和博弈的产物。

孔子学院到目前为止面临的最大的一次法律考验是发生于美国的“签证风波”。美国是全世界设立孔子学院和孔子课堂最多的国家，截至2013年9月，总共设立了97所孔子学院和357个孔子课堂，遍及48个州。[①] 正当我们为孔子学院发展速度之快感到欣喜的时候，2012年5月17日美国国务院发布了一份“政策指令”。该指令由教育与文化事务局负责私营部门交换项目的官员Robin J. Lerner签发，他认为来自中国的持J-1(访问学者)签证的学者是以挂靠大学的孔子学院的名义来美的，但是他们又常常给小学生和中学生上课。而这一举动违反了J-1签证的有关规定，所以他们被要求限期离境。这个指令一出即在国际社会引起轩然大波。如果执行这个指令，孔子学院就会遭受毁灭性打击，这会极大阻碍中国文化在美国的传播，同时还会影响世界上其他国家的孔子学院；如果其他国家也颁布类似指令，那么孔子学院就会面临灭顶之灾。面对公众质疑，美国国务院回应说，此举并不是针对孔子学院本身，而是一个签证适用的问题。美国政府给在美国中小学从事教学工作的外国教师和在美国大学进行交流访问项目的外国教授、学者或大学生分别签发不同类别的J-1签证。在这次事件中，在美国中小学任教的须持有“教师”类别的J-1签证的中国教师却被颁发了“交流访问”类别的J-1签证。

在此事件中，我们不应该一味地认为是美国反华势力、政治势力所为，更应该从中吸取教训。首先，在进行文化传播时，要符合当地的交流规范，在遵循相关法规的前提下运营。在美国法规体制下，教授、研究学

① 参见国家汉办官网:《孔子学院与孔子课堂》,http://www.hanban.edu.cn/confuciousinstitutes/node_10961.htm,2013年9月30日。

者、短期访问学者，或学院、大学的学生均不允许在公立和私立小学、中学进行教学，只有在得到认证的中学以上机构内，才可以安排中文课程。持有J-1签证的教授只能在这些机构的外语院系内进行授课，否则便与有关交流访问项目的法规相悖。而目前在美国孔子学院教学的中国老师绝大部分都来自国内的合作高校，他们常常到中小学里面去教授中文和传统文化，有的甚至给公众上课。这在中国看来，是帮助世界人民学习汉语、了解中国文化、加强中外教育文化交流、增进中外人民友谊的友好举措；但在美国看来，这种传播方式违背了美国法律规定。这是中国式思维模式与美国法治思维模式的一次碰撞，而在美国进行文化推广，就需要适应美国的法治文化，按照美国的文化法规进行运作。

其次，政府作为语言政策与规划的制定者，在语言传播中占有重要地位。政府设立语言管理机构，制定语言政策，规划语言教育，规定学校、传媒、官方和文献用语，从而影响语言的社会实践活动。所以，对一个国家语言政策的研究是制定汉语在这个国家的传播政策的基石。美国的外语政策是以维护国家的政治、经济利益为中心，以维护国家安全为目的的，这是美国政府主导外语教学(包括汉语教学)的本质特征。美国国务院、教育部、国防部和国家情报办公室于2006年1月5日联合召开全美大学校长国际教育峰会，时任总统布什在会上宣布“国家安全语言倡议项目”(National Security Language Initiative)，将阿拉伯语、汉语、韩语、俄语、日语、印第语、波斯语、土耳其语列为关键语言(即美国政治、经济和国防的全球战略语言)，通过星谈(STAR TALK)和语言旗舰(Language Flagship)等语言项目[①]，提升重要语言人才的数量和质量。随着全球化的迅速发展和联合国教科文组织对文化多样性的推动，美国进一步加强了本国的多语教育和跨文化教育，使美国学生保持全球性的竞争能力。所以，政府主

① 参见[美]肖舜良:《美国外语政策与美国汉语传播》,《汉语国际传播研究》2011年第12期。

导是语言快速持续传播的关键,孔子学院要充分发挥当地政府的作用,同时,积极利用国际组织对文化多样性的倡议,形成汉语国际传播的合力。

最后,在语言文化传播的过程中,语言本身的传播价值和文化影响力可以改变接受者的语言意识形态,影响甚至改变对方的语言文化政策,使之有利于自身发展。乔治·韦伯于20世纪90年代初在《最强语言:世界十大最具影响力的语言》中,列出了国际影响力位居前十名的语言,汉语位居第六位,排在英语、法语、西班牙语、俄语、阿拉伯语之后。[①] 2011年,彭博社的语言排名报告把汉语列为仅次于英语的最有用的商用语言,成为第二位的语言,其后是法语、阿拉伯语、西班牙语。[②] 汉语的国际影响力越来越大,各国在制定语言政策时就要充分考虑汉语对自己国家未来发展的影响。由于孔子学院在促进中美人文交流方面做出了巨大贡献,在与国外大学的强强联合中树立了良好的办学声誉,美国高校与美国民众切实感受到了孔子学院带来的好处,所以,他们在签证事件中形成了一股合力,通过共同质疑和反对政府指令的执行,推动了事情的圆满解决。美国政府充分考虑了孔子学院对中美教育文化交流等方面的促进作用,所以,美国国务院于2012年5月25日重新发布公告,不再要求孔子学院进行资质认证,在美国中小学教课的孔子学院教师也不用在2012年6月30日前离境。这样的处理方式对中美双方都有好处,既避免了美方各学校和学生遭受损失,也避免了孔子学院发展受阻。这是在文化传播中文化影响力与文化法规的博弈:一方文化影响力在达到一定程度的时候,另一方的文化、法规必然会向其妥协,语言政策成为不同语言意识形态、语言文化相互矛盾、冲突和博弈的产物。

孔子学院在不同国家进行语言文化推广,类似签证的事情可能还会

① George Weber,"Top Languages:The World's 10 Most Influential Languages," *Language Today*, 1997, No. 2.

② John Lauerman, *Mandarin Chinese Most Useful Business Language after English*, http://www.studycli.org/news/mandarin-chinese-most-useful-business-language, 2011, August.

遇到。重要的是孔子学院应该尊重所在国的法律文化，为全面拓展海外市场打好基础。孔子学院需要树立国际意识，把自身发展纳入所在国法律框架内，把自身传播融入国际文化传播系统中，同时按照国际准则积极完善自身的治理结构，从而保障、促进文化传播的顺利进行。

四、立法完善：孔子学院可持续发展的保障

语言传播问题关系到国家的根本利益，当发生矛盾时，无一例外地需要求诸法律，法律就成了保障、巩固、促进和发展语言传播的基本措施。21世纪是法治时代，缺乏法律的语言传播是没有保障的语言传播。所以，孔子学院要"依法传播"，要用国际视野来审视、评价和规范我国的文化传播，完善孔子学院的法治建设和治理结构。

第一，完善国家相关教育法规。目前，跟语言传播有关的法规包括教育法律、教育行政法规、教育部门规章及其他相关法律，如《中华人民共和国教育法》《中华人民共和国教师法》《中华人民共和国职业教育法》《中华人民共和国民办教育促进法》《中华人民共和国国家通用语言文字法》《教师资格条例》等。特别是2003年颁布的《高等学校境外办学暂行管理办法》，对申请审批、指导监督管理等问题作了规定。其中，第2条明确了高等学校境外办学的概念，即指"指高等学校独立或者与境外具有法人资格并且为所在国家(地区)政府认可的教育机构及其他社会组织合作，在境外举办以境外公民为主要招生对象的教育机构或者采用其他形式开展教育教学活动，实施高等学历教育、学位教育或者非学历高等教育"。第4条明确规定了高等学校境外办学要符合中外双方法规，"高等学校境外办学应当符合中国的相关规定，遵守所在国家(地区)的法律、法规，并取得相应的合法资格，独立承担相应的法律责任"。第9条对证书授予作了说明，"高等学校境外办学可以由中外办学机构依照有关规定联合或者分别颁

发相应的学业证书。经批准实施高等学历教育或者学位教育的，可以依照有关规定颁发中国相应的学历文凭。对由中外双方联合授予学位或者由中方单独授予学位的，应当符合中国学位的有关规定。实施非学历高等教育的，可以根据实际情况颁发写实性证书”。但是总的来说，这些法规比较零散，法律模糊地带比较多，国家应该把汉语国际推广提高到国家战略高度，增加有关汉语国际推广的相关条款，进一步修订、完善相关法规建设。

第二，建全孔子学院内部治理结构和机制。孔子学院自身法制的完善对孔子学院的发展具有重要意义，这包括孔子学院的章程、孔子学院的成立、孔子学院的运营、孔子学院的终止等方面法律规范的完善。首先，在孔子学院章程方面，目前对孔子学院的性质、宗旨、业务范围、机构设置等内容作了规定，但对中方与外方具体的权利义务、经费来源、运营、管理等具体细节问题还需要作出明确规定。其次，在孔子学院成立方面，目前孔子学院已经有不同的模式和类型，如总部直接投资模式、总部授权特许经营模式、总部与申办方合作模式；在合作模式中又有与大学合作的模式、与政府合作的模式等。对这些不同类型的孔子学院成立的条件与程序的制定、对不同国家孔子学院法律地位的探讨、对孔子学院与合建方的法律关系、合作设立孔子学院协议等问题，都需要进一步作出明确说明。再次，在孔子学院运营方面，需要完善孔子学院的管理与运营机制，进一步明确孔子学院的权利义务、管理者的权利义务、理事会和成员大会的职能、孔子学院的资产归属及其管理、知识产权的保护等。特别是对知识产权的保护，是孔子学院发展过程中需要重视的一个方面。由于孔子学院是教育文化传播机构，对孔子学院在教学过程中形成的教学成果、研究成果等知识产权的保护、孔子学院的名称与标识的知识产权归属与保护等问题都需要有一定法律规范。最后，对孔子学院立法的完善不但包括成立和运营，也应该包括终止方面。虽然目前孔子学院在世界上处于全球布点、扩张的发展阶段，但借鉴其他国家文化推广机构的经验，今后某个孔子学院由于一些原因可能需要终止运营。如日本《国际交流基金会法》就对基金会的解散、该法的废止等内容作了说明。孔子学院也需要提前在这些方面制定法规,确定孔子学院终止的条件与程序、财产如何清算等。

第三,研究国外运营的法律适用性。孔子学院设立于不同的国家,不同国家的法律规定会有所不同。在一个国家适用的法律在其他国家可能就会不合法。所以,孔子学院需要对不同国家的法律法规、文化政策、教育政策、交流政策等深入研究,处理与不同国家的法律关系,研究法律适用的问题。同时,由于不同国家和地区的人文状况、语言环境各不相同,要对各个国家和地区的人口构成、外语教育状况、汉语与其他外语竞争中的地位以及不同语言使用分布状况等问题进行研究,制定合理的汉语政策、规划和传播策略,及时解决法律冲突,保障合作双方的利益。孔子学院虽然是一个非营利机构,但也会有一定的收益,其收益分配一般依据合作双方签订的协议;因各国法律规定的不同,协议的内容也会有所不同。孔子学院如发生与第三方的法律冲突,需要按照注册地法律来解决,所以,相似的冲突在不同地区也会有不同的解决方式和处理态度。所以,孔子学院要研究不同地区的法律适用问题,以有效保障其在海外的运营,最大限度地发挥其文化传播功能。

第四,构建国际文化交流规则。孔子学院在不同国家和地区运行,各个国家的教育文化交流政策千差万别,孔子学院需要根据实际情况,与不同的法规对接,但是在法律边界模糊和有争议的地区,矛盾和摩擦还可能产生。孔子学院在某种程度上,担负着文化外交的使命,在法律疏漏的部分,只有用更全面和人性化的方式处理问题,才能不破坏两国的外交关系。日本法学家穗积陈重说:"只有那些能够'人法兼用',即把人的作用和法的作用结合起来的法律,才堪称永恒的法律。"[①]各国通过共同协商、

① [日]穗积陈重:《法律进化论》,黄尊三等译,中国政法大学出版社 1998 年版,第 53 页。

共同参与的方式制定国际文化交流的共同规则，可以协调与完善各国法规的不足，规范和保障语言文化传播行为。共同规则的制定可以最大限度地发挥参与者的主体意识，协调成员间的关系，消除成员间可能存在的争议、矛盾和纠纷，促进成员之间的相互理解与沟通。共同规则依靠各参与方的自觉遵守与维护，从而尽可能地避免矛盾与冲突，更有利于和谐世界秩序的形成。孔子学院只有加强多边协商、合作，不断健全、完善国际教育文化交流规则，才能够避免摩擦、争议和纠纷，在维护彼此利益的同时，促进交流与合作的实现，保障汉语文化国际传播的顺利进行。在这个过程中，政府有关部门及驻外使馆应该建立和完善相关的保护应急机制，成立联席会议制度，统一部署，同时采取相关措施，在维护双方交往关系的同时，切实维护国家利益。

第五，加强与国际组织的合作。文化传播活动的推广不但要依据与其他国家签订的条约，还要积极利用国际公约和国际组织。如联合国教科文组织当前工作的重要内容之一就是维护语言权利，保护和发展语言文化的多样性。该组织先后出台的《反对教育歧视公约》(1960 年)、《世界文化多样性宣言》(2001 年)、《普及网络空间及促进并使用多种语言的协议书》(2003 年)、《保护和促进文化表现形式多样性公约(草案)》(2005 年)等已经成为各国政府部门、非政府组织、地域团体等制定语言政策、法律的基础，在推动双语或多语教育、跨文化教育、保护语言多样性等方面具有重要作用。与这些国际组织的合作，可以保持在国际和区域组织中正式语言或工作语言的地位，为本国语言谋求更高层次、更多领域的话语权。同时，通过扩大自己国家语言文凭的适用范围和影响力，让本国、本民族的价值观念得到国际社会更多群体的理解和认同。

（原载《法学论坛》2014 年第 2 期）

孔子学院传播网络的构建与运转机制分析

赵　跃

【摘要】 孔子学院不仅自身进行文化传播,还通过作用于其他行为主体,拓展传播能力,构建了孔子学院传播网络。它强调其他合作主体的传播能力,重视建立合作与获取优势的动态演进。孔子学院传播网络的有效运转会对孔子学院的传播效果产生影响,但是网络联系少和与当地机构的不平衡依赖关系会导致孔子学院传播网络的失效。只有建立信息共享机制,遵守共同的行为规范,形成相互信任的关系,才能进一步推动孔子学院传播网络的发展。

【关键词】 孔子学院　传播网络　语言与文化

Analysis of the Construction and Operation Mechanism of Communication Network in Confucius Institute

Zhao Yue

Abstract: The Confucius Institute not only carries out cultural communication by itself, but also expands its communication capacity by acting on other actors to build the communication network of the Confucius Institute. It emphasizes the communication capability of other cooperative subjects and emphasizes the dynamic evolution of establishing cooperation and gaining advantages. The effective operation of the communication network of Confucius Institutes will have an impact on the communication effect of Confucius Institutes. However, the communication network of Confucius Institutes will fail due to the lack of network connection and unbalanced dependence with local institutions. Only by establishing the information sharing mechanism, abiding by the common code of conduct and forming the relationship of mutual trust can the development of the communication network of Confucius Institutes be further promoted.

Key words: Confucius Institute, communication network, language and culture

一、孔子学院传播网络的内涵

孔子学院是推广汉语和传播中国文化的教育文化交流机构。从2004年11月21日全球首家孔子学院在韩国首尔成立以来，截至2013年9月，全球已建立435所孔子学院和644个孔子课堂，共计1079所，分布在117个国家(地区)。[①] 孔子学院本身作为语言与文化传播机构，通过教授汉语和举办丰富多彩的文化活动实现其文化传播功能，同时，因其独特的中外合作办学模式，孔子学院还通过作用于其他行为主体，与当地机构建立各种可能的关系纽带，形成社会网络式传播系统，实现传播功能的拓展。孔子学院与不同行为主体之间可以有多种合作方式：从合作对象的性质来看，可以分为与教育机构的合作和与非教育机构的合作；从合作关系的类型来看，可以分为教学支持合作关系、经济支持合作关系、技术支持合作关系、研究支持合作关系、宣传支持合作关系等；从合作关系的强度来看，可以分为短期合作关系和长期合作关系。孔子学院与不同行为主体的合作关系不仅表现为一对一的关系，还表现为各种关系的组合，不同的关系结构特征具有不同的作用。孔子学院之间、孔子学院与孔子学院总部之间、孔子学院与不同行为主体之间相互协调与合作，通过不同关系所联结的资源形成多层次的网状结构，构建了孔子学院的传播网络，共同促进孔子学院传播功能的实现。

孔子学院传播网络是以资源的共享与互补为基础进行构建的，强调资源在利用过程中的价值取决于它与其他资源的结合，以及所产生的互补性的效应。不同主体的资源具有异质性和非完全流动性的特征，因此不同主体之间会存在很大差异，也就是说，资源的异质性导致了主体之间

① 参见汉办官网:《孔子学院与孔子课堂》,http://www.hanban.edu.cn/confuciousinstitutes/node_10961.htm,2013年9月30日。

的异质性。资源是不完全自由流动的，使得不同主体之间的异质性可能会长期存在。当孔子学院缺乏必要的经验、技术和人才等资源时，可以通过建立合作关系实现资源的共享，相互弥补资源的不足。如果分别由不同主体各自通过内部化方式发展，则受现有资源和能力的影响，往往难以实现大的突破和创新。孔子学院通过与其他主体构建传播网络，将各自的资源和能力整合起来进行创造和发展，可使各主体扩大对资源的使用界限，这不仅可以提高自身资源的使用效率，而且可以减少成本，节约在可获得资源方面的新的投入。

孔子学院的传播网络是一个动态发展的体系，在网络组织中，每一个节点都是资源、知识和创意的来源，并且这些资源、知识和创意能够在网络中得到交流和分享。这些节点通过互动实现有效的沟通、交流和协作。通过传播网络的构建，孔子学院可以以较低成本在网络内整合各项资源、拓展其竞争优势，更好地发挥和利用这些优势，从而保证传播效果的充分实现。

二、孔子学院传播网络的运转

孔子学院传播网络包括内部网络和外部网络两个方面：内部网络指孔子学院自己作为传播主体，在孔子学院之间、孔子学院与孔子学院总部之间互动构建的网络系统，该网络重视充分发挥各孔子学院的资源创造和传播作用。外部网络指孔子学院作用于其他行为主体，与不同行为主体构建的传播网络，该网络重视行为主体间的学习与互动。孔子学院传播网络的运转是一种动态传播模式，可以被称为“联动传播”或者“借力传播”，即孔子学院通过教育传播网络的构建，在全球范围内搜寻和整合教育资源，发挥不同主体的传播作用，然后在全球范围内配置和协调价值创造活动，产生符合当地需求的差别化传播模式。通过这些活动，孔子学院获得各个层次上的传播效果，并通过各个层次的互动最终实现整体传播功能。

(一)孔子学院内部网络的运转

在当今全球化竞争环境下，如何更好地获取世界各地的外部资源，对于语言与文化的传播越来越重要，而承担连接外部战略资源重任的则是分布在海外各地的孔子学院。孔子学院在各地语言文化传播活动中扮演不同的角色，其与孔子学院总部之间、海外各孔子学院之间逐渐构成了一个网络式组织，在不同层面上实现孔子学院的传播功能。

1. 孔子学院与孔子学院总部的互动

各孔子学院处在不同的社会环境中，对当地汉语教育与文化传播情况负责。它们要运用从孔子学院总部接收的资源，对传播模式进行当地化调整以适应当地市场需求。各孔子学院在实际运作过程中将获得的独特资源反馈到孔子学院总部，在这个过程中，海外孔子学院不只是孔子学院总部资源的"接收者"，同时也是资源的"获取者"和"传播者"。孔子学院总部将来自各地独特的资源进行整合，通过协调机制使各地资源得以共享和积累，变成共同的资源，在整合过程中又会创造出新的知识和资源。同时，孔子学院总部将这些成果传播到需要它和能够运用它的海外孔子学院，通过传播网络的优化，达到在全球范围内有效传播、推广汉语言文化、增强汉语言文化认同的目的。

2. 海外孔子学院网之间的互动

各孔子学院虽然处在不同的地区，面对的国情、环境不同，但它们之间是有密切联系的。孔子学院大会和各种孔子学院联席会议等为各孔子学院的相互学习和沟通提供了渠道，为新知识的吸收和经验的共享提供了平台。如奥地利维也纳大学孔子学院举行了2012欧洲地区部分孔子学院联席会议，来自欧洲地区22个44所孔子学院的中外方院长、使领馆代表等齐聚孔子学院。各孔子学院通过经验介绍，可以提供产生于不同的社会文化与制度环境中的国别性专有知识，扩大孔子学院接触新信息和新知识的机会。同时，孔子学院通过总结，使某些难以察觉的隐性知识变成可以学习、模仿的显性知识，有助于各孔子学院互相学习，为自身的发展提供借鉴。另外，孔子学院通过充分挖掘和利用这些独特性的知识，可以发掘全球学习者的潜在需求，形成汉语语言学习的国际社区。各孔子学院通过互动形成了孔子学院内部网络，这个层面关注的焦点不只是孔子学院在当地的成功，而是以孔子学院为核心的全球汉语言文化的推广，整体汉语言文化传播效果的提升。

（二）孔子学院外部网络的运转

孔子学院的运行机制、推广策略和传播活动不仅取决于自身的资源和能力，还要依赖于和其他机构的资源共享与合作。孔子学院通过作用于其他行为主体，与不同行为主体进行合作、互动，构建了外部传播网络，实现传播功能的拓展与深化。按照孔子学院的运作机制，孔子学院主要通过作用于大学，与合作大学构建集体身份，然后将其教育传播功能辐射到中小学和所在社区，构建外部传播网络，发挥传播作用。

1. 与大学集体身份的构建

与中外高等学校合作办学是孔子学院最有特色的一种办学模式，也是采用最多的一种方式。孔子学院依托中外大学建立，在海外一般不单独建设教学场地，而是设在国外的大学和研究院之类的教育机构里，和外方共享教育资源。这种方式虽然对其合作大学有很大的依赖性，但在全球化背景下，这一方式促使孔子学院与合作大学在教育和文化传播方面建立起一种“集体身份”，形成一种战略联盟关系，使二者发展具有共通性。集体身份强调自我与他者的认同。美国学者温特认为：“集体身份是把自我和他者的关系引向其逻辑得出的结论，即认同。认同是一个认知过程，在这一过程中，自我和他者的界限变得模糊起来，并在交界处产生完全的超越,自我被'归入'他者。"[①]他提出了集体身份形成的四个主变量,即相互依存、共同命运、同质性以及自我约束。"这些变量的重要意义在于它们能够减弱利己身份,帮助创建集体身份。"[②]孔子学院与合作大学通过集体身份的构建,把对方纳入自身的发展框架中,相互依存,互惠互利,共同发展。

孔子学院与大学集体身份的构建可以使双方共享资源,共谋发展。首先,可以降低孔子学院初期经营的风险与资金危机。孔子学院利用外方的办公教学场所、教学资源设备等,可以减少孔子学院对基础设施的投入,使资金投入主要集中在教师工资、教学材料等方面,节约运行成本。其次,集体身份的构建有利于双方建立资源互补共享的长期关系。一方面,各大学把孔子学院的发展纳入大学发展的整体框架内,使孔子学院的可持续发展得到保障;另一方面,把大学的活动积极纳入与中国相关的活动里,密切了中外双方的关系,提高了大学的声望。再次,集体身份的构建,提供了技术发展与提升人力资本的机会。孔子学院通过与大学的合作,可以得到现代化技术方面的服务,如在网站的建设、多媒体语音室的设立等方面得到发展机会。孔子学院通过与不同院系的合作,实施多样化的教育与文化服务,实现师资的流动共享,可以提升双方的人力资本。最后,集体身份的构建有利于搜寻新市场趋势与信息。集体身份给予双方更多的机会,可以让更多的人增进对孔子学院和高校的关注与了解,有机会与有价值的伙伴进行合作,有效累积长远的社会资本,搜寻新市场趋势与信息。孔子学院独特的办学模式与灵活的运作方式赋予了自身强大的生命力,对汉语国际推广起到巨大的推动作用。

2.作用于中小学

孔子学院不仅与大学合作,同时还深入中小学,展开多种合作项目。

① [美]亚历山大·温特:《国际政治的社会理论》,上海人民出版社 2008 年版,第 224 页。
② [美]亚历山大·温特:《国际政治的社会理论》,上海人民出版社 2008 年版,第 331 页。

与孔子学院有着长期合作关系的学校，在孔子学院的帮助下，经孔子学院总部批准获得设立孔子课堂的资质。孔子学院设立孔子课堂，实现组织机构的拓展，使汉语言文化逐渐从大学和成年人的课堂走进中小学和幼儿园，并把本土华侨华人子女的汉语文化教学也纳入孔子学院的整体规划中来。

第一，孔子学院通过为当地中小学提供汉语文化支援，扩大传播层面。孔子学院与中小学在资料室建设、教材开发、师资培训、学生培养和中外对口学校合作等方面进行了广泛的合作，使中小学汉语教学更加正规和系统。如英国专长学校联合会孔子学院出版了面向中小学的汉语教材《进步》及 *Edexcel GCSE Chinese*。[①] 韩国忠南大学孔子学院组织大田地区校长研修班，组织中学汉语教师、儿童汉语教师到中国进行短期或长期的研修。第二，孔子学院与当地教育部门携手，使汉语课作为第二外语课和选修课正式进入学历教育体系，不但为学习者打开了了解中国的一扇窗，增加了第二外语的选择机会，还为大学预备了高质量的汉语人才，为将来进一步深入了解中华文化打下良好的基础。如美国肯塔基大学孔子学院在州内伍德福德郡的 6 所中小学开设了汉语课程和汉语项目，使汉语教学进入学历教育体系；该学院还与该县教育管理部门携手，为中小学汉语老师和汉语课程的设计提供咨询服务。[②] 第三，孔子学院加快了中小学教育的国际化进程。除了师资、教材的国际化，在课程设置方面，不同孔子学院因地制宜，根据不同的文化环境形成各具特色的国际化办学模式。第四，孔子学院不仅面向中小学汉语学习者开设汉语课程，还面向中小学校长和学生父母开设了一些汉语项目，以增强本地区中小学汉语学习的持续性与系统性。很多孔子学院开设了中小学校长访华项目，组织学区总监、校长等走访中国的高校和中小学校区。如新西兰奥克兰

① 参见英国专长学校联合会孔子学院:《第七届孔子学院大会交流材料(欧洲卷)》,北京,2012 年。

② 参见美国肯塔基大学孔子学院:《第七届孔子学院大会交流材料(非洲、美洲、大洋洲卷)》,北京,2012 年。

孔子学院开展的“学校校长中国行”项目，自 2007 年组织该项目以来，截至 2013 年，共有近 80 名正副校长参与了这个项目，为教育机构的交流和双方学校之间的合作奠定基础。① 美国堪萨斯大学孔子学院通过与哥斯达黎加大学孔子学院的合作，用英语和西班牙语为学习汉语的中小学生家长编写汉语学习辅助资料，以便家长帮助子女学习汉语。②

3. 作用于社区

社区是某一地域里个体和群体的集合，其成员在生活上、心理上、文化上有一定的相互关联和共同认识。③ 虽然孔子学院主要采取校际合作的方式，但是高校是处于一定的社区中的，是要为社会服务的，高校具有维护所在社区利益、推动社会发展的功能。孔子学院要实现可持续发展，就要实现服务社会的功能，将汉语国际推广的创新与发展面向当地社区，按照当地的文化传统、规章制度、接受习惯来进行文化传播。只有更扎根于当地土壤和环境，才能更加国际化。

孔子学院通过汉语教学与文化活动的开展，不断影响和塑造社区成员的行为与态度，可以构建有利的社区文化。首先，孔子学院通过为社区提供丰富多彩的汉语课程，不断为社区输送人才，构建社区文化。如美国佐治亚州立大学孔子学院面向社区积极开发“以顾客为导向”的汉语定制课程，扩大孔子学院在当地的影响力。④ 其次，孔子学院与不同机构合作传播汉语言文化，为当地人提供更多的文化教育交流机会，构建社区文化。如荷兰莱顿大学孔子学院与荷兰最具影响力的华文媒体“Asian News”合作创办“莱顿大学孔子学院专版”，每期随报发行量达 30 万份，使其成为深受荷兰汉语学习者喜爱、了解孔子学院发展及其华文信息的课

① 参见新西兰奥克兰孔子学院：《第七届孔子学院大会交流材料（非洲、美洲、大洋洲卷）》，北京，2012 年。

② 参见美国堪萨斯大学孔子学院：《第七届孔子学院大会交流材料（非洲、美洲、大洋洲卷）》，北京，2012 年。

③ 参见刘视湘：《社区心理学》，开明出版社 2013 年版，第 60 页。

④ 参见美国佐治亚州立大学孔子学院：《第七届孔子学院大会交流材料（非洲、美洲、大洋洲卷）》，北京，2012 年。

外汉语阅读重要本土素材。[1] 美国肯塔基大学孔子学院积极与当地博物馆和图书馆合作举办各种关于中国文化、艺术和当代中国研究的讲座及展览会。[2] 再次,孔子学院在当地中国大使馆和领事馆的支持下,建立相关政策和文化交流计划,把政府和企业纳入计划中来,拓展社会联系,拓宽合作范围。孔子学院在合作过程中,提出一些有利于当地政府和社区的文化项目,加强所在社区机构层面的合作,通过地区层面协调文化交流项目,并协调国家层面开展文化交流活动。如意大利博洛尼亚孔子学院推出的“高端论坛”活动,中、意两国总理、大使级别的圆桌对话,在当地产生了非常大的影响。[3] 社区文化的构建,可以减少合作双方的协调成本,促进有效交流与学习。通过共同的规范、惯例与原则,促进合作双方的相互协调。

4. 作用于当地语言文化推广机构

孔子学院在进行语言与文化传播的过程中,要与当地的语言文化推广机构合理竞争、横向合作,将不同群体纳入自身的全球传播网络中,力争成为区域内领导型的教育传播机构,引导整个区域内的语言教育与文化推广活动。

对当地语言机构来说,孔子学院的发展非但没有消除区域和地方语言机构发展的意义,反而加强了其发展的重要性。孔子学院有利于促进当地语言机构的国际化发展,促进语言机构的升级,形成汉语言文化传播的合力。对孔子学院来说,当地语言培训机构在普及汉语言文化、提升文化传播效率、促成区域教育网络方面是对孔子学院教育网络的有益补充,并成为孔子学院重要的地区优势源泉。大量专业化的语言培训机构成为孔子学院的“传播触角”——合作伙伴或分支机构,孔子学院通过与其互

① 参见荷兰莱顿大学孔子学院:《第七届孔子学院大会交流材料(欧洲卷)》,北京,2012年。
② 参见美国肯塔基大学孔子学院:《第七届孔子学院大会交流材料(非洲、美洲、大洋洲卷)》,北京,2012年。
③ 参见意大利博洛尼亚孔子学院:《第七届孔子学院大会交流材料(欧洲卷)》,北京,2012年。

动形成一种本地化传播网络。如英国谢菲尔德大学孔子学院与英国中文教育促进会合作，在2012年组织了龙年贺卡设计、"邯郸杯"成语考试、全英作文比赛、齐鲁文化学习活动、孔子名言比赛等文化活动，在当地引起强烈反响，扩大了双方的影响，实现了二者的共同提高。[①] 孔子学院通过与当地语言机构的分工协作、信息交流，还可以建立统一的语言教育标准，使孔子学院减少市场障碍，获得集群效应所带来的区域传播效果。

三、孔子学院传播网络的特点

孔子学院传播网络的构建使孔子学院具备了独特的资源获取优势和传播优势，扩大了孔子学院的传播空间和范围，有利于实现教育传播功能的拓展。这种传播模式具有两个特点：一是重视其他行为主体的传播能力；二是重视建立合作与获取优势的动态演进。

在汉语言文化传播中，除了孔子学院本身积极进行教育传播以外，与孔子学院合作的其他机构的传播能力也很重要，会在一定区域内产生辐射，增强孔子学院的灵活性与适应性，并对最终传播效果产生一定影响。具体来说，主要有三个原因：一是发挥传播网络的整体优势。孔子学院与其他行为主体进行合作，建立战略联盟，双方以比较优势为基础，以竞争优势为目标，发挥传播网络的整体优势。在这个网络中，不但可以降低孔子学院初期经营的风险与资金危机，还能建立资源互补共享的长期关系，提高传播效率，增强网络的整体传播力。二是产生对汉语言文化的需求拉动。孔子学院通过与不同行为主体的合作，使不同层面的人们认识到汉语对自身发展的重要性，在不同领域产生对汉语言文化的强烈需求。同时，孔子学院通过与有价值的伙伴进行合作，可以累积长远的社会资

① 参见英国谢菲尔德大学孔子学院：《第七届孔子学院大会交流材料(欧洲卷)》，北京，2012年。

本，搜寻新市场趋势与信息，扩大传播效果。三是构造有利的外在信息环境。当今世界经济全球化深入发展，人类同住地球村，加强沟通合作已成为各国的共同选择，语言文化交流更加凸显独特价值与时代意义，学习使用对方国家的语言将使国家间友好的社会基础更加巩固。孔子学院通过与不同行为主体的合作，可以从不同方面和视角阐释中国现状和问题，并帮助一些心存疑惑的媒体更好地了解中国，构建有利的外在信息环境。

在孔子学院构建的传播网络中，建立合作与获取优势是一个互动的过程，合作不仅是孔子学院具备优势的结果，也是产生优势的手段。其行为博弈机理为孔子学院通过合作建立信任基础，带来监督成本和机会成本的降低，资源要素实现多向流动，协作竞争力增强；同时，又因为这些优势的形成，会使双方保持长期合作的关系，各自的作用力交替变化，带来建立合作与获取优势的动态演进。双方合作的实质在于保持和发展优势并寻求新的优势，在互惠互利的基础上共同推广汉语言文化、推进教育和文化的生态平衡。

四、孔子学院传播网络运转的失效及建议

（一）孔子学院传播网络运转的失效

首先，传播网络关系少。孔子学院传播网络的构建是一个动态过程，其传播网络运转的前提是与不同行为主体发生“结网”行为，建立联系。孔子学院的运行模式主要是大学之间的合作，通过作用于其他主体实现教育传播功能的拓展，所以不建立传播网络是不可能的。但如果传播网络关系少，就会限制其教育传播功能的发挥，导致传播网络运转失效，这种情况从不同角度有不同的表现。

从传播网络连接对象的不同来看，可以分为两种情况：一种是与当地文化教育组织之间很少发生联系，如孔子学院从语言教学的师资来源、教

材配给，到文化推广的活动策划、活动展示，基本依靠自身完成；因为其自给自足的程度比较高，所以减少了跟本地其他教育组织的联系。另一种是与政府部门、当地企业、行业协会等非文化教育组织之间很少发生联系，孔子学院在寻求合作伙伴时，偏向于和文化教育机构建立合作关系，没有很好地利用政府、企业等非教育机构的推动力与影响力，与之建立的合作关系很少。

从关系纽带性质来看，可以分为两种情况：一种是缺乏文化教育网络联系，另一种是缺乏与当地社会人际网络联系。前者容易理解，后者主要包括孔子学院内部管理者之间、师资之间的关系和与当地人的联系等。就管理者而言，孔子学院是中外方合作管理，中外方院长共同对决策负责。中方和外方学校之间应该基于互相了解、互相尊重、互相沟通的原则，使管理既符合本校的管理规则，同时又符合中方和汉办总部的管理规则。就师资而言，孔子学院的教师主要是中国高校的外派教师。但是孔子学院的教师流动性很高，基本上任期 2 年；也就是说，教师往往刚熟悉外部环境就要回国。师资频繁更换导致当地难以形成一个长期稳定的关系网络。就当地联系而言，孔子学院与当地人联系，有利于与不同机构和组织建立关系，起到牵线沟通作用，因此，社会人际网络的建立有利于传播网络关系的形成。

从孔子学院传播网络的内部和外部来看，也可以分为两种情况：一种是重视孔子学院内部网络，大部分网络联系集中在孔子学院内部；另一种则是内部联系不紧密，大多数网络关系发生在外部。孔子学院之间相互沟通、学习比较少，大部分孔子学院都着力于当地的发展，着眼于当地传播网络的构建，导致孔子学院内部传播网络关系封闭。

其次，孔子学院与当地机构不平衡的依赖关系也是导致孔子学院传播网络运转失效的原因之一。孔子学院与当地机构应该是合作互助而不是单方帮助的关系。互助包含互相学习、共同发展的内涵，是通过信息、资源的交流实现双方的增值。对当地机构来说，孔子学院支持当地机构的汉语教学与文化活动，为当地机构提供教育文化资源；如果当地机构没有参与到教育教学和文化传播的设计、开发过程中，只是单方面的接受和学习行为，这种合作关系就会加深当地机构对孔子学院的依赖。对孔子学院来说，孔子学院与本地机构的“结网”更多是出于降低成本、扩大需求市场、优化传播效果的考虑，而非出于学习创新的考虑。基于学习创新层面的依赖性表现为孔子学院与当地机构形成创新合作网络，彼此之间互动学习和同步创新，孔子学院由此可以增加资源效益，获得教学设施、宣传资源、知识产权、客户网络等资源，由此带动孔子学院的整体发展。比如，对本土教材的开发需要中外双方共同合作、互相学习，从内容选择、体例编排到装潢设计都需要双方探讨，不仅依赖中方教师对汉语言本体的专业教学经验，还依赖外方教师对本土学生接受习惯的了解；不仅涉及教材实现的技术能力，还涉及与出版商等不同合作方的协商，只有共同参与到开发中来，才能在互动学习中实现创新。

（二）推动孔子学院传播网络运转的建议

1. 打通信息传递渠道，建立信息共享机制

信息传递渠道会影响到孔子学院传播网络关系的建立和成员构成。孔子学院要跟当地机构建立关系，首先需要了解对方，所以信息流通渠道非常重要。一种是正式渠道，如通过孔子学院总部、各国政府部门、行业协会、中介咨询和服务机构、相关信息网站等，孔子学院可以获取关于当地情况以及潜在合作者的信息。另一种是非正式渠道，如通过第三方的介绍与引荐，实现双方的合作。在国际化程度比较高的地方，往往有着完善的中介机构能够提供相关信息，解决相关问题。而对于国际化程度比较低的地方，中介机构建设相对滞后。在这种情况下，往往需要通过寻找与第三方的合作关系来降低进入本地传播网络的壁垒，如通过以前合作伙伴、侨胞和私人关系网络等获取所需信息。

孔子学院要跟当地机构建立关系，也需要让对方了解自己。孔子学院需要借助宣传工具扩大自身影响力，增加信息覆盖范围，如主流媒体的宣传。随着孔子学院的迅速发展，和国外社会的接触日益深入，孔子学院已成为中国在国外的文化和政治符号以及与中国进行经济交往的一个中介，国外媒体对它的评价会和对中国的评价联系起来。当然，反过来，国外媒体对孔子学院的评价也将影响到外国人对中国的总体评价。所以，孔子学院应该重视利用当地媒体进行宣传，把自身所取得的成绩作为建立联系的催化剂。由于孔子学院的发展主要是受所在州、市甚至社区的影响，地方性媒体往往给予较多的报导，所以，孔子学院所在地的舆论环境对孔子学院的发展有重要影响。全国性媒体虽然对于地方而言相对“超脱”，其意见可能更能反映一些专业精英的观点，但与更直接影响孔子学院发展的地方舆论反而有一定距离。只有健全信息传递渠道，形成信息共享机制，才能加强了解与交流，促成合作，推动区域传播网络的运转。

2. 尊重规范与惯例的差异，遵守共同的行为规范

孔子学院在不同的社会文化环境中运行，既受到正式的法规制度的监督，又受到文化惯例、人际网络等非正式治理机制的约束。孔子学院与本地规范与惯例匹配的错位，会导致教育网络运转的失效。独有的价值观、社会文化、信任、惯例、创新氛围等难以模仿的要素会影响孔子学院教育网络的正常运行，孔子学院需要一个长期的过程来学习、调节与适应不同文化和惯例。孔子学院与当地已有文化惯例的融合，需要孔子学院与当地网络成员之间正式和非正式的长期互动。这个过程一般包括三步：寻求合作、当地“结网”、本地“嵌入”。首先是孔子学院与当地网络成员寻求合作，在基于信任与互利的条件下进行信息交流，实现资源互补，并发展互惠潜力。其次是孔子学院在当地与不同行为主体结成传播网络，基于共同的网络文化进行信息交流与学习。在这一过程中，华人社区的强力支持会起到一个中介的作用，减少双方的磨合，加快孔子学院与当地协调的步伐，实现孔子学院的可持续发展。最后是本地“嵌入”的过程，即孔

子学院与当地网络成员享有共同的价值观、惯例、隐性知识等共同的文化，形成独特而稳定的关系网络，这种网络能够减少成员间的矛盾和冲突，强化行为的连续性，保证相互间的信任受到最小的干扰和破坏，实现共同的发展。所以，只有了解和欣赏对方的文化，依靠契约及共同遵守的行为规范，才能使网络组织正常运作。

3. 建立信任关系，维持合作稳定性

在传播网络中建立信任关系是非常重要的。在合作过程中，不深入了解对方，就永远存在局限性，甚至可能造成误解。我们虽然需要通过周详的计划和切实的行动来保证孔子学院传播网络的运转，但真正的挑战在于合作伙伴本身。例如，伙伴间相互支持吗？互相信任吗？他们致力于实现现有的战略吗？在官方和非官方的层面上，他们对彼此有着深刻的、动态的了解吗？在合作过程中，孔子学院要与本地教育机构、政府机构、科研机构等之间建立一种信任关系，这种信任关系可以维持合作关系的稳定性。即：每一次成功的合作都会为网络组织成员间建立最终的多边信任添加砝码，随着合作次数的递增，信用程度不断提高，同时又促进了成员间的再度合作，如此良性循环。这种以信用为基础的合作形式风险较小，交易成本较低，合作渠道更加畅通，不但增加了孔子学院的灵活性和应变能力，还提高了其他主体的教育传播能力，带动了其他主体的发展。所以，只有在相互信任的基础上，才能建立真正成功和和谐的关系，使孔子学院以一种有效的方式获取当地相关资源，实现有效传播。

总之，孔子学院通过传播网络的构建增强了自身的传播能力，扩大了传播范围与传播速度。孔子学院通过与网络内其他主体的良性互动，实现了双方协同发展与创新，为进一步提升自己创造了机会。只有保持孔子学院传播网络的良性运转，才能更好地获得语言与文化传播效应。

（原载《东岳论丛》2014 年第 2 期）

教育服务组织品牌关系质量影响机制研究

——基于孔子学院的实证

张　云　宁继鸣

【摘要】 教育服务组织品牌是服务品牌的重要分支之一，而长期以来未受到足够重视，相关理论与实证研究较为匮乏。为探求教育服务组织品牌关系质量的影响因素及其相互作用机理，在相关文献和深度访谈的基础上，本文提出了教育服务组织品牌关系质量影响机制模型，通过收集5大洲14国675份孔子学院消费者调查问卷的数据，对影响品牌关系质量的维度及其对品牌关系质量的影响进行了验证。研究表明，核心服务、服务场景及教职员工等消费体验对顾客感知价值具有正向影响，顾客感知价值对品牌关系质量具有显著的正向影响。

【关键词】 品牌关系质量　顾客感知价值　消费体验　孔子学院

Study on Influence Mechanism of Brand Relationship Quality of Education Service Organization

—Based on Demonstration of Confucius Institute

Zhang Yun　Ying Jiming

Abstract: Education service organization brand is an important branch of service brand. However, it does not get enough attention for a long time. Related theory and empirical studies are scarce. Influence mechanism model of brand relationship quality of education service organization is proposed based on related literatures and deep interview in order to seek influence factors and interaction mechanism of brand relationship quality of education service organization. The dimension that influences brand relationship quality and its influence on brand relationship quality are verified through collecting data of 675 questionnaires of consumers in Confucius Institutes from 14 countries and five continents. The study shows that consumption experience such as core service, setting and school staff have positive influence on customer perceived value while customer perceived value has significant positive influence on brand relationship quality.

Key words: brand relationship quality, customer perceived value, consumption experience, Confucius Institute

---

服务品牌研究主要聚焦于服务品牌与产品品牌的差异、消费者对品牌创建与管理的作用及其影响,服务品牌模型的构建及某一具体服务行业的品牌研究等。[①] 总体来看,服务品牌的研究对象多囿于公司、企业等商业性服务组织,有关教育服务组织品牌的研究少之又少。而作为一种价值观驱动型组织,教育服务组织表现出完全不同的特质,对其价值观与品牌表达的一致性、品牌影响因素、作用机理、量表开发等方面的研究均有重要的研究价值与研究空间。统观教育服务品牌研究,内容主要聚焦于教育品牌的内涵、基本特征,实施品牌化战略的必要性、意义,教育品牌建设的基本途径及策略等。较之产品品牌及其他服务品牌的研究,教育品牌研究呈现多学科交叉性,具有起步晚、起点低的特点,整体相对薄弱,研究内容基本仍停留在转变观念及意识层面,理论建构不够系统,实证研究较为匮乏。本文在相关文献和扎根访谈的基础上,提出了教育服务组织品牌关系质量影响机制模型,并以孔子学院为研究对象,通过收集 5 大洲 14 国 675 份孔子学院消费者调查问卷的数据,对影响教育服务组织品牌关系质量的维度及其对品牌关系质量的影响进行了验证,以期对教育服务组织的品牌成长有所裨益。

① 参见祝合良、关冠军:《国外服务品牌研究述评》,《首都经贸大学学报》2014 年第 5 期。

一、品牌关系质量影响机制的模型构建

(一)品牌关系质量

品牌关系质量(Brand Relationship Quality,BRQ)是由 Fournier 首先提出的概念①,是指品牌与消费者之间联结的强度和持续发展能力,可用来衡量品牌关系的健康状况。Fournier 通过研究消费者与品牌之间的接触程度得出品牌关系质量的六个维度,随后有诸多学者对此展开研究(详见表 1)。虽然就品牌关系质量维度,目前并未形成完全统一的认识,但综合大量相关文献可知,亲密、信任、依赖、满意、承诺等变量作为品牌关系质量维度的提及率较高。② 侯立松和张燚通过对相关学术文献进行全面回顾发现,品牌关系质量维度出现频率最高的是“满意”“信任”和“承诺”。③ 品牌关系质量维度主要观点如表 1 所示。根据研究需要,本文选取“满意”和“承诺”作为测量孔子学院品牌关系质量的主要维度。

表 1　　品牌关系质量维度主要观点④

研究者	时间	品牌关系质量的维度
Fournier	1994,1998	品牌关系测量六维度:互相依赖、亲密、爱与热情、自我连接、承诺、伙伴品质
Blackston	1995	品牌关系的成功要素:信任、满意
Kunmar, Scheer, Steen-kamp	1995	关系质量维度:信任、承诺、冲突、对关系持续性的期望、对关系投资的意愿

① Susan Fournier,“Consumers and Their Brands: Developing Relationship Theory in Consumer Research,” *Journal of Consumer Research*,1998,Vol. 24,No. 3.

② 参见周志民:《品牌关系研究述评》,《外国经济与管理》2007 年第 4 期。

③ 参见侯立松、张燚:《品牌关系质量的评价方法与维度研究——兼论品牌评价方法的演进》,《兰州学刊》2014 年第 10 期。

④ 参见侯立松、张燚:《品牌关系质量的评价方法与维度研究——兼论品牌评价方法的演进》,《兰州学刊》2014 年第 10 期。

续表

研究者	时间	品牌关系质量的维度
Henning-Thurau,Klee	1997	关系质量的三个维度:对整体质量的感知、信任、承诺
Duncan,Moriarty	1997	定义强势品牌关系结构的七项指标:信任、一致性、可到达性、响应能力、承诺、吸引力、喜爱度
Garbarino,Johnson	1999	满意、信任和承诺
周志民等	2004,2006	狭义品牌关系三维度:认知、情感、意动;广义品牌关系五维度:承诺/相关度、归属/关注度、熟悉/了解度、信任/尊重度、联想/再认度
Hyun,Kyung,Kim 等	2005	自我概念、满意、承诺、信任、熟悉
Gurviez,Korchia	2006	信任是品牌关系质量的核心变量,信任包括三个维度:可信度、真诚、善意
何佳讯	2006	本土品牌关系质量包括社会价值表达、信任、相互依赖、承诺、真有与应有之情、自我概念联结六个构面
Katrin Kull	2013	B-B 品牌关系质量维度包括:爱、自我连接、互相依赖、承诺、亲密、伙伴品质
Cleopatra Veloutsou	2007	两个层面:双向沟通、感情交流
Marquardt	2013	满意、信任和承诺

(二)品牌关系质量的影响机制

1. 顾客感知价值与品牌关系质量

一个品牌是否能够与消费者建立强有力的关系,在很大程度上取决于这一品牌能否为消费者提供可感知的价值,即顾客感知价值。学界对顾客感知价值有着诸多定义,其中,Zeithaml、Parasuraman 和 Berry 的定义成为服务感知价值概念的基础。[1] Zeithaml 等认为,顾客感知价值是消费者基于付出与所得而形成的对产品效用的总体评价。[2] 而付出与所得不仅仅只是对价格和质量的感知,也包括消费过程中的情感体验与心理满足。Sweeney 和 Soutar 在前人研究的基础上通过实证提出了四种价值维度:绩效价值、价格价值、情感价值、社会价值。[3] 根据研究需要,本文将顾客感知价值划分为功能价值和心理价值两个维度,其中,功能价值包含绩效价值和价格价值,心理价值包含情感价值和社会价值。白长虹等指出,顾客感知价值是决定顾客满意的重要前提。[4] 刘敬严指出,顾客感知价值是关系质量的重要前因,并通过调查零售业顾客对其进行了实证研究。[5] 吴晓萍基于麻省大学波士顿分校和布莱恩特大学孔子学院问卷的实证研究显示,98%的人愿意主动把"星谈"暑期班推荐给自己的朋友。[6] 这表明,消费者对孔子学院的教学及服务是满意、认同且有信心的。本文通过对 5 大洲 16 国 30 名孔子学院消费者进行的扎根访谈发现,消费者在与孔子学院的接触过程中对孔子学院的价值感知是最深且最直接的,在感知价值的基础上对孔子学院产生了亲切感,与孔子学院形成了稳定的信任关系;他们均表示会向家人及朋友推荐孔子学院,而且这种关系存在层次与强度的区别,部分学员会把自己看作孔子学院的一分子,对其产生归属感并为孔子学院服务。鉴于以上分析,本研究提出以下假设:

H1:顾客感知价值对品牌关系质量具有显著正向影响。

H1a:感知功能价值对满意的形成具有显著正向影响。

H1b:感知心理价值对满意的形成具有显著正向影响。

① 参见范秀成:《基于顾客感知价值的服务企业竞争力探析》,《南开管理评论》2003 年第 6 期。

② Zeithaml V. A., "Consumer Perceptions of Price, Quality, and Value: A Means-End Model and Synthesis of Evidence," *Journal of Marketing*, 1988, Vol. 52, No. 7.

③ Sweeney J. C., Soutar G. N., "Consumer Perceived Value: The Development of a Multiple Item Scale," *Journal of Retailing*, 2001, Vol. 77, No. 2.

④ 参见白长虹、廖伟:《基于顾客感知价值的顾客满意研究》,《南开学报》2001 年第 6 期。

⑤ 参见刘敬严:《顾客感知价值决定要因与关系质量的影响研究》,《软科学》2008 年第 5 期。

⑥ 参见吴晓萍:《中国形象的提升:来自孔子学院教学的启示——基于麻省大学波士顿分校和布莱恩特大学孔子学院问卷的实证分析》,《外交评论》2011 年第 1 期。

H1c:感知功能价值对承诺的形成具有显著正向影响。

H1d:感知心理价值对承诺的形成具有显著正向影响。

2.消费体验与顾客感知价值

消费体验是顾客在消费过程中基于自身的认知与经验对其消费经历所获得的主观感受及评价。[①] 良好的消费体验是提升顾客感知价值及品牌关系质量的重要基础。对于孔子学院这样一个教育服务品牌来说,顾客消费的是课程、文化体验及传播活动等服务型产品,消费在很大程度上是过程消费,顾客价值基本上是在服务过程中形成的。[②] 而服务的过程就是学员与教职员工及服务场景互动的过程,这种互动过程对顾客体验及其感知价值的形成具有决定性影响。[③] 研究显示,服务人员即教职员工与服务场景作为消费体验的重要内容,对顾客感知价值、顾客满意及顾客购买意愿及行为有显著影响(Irist 等[④];特里·N.克拉克[⑤])。还有专家将服务体验分为核心服务体验、员工服务体验和服务环境体验,他们对酒店服务业进行实证研究后发现,餐厅环境因素、与服务人员的互动、与其他顾客的互动会正向影响体验价值。[⑥]

根据相关研究结论,本文提出以下假设:

H2:消费体验对顾客感知价值具有显著正向影响。

H2a:核心服务对感知功能价值具有显著正向影响。

H2b:核心服务对感知心理价值具有显著正向影响。

H2c:服务场景对感知功能价值具有显著正向影响。

H2d:服务场景对感知心理价值具有显著正向影响。

① Holbrook, M. B., Hirschman, E. C., "The Experiential Aspects of Consumption: Consumer Fantasies, Feeling and Fun," *Journal of Consumer Research*, 1982, Vol. 19, No. 2.

② 参见范秀成:《顾客体验驱动的服务品牌建设》,《南开管理评论》2001 年第 6 期。

③ 参见刘敬严:《顾客感知价值决定要因与关系质量的影响研究》,《软科学》2008 年第 5 期。

④ Irist, V., Giboa, S., "The Effect of Service Scape Cleanliness on Customer Reaction," *Service Marketing Quarterly*, 2010, No. 31.

⑤ 参见特里·N.克拉克:《场景理论的概念与分析:多国研究对中国的启示》,李鹭译,《东岳论丛》2017 年第 1 期。

⑥ 参见贺和平、刘雁妮、周志民:《体验营销研究前沿评介》,《外国经济与管理》2010 年第 8 期。

H2e:教职员工对感知功能价值具有显著正向影响。

H2f:教职员工对感知心理价值具有显著正向影响。

品牌关系质量影响机制模型见图1。

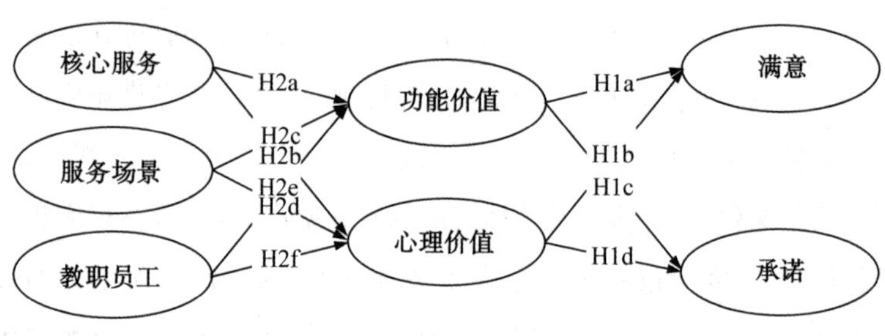

图1 品牌关系质量影响机制模型

二、研究设计

(一)问卷设计

本研究涉及消费体验、顾客感知价值、品牌关系质量等变量。其中,消费体验变量包括核心服务、服务场景及教职员工3个变量;顾客感知价值变量包括功能价值及心理价值2个变量;品牌关系质量变量包括满意及承诺2个变量;共计7个变量。各个变量的测量主要源自品牌学、教育学的现有研究成果及相关量表,也有部分题项(主要是孔子学院的具体服务项目变量)源自孔子学院的办学宗旨及消费者深度访谈。

1.消费体验

消费体验包括核心服务、服务场景及教职员工三个维度。其中,核心服务部分,结合相关文献(巩向飞[①];李红秀[②];赵燕华、韩明[③];袁礼、郑晓

① 参见巩向飞:《从受众角度探析孔子学院对外文化传播的策略——基于〈中国文化印象〉调查数据的分析》,《新闻传播》2014年第11期。

② 参见李红秀:《非洲孔子学院建设与语言文化传播》,《文化交流》2015年第1期。

③ 参见赵燕华、韩明:《泰国本土汉语教师培训现状及对策分析》,《广西师范大学学报(哲学社会科学版)》2013年第7期。

齐[①])、孔子学院的办学宗旨、服务内容以及其消费者深度访谈，确定了课程、活动、来华项目及教学资源4个重点考察的核心服务项目。综合已有相关品牌研究及教育学研究成果，结合Servqual量表[②]及斯威尼(Sweeney)等人[③]相关研究成果，对消费体验3个变量设计了26个测量题项，测量题目包括"孔子学院开设的课程能够满足我的需要""孔子学院的活动让我对中国文化更有兴趣了""适合我们国家的人们使用和学习的汉语教材很丰富""孔子学院的工作人员能为我提供及时有效的服务""孔子学院的物理空间很充足"等。

2. 顾客感知价值

顾客感知价值包括功能价值和心理价值2个变量。功能价值是消费者对各类教育服务中所感知到的功能、质量与期望绩效进行比较所得到的效用，主要包括能力价值、机会价值、资源价值和财务价值。心理价值是消费者从各类教育服务中所获得的体验、感受、情感状态及在提高社会自我概念方面所得到的效用，主要包括情感价值和社会价值。结合Sheth等[④]有关文献、量表及深度访谈结果，对顾客感知价值2个变量设计了7个测量题项，测量题目包括"孔子学院的学习和经历提升了我的汉语水平及自我价值""在孔子学院的收获与付出的学费相比是值得的""孔子学院的经历带给我一种愉快的精神体验"等。

3. 品牌关系质量

品牌关系质量包括满意和承诺2个变量。具体来说，满意是消费者由消费体验产生的对孔子学院的总体态度，包括认知及情感等方面；承诺

① 参见袁礼、郑晓齐:《孔子学院贡献度、组织行为及功能定位述评》,《大学教育科学》2010年第4期。

② Parasuraman A. ,Zeithaml Valarie A. , Berry Leonard L. ,"Servqual: A Multiple-item Scale for Measuring Consumer Perceptions of Serviee Quality," *Journal of Retailing*, 1985, Vol. 64, No. 1.

③ Sweeney, Jillian C. (ed.), Consumer Perceived Value: The Development to Famultiple-item Scale, *Joumal of Retailing*, 2001, Vol. 77.

④ Sheth J. N. , Newman B. I. , Gross B. L. , "Why We Buy What We Buy: A Theory of Consumption Values," *Journal of Business Research*, 1991, Vol. 22, No. 2.

是消费者由消费体验产生的对孔子学院有所依恋与认同的总体态度，愿意与孔子学院保持稳定的关系并为之付出努力。本研究综合 Servqual 量表以及相关专家[1]的研究中对满意和承诺的测量，结合相关文献及消费者深度访谈结果，对品牌关系质量 2 个变量设计了 6 个测量题项，测量题目包括“我对孔子学院的服务质量感到非常满意”“我认为来孔子学院学习是一个正确的决定”“我会向别人推荐孔子学院”等。

将上述题项通过李克特量表(Likert Scale)进行汇编形成初始问卷，然后通过专家咨询和消费者一对一访谈的反馈意见对问卷进行了修正并进行了预调查，最终确定了正式的中文调查问卷。在此基础上将问卷翻译成英语、韩语、泰语、蒙语、俄语、法语、葡萄牙语共 7 种语言。为确保翻译的科学性与准确性，选取以上 7 种语言为母语的孔子学院消费者进行了访谈，并根据其反馈意见对调查问卷的相关翻译进行了删减与修正，最终确定了 7 个变量、共计 39 个题项的正式调查问卷，并创建了中文版和英文版的网络电子问卷。

(二)数据收集与样本概况

1. 数据收集

根据研究内容，本研究的基本调研对象为孔子学院学员。鉴于孔子学院是一个全球性的教育服务组织，其在各大洲的分布不平衡，因此，为保证调研对象选取的科学性，在对孔子学院学员进行选取时，必须充分考虑孔子学院的地理分布情况。根据各国的孔子学院数量以及其在全球和所属洲占比进行统计与分析，最终确定本研究所要调研的主要国家(如表 2)；同时，考虑到调查问卷涉及价值感知等内容，且被调查者需具备一定的认知水平方能作答，确定年龄在 15 岁以上、目前或曾经在孔子学院学习、对孔子学院提供的各项服务均有接触或了解的学员为调查对象。

① Cronin J. J. , Brady M. K. , Brand R. R. , “A Cross Sectional Test of the Effect and Conceptualization of Service Value,” *Journal of Services Marketing*, 1997, Vol. 11, No. 6.

表 2　　拟问卷调查各洲及主要国家

类别	各洲孔子学院数量占总量的比率	选取国家数量	国家
亚洲	22％	2	韩国、泰国
非洲	9％	1	南非
欧洲	34％	3	英国、俄罗斯、法国
美洲	31％	3	美国、加拿大、巴西
大洋洲	4％	1	澳大利亚

本研究通过纸质及网络电子问卷的方式发放问卷，采用邮寄、扫描、下载等方式回收问卷 726 份，经过手动筛选，剔除填答不全的问卷，最终回收有效问卷 675 份，有效问卷回收率为 93％。

2. 样本概况

本调查历时 4 个月，收集了全球分布较为广泛并具有一定代表性的 14 个主要国家的 675 份样本信息。除上述提到的 10 个国家外，还通过各种渠道收集到部分蒙古、荷兰、墨西哥及意大利的调查问卷。被调查者的人口统计信息如表 3 所示。

表 3　　问卷调查的人口统计特征信息

样本特征	分类标准	人数	比率
性别	男	248	36.7％
	女	427	63.3％

续表

样本特征	分类标准	人数	比率
国籍	韩国	159	23.6%
	泰国	76	11.3%
	南非	60	8.9%
	俄罗斯	36	5.3%
	英国	11	1.6%
	法国	48	7.1%
	美国	13	1.9%
	加拿大	43	6.4%
	巴西	42	6.2%
	澳大利亚	64	9.5%
	其他	123	18.2%
年龄	15～17 岁	201	29.7%
	18～25 岁	282	41.8%
	26～30 岁	56	8.3%
	31～35 岁	22	3.3%
	36～40 岁	13	1.9%
	41～45 岁	8	1.2%
	46 岁以上	93	13.8%
职业	学生	330	48.9%
	公务员	28	4.1%
	教师	45	6.7%
	企业工作人员	63	9.3%
	其他	209	31.0%

续表

样本特征	分类标准	人数	比率
在院时长	半年以内	303	44.9%
	半年～1年	86	12.7%
	1～2年	58	8.6%
	2～3年	90	13.3%
	3～4年	22	3.3%
	4～5年	10	1.5%
	5年以上	106	15.7%

(三)数据分析方法

综合使用SPSS 19.0和Amos 17.0统计分析软件进行描述性统计分析、信度分析、效度分析,考察各个变量之间的相互关系,对孔子学院品牌关系质量影响机制模型进行检验。

三、数据分析

(一)信度与效度检验

本研究通过SPSS 19.0分析软件对调查问卷中的所有变量测量量表的信度进行检验。检验结果如表4所示,所有变量的Cronbach Alpha系数均超过0.7,且量表总体的Cronbach Alpha系数为0.881,检验结果表明数据的可靠性较高,本研究设计的问卷具有很好的信度。

同时,使用SPSS 19.0对各个变量进行聚合效度和区分效度检验,其平均提取方差值(AVE)的平方根和变量间的相关系数如表4所示。由表4可见,除服务场景变量外,其余AVE值均大于0.5;除功能价值外,AVE值的平方根均大于变量之间的相关系数,本研究的结构效度较好。

表 4　　各变量间的相关系数与 AVE 的平方根①

变量	核心服务	服务场景	教职员工	功能价值	心理价值	满意	承诺
核心服务	1						
服务场景	0.706**	1					
教职员工	0.663**	0.645**	1				
功能价值	0.680**	0.655**	0.695**	1			
心理价值	0.666**	0.579**	0.698**	0.784**	1		
满意	0.711**	0.624**	0.728**	0.796**	0.810**	1	
承诺	0.704**	0.619**	0.683**	0.766**	0.777**	0.808**	1
AVE	0.447	0.467	0.663	0.566	0.658	0.791	0.564
SQRT(AVE)	0.669	0.683	0.814	0.752	0.811	0.889	0.751
组合信度	0.923	0.811	0.907	0.839	0.852	0.919	0.888
Cronbach Alpha 系数	0.924	0.803	0.905	0.838	0.850	0.918	0.887
平均值	5.102	5.337	5.733	5.432	5.463	5.576	5.483
标准差	0.985	1.059	1.104	1.156	1.237	1.226	1.312

(二)假设检验

在对变量进行编码的基础上,通过分层回归对前述理论模型进行假设验证。结果显示,在消费体验对顾客感知价值的影响,顾客感知价值对品牌关系质量影响的假设检验中,10 个假设均得到验证。从表 5 各变量的回归系数来看,除 H2f 为部分支持外,其他所有通过的假设均为正向显著影响。其中,在消费体验对顾客感知价值的影响中,教职员工对顾客感知心理价值的作用为 0.415;其次,核心服务对顾客感知功能价值及心理价值的作用分别为 0.385 和 0.326;服务场景对顾客感知价值的作用远远

① *** $p<0.01$, ** $p<0.05$, * $p<0.1$.

低于教职员工和核心服务的作用，分别为 0.136 和 0.066。在顾客感知价值对品牌关系质量的影响中，心理价值对于满意和承诺的的作用分别为 0.616 和 0.575，而功能价值对于满意和承诺的作用仅为 0.263 和 0.252。可见，心理价值对于品牌关系质量的影响明显高于功能价值的影响。

表 5　　　　各变量的回归系数[①]

解释变量	因变量	功能价值		心理价值		满意		承诺	
		M1	M2	M3	M4	M5	M6	M7	M8
控制变量									
性别		−0.002	−0.033	0.068*	0.029	0.041	−0.001	0.071*	0.032
国籍		−0.006	−0.032	−0.050	−0.063**	0.008	0.040	−0.025	0.005
年龄		0.141***	0.019	0.216***	0.079***	0.175***	0.005	0.249***	0.089***
职业		−0.197***	−0.072**	−0.132***	−0.002	−0.109**	0.025	−0.130***	−0.005
在院时长		−0.142***	−0.063**	−0.195***	−0.093***	−0.211***	−0.053**	−0.180***	−0.032
自变量									
核心服务			0.385***		0.326***				
服务场景			0.136***		0.066*				
教职员工			0.257***		0.415***				
功能价值							0.263***		0.252***
心理价值							0.616***		0.575***
R^2		0.108	0.531	0.133	0.589	0.124	0.706	0.146	0.660
ΔR^2		0.108	0.424	0.133	0.456	0.124	0.582	0.146	0.514
F		15.505	90.662	19.747	114.692	18.233	219.525	21.912	177.136
ΔF		15.505	192.801	19.747	236.688	18.233	633.010	21.912	482.951

四、结论与讨论

本文实证检验了教育服务品牌中消费体验、顾客感知价值与品牌关

① *** $p<0.01$, ** $p<0.05$, * $p<0.1$.

系质量相互作用的影响机制。研究显示,核心服务、服务场景及教职员工等消费体验直接影响消费者的功能及心理价值感知,进而影响消费者对于品牌的满意度及忠诚度。从主要维度来看,核心服务对顾客总体价值感知的影响最大,但从各个变量来看,教职员工对顾客感知心理价值的正向影响最大,感知心理价值对品牌关系质量的影响明显高于感知功能价值对品牌关系质量的影响,加之教育服务生产与消费的无形性及不可分离性,消费者对于服务及其价值的感知均源于与教职员工的互动。因此,本研究认为,在保证核心服务基本规范与质量的前提下,教职员工是提升教育服务品牌关系质量进而助力品牌成长的核心动力。

服务场景对顾客感知心理价值影响的假设仅部分获得验证,结合深度访谈及问卷调查结果,其原因可能是:在服务场景中,消费者虽然对孔子学院所提供的语言环境、人际氛围极为认可,但对物理空间的适宜度、舒适度及特色认可度偏低,其中有硬件的问题,更有软件的问题,同时也包含跨文化的问题,而这正是影响消费者心理价值的重要因素。

尽管本文严格遵循实证研究的方法与步骤,但因条件所限,仍存在一定的局限性:一是研究本身的局限性,影响教育服务品牌关系质量和顾客感知价值的前置因素很多,而一次研究不可能把所有因素都涵盖在内,本文仅选取消费体验的视角针对其核心要素进行了探索;二是本文选取孔子学院为数据来源,虽具有一定的代表性,但教育服务组织中包括不同的类型,其普适性还有待于进一步检验;而且品牌关系质量及顾客感知价值始终是动态变化的,本文采用的是横断研究,可能会对研究结论产生一定的影响。

(原载《东岳论丛》2017 年第 4 期)

孔子学院助力“一带一路”建设

王海兰

【摘要】 孔子学院以满足国际社会学习汉语和了解中华文化的需求为使命，与“一带一路”倡议追求互利共赢、共享成果、共担风险的发展理念相一致。孔子学院与“一带一路”建设具有互补性，“一带一路”倡议为孔子学院发展提供了理念指引和保障，孔子学院为“一带一路”提供人文支撑。孔子学院面向“一带一路”的服务内容具有多样性，未来应加强孔子学院发展协调机制建设，将孔子学院发展纳入“一带一路”整体建设框架当中，使孔子学院能够真正为“一带一路”发展提供服务。

【关键词】 孔子学院 “一带一路” 服务内容

Confucius Institutes Facilitate “the Belt and Road Initiative”

Wang Hailan

Abstract: The mission of Confucius Institutes is to meet the needs of the international community to learn Chinese language and understand Chinese culture, which is consistent with the development concept of “the Belt and Road”. Both of their aim are to pursue mutual benefit and win-win, share achievements and risks. The Confucius Institute and “the Belt and Road” construction are complementary, “the Belt and Road” initiative provides the ideological guidance and guarantee for the development of Confucius Institutes, and the Confucius Institutes provide the humanistic support for “the Belt and Road”. The services provided by Confucius Institutes for “the Belt and Road” are diversified in content. In the future, the coordination mechanism for the development of Confucius Institutes should be strengthened, and the development of Confucius Institutes should be incorporated into the overall construction framework of “the Belt and Road”, so that the development of Confucius Institutes can truly provide the services required by “the Belt and Road”.

Key words: Confucius Institutes, “the Belt and Road”, service content

孔子学院发展与“一带一路”建设都致力于推动中国全方位对外开放，通过“走出去”实现国家利益与国际道义的均衡，面向世界问题，发出中国声音。

孔子学院建设契合“一带一路”倡议

孔子学院以满足国际社会学习汉语和了解中华文化的需求为使命，通过提供语言和文化公共产品提升国家软实力，增进不同文化的相互认知和理解，维护人类语言文化多样性。“一带一路”以经济合作为主轴，以人文交流为支撑，通过建设新型国际合作机制，使中国掌握主动权和话语权，并通过倡导和参与提供道路、资源、信息等方面的全球公共产品，促进人类的共同发展。孔子学院和“一带一路”倡议开创了一个强调互利共赢的非零和博弈模式，它们的发展理念一致，都追求互利共赢，倡导在国际关系中共享发展成果，共担发展风险。孔子学院的开办强调自愿原则，外方通过孔子学院获得高质量的汉语教学和中华文化产品，中方通过孔子学院促进汉语和中华文化的传播，双方各得所需。“一带一路”倡议的核心是“通”，“通”的最终目的是共赢，使参与各国通过在道路、贸易、政策、信息等方面的共享合作，平等分享“合作剩余”，获得比单独行动更大的收益。孔子学院和“一带一路”倡议发展机制一致，都强调国际合作。在经济全球化时代，与之相伴的金融、气候、文化冲突等全球性问题激增，靠单个国家的力量无法解决，须世界各国联合行动。孔子学院和“一带一路”致力于解决的问题都具有全球公共治理属性，虽由中国发起，但其发展有赖于参与各国的共同努力。

孔子学院与“一带一路”建设具有互补性

“一带一路”为孔子学院发展明确了理念指引，也为其可持续发展提供了保障。孔子学院的可持续发展以国际社会对汉语的持续需求为支撑,而该种需求取决于学习汉语在经济上能否获得持久收益。"一带一路"建设无疑将提升汉语的经济价值和交际价值,提升沿线国家的汉语学习需求,为孔子学院发展创造生源。孔子学院是"一带一路"倡议和理念的重要实践主体。作为以教授汉语和传播中华文化为使命的公益性教育机构,其发展可以为"一带一路"提供人文支撑,通过语言和文化传播促进沿线国家民心相通,降低交易成本,作用重大。

孔子学院面向"一带一路"的服务内容多样

"一带一路"实现"五通",首先需要语言相通。"一带一路"倡议对沿线国家语言的价值、沿线国家的语言政策和语言选择都将产生影响。汉语在"一带一路"建设中将扮演重要角色。孔子学院的首要任务就是提供汉语教学服务,应主动开设与"一带一路"相契合的多样化汉语课程,如商务汉语、工程汉语、交通汉语,为"一带一路"沿线国家培养汉语人才。

民心相通是"五通"的关键,而其前提是文化上的相互了解、认知和理解,只有理解对方的文化传统,才能理解对方的行为选择。孔子学院致力于文化推广,发挥综合文化交流平台作用,推动不同文明交流互鉴。为适应"一带一路"倡议,孔子学院除介绍中国传统思想文化外,更要介绍当代中国的企业文化、法治文化、家庭文化等,为所在地提供有针对性的文化服务。

孔子学院是"一带一路"的"排头兵",要发挥中国与他国开展合作的信息枢纽作用,为当地居民和企业了解中国及时提供相关的文化、教育、经济、法律等方面的有效信息,帮助其了解中国;为所在地政府、企业和居民提供关于"一带一路"倡议的信息,如中国提出"一带一路"倡议的愿景、中国采取的行动等,帮助当地了解和理解"一带一路"倡议,化解担忧;为中国企业提供关于当地的文化风俗、政策法规、人文环境等方面的信息；为中国企业“走出去”和更好地融入当地社会提供信息服务。

“一带一路”倡议涉及国家及人口之众、范围之广、情况之复杂前所未有，其实施需要大量学术论证和丰富的学理支撑。受制度、时间、成本等因素的影响和制约，目前国内学者往往很难获得一手相关研究资料，而孔子学院扎根海外，具有独特的优势。孔子学院中外方院长和教师应深入当地开展调研，搭建中外学术交流合作平台，为“一带一路”建设提供学术服务。

孔子学院应被纳入“一带一路”建设框架

目前在“一带一路”沿线 65 个国家中，仅有 51 个国家设有孔子学院，且各学院发展亦不平衡。面向“一带一路”倡议，需要从宏观上做好孔子学院的布点工作。在“一带一路”倡议协议较多、较为重要的国家和地区适当增设孔子学院；鼓励孔子学院根据当地情况和自身优势，发展特色项目；加强“一带一路”沿线孔子学院发展协调机制建设，实现资源共享与合作；国内也应建立协同机制，将孔子学院发展纳入“一带一路”整体建设框架。

企业与语言国际推广机构之间的合作是互利共赢的，世界著名语言推广机构如英国文化委员会、法语联盟、歌德学院等，都积极寻求与企业合作。在“一带一路”整体框架下，中国会有越来越多的企业“走出去”，这些企业与孔子学院之间可以通过多样化的方式建立有效的合作机制。如企业作为承办方出资参与孔子学院的建设和发展；孔子学院以项目合作的方式与企业开展订单式汉语培训；企业直接为孔子学院举办的项目提供捐助，如设置奖学金等。通过类似合作，“走出去”的企业能扩大在当地的影响力，更好地融入当地社会。

人才匮乏是“一带一路”倡议落地的最大障碍之一。应完善孔子学院人才配备，满足多样化人才需求。孔子学院外派教师除语言能力外，还应具有较强的跨文化交际能力和市场拓展能力，使孔子学院能真正提供“一带一路”所需的语言服务、文化服务、信息服务和学术服务。

（原载 2016 年 6 月 15 日《中国社会科学报》）

文化治理:一个治理领域抑或一种治理方式?

王彦伟　赵雅萍

【摘要】 在国家治理体系中,文化治理与经济治理、社会治理相比,既表现出共性,又存在特殊性。一方面,文化需要进行有效的善治和管控,体现出治理的内容属性;另一方面,文化涵盖价值观和思维方式,会对各个领域治理产生影响,体现出治理的工具属性。当前研究大多指向前者,而对后者的研究可在以下三个方面加强:一是基于文化本身的多元构成,考量工具属性视角下文化治理的内涵、结构和实现方式;二是建立文化治理内容属性和工具属性的互系与互惠,形成文化治理系统中相互影响和作用、共同发挥国家治理功能的二元结构;三是把国家治理的边界扩展到世界范围,发挥文化对外交流属性,实现文化的国家治理功能。

【关键词】 文化治理　国家治理　双重属性

Cultural Governance: A Governance Field or a Governance Mode

Wang Yanwei　Zhao Yaping

Abstract: Cultural governance is one component of national governance system. Compared with economic governance, social governance, cultural governance has both generality and speciality. On the one hand, as one field, culture needs to get effective governance and control, which demonstrate the content attribute of governance. On the other hand, culture covers values and thinking mode. As the way of national governance, culture governance would impact on various areas of governance, to demonstrate the tool attribute of governance. Most of the current research focuses on the content attribute of cultural governance. Research on the tool attribute of culture governance should be strengthened, especially in the following three aspects. The first one is about the definition, structure and implementation of cultural governance based on the diversity of the culture itself; the second one is the mutual-benefit structure for the dual attributes of cultural governance; the third one is the function of culture governance for global governance.

Key words: cultural governance, national governance, dual attributes

一、引　言

"文化治理"(Cultural Governance)是一个首先由西方学者提出的新概念。随着治理与善治的社会功能不断凸显,文化治理也日益受到文化研究、政治学、公共管理等领域的广泛关注。在中国,党的十八届三中全会制定的《中共中央关于全面深化改革若干重大问题的决定》提出推进国家治理体系和治理能力现代化的全面深化改革战略。贯彻落实到文化领域,文化治理能力的提升和国家文化治理体系的建立,则成为重要的战略实施路径。怎样理解文化治理问题,如何提升文化治理能力,有必要进一步探讨其相关学术背景,厘清国家治理与文化治理的关系以及文化治理的功能与手段。

20 世纪的英国文化研究学者托尼·本尼特在文化社会学的视野下提出所谓的"文化的治理性",是指具体文化研究和实践要为文化的多元性与特定社群的不同标准负责,文化研究应该通过密切关注政府、政策与习惯等因素,实现文化功用的倍增,以有效地增强人们的自我控制能力。[①] 国内学者的研究则分为两类,一类是沿着托尼·本尼特的思路与方法,强调文化的社会治理功能,研究文化通过哪些方式和途径进行国家治理和社会治理,体现出文化治理的主体性和工具属性;另外一类则把文化作为与经济、政治、生态、教育等并重的社会领域,研究哪些文化内容或现象需要治理、为什么治理、如何治理等,体现出文化治理的客体性和内容属性。两类研究相对独立,甚至都基于自身立场对对方观点提出若干质疑。鉴

① 参见[英]托尼·本尼特:《文化与社会》,王杰等译,广西师范大学出版社 2007 年版,第 239 页;段吉方:《理论与经验:托尼·本尼特与 20 世纪英国文化研究》,《马克思主义美学研究》2009 年第 2 期。

于此，有必要对文化治理的研究现状进行系统回顾，并在此基础上探讨文化治理研究的趋势和动向。

二、文化治理研究概述

考虑到文化治理是一个学界和社会普遍关注的问题，检索策略太宽泛容易干扰研究重点。因此，在选择研究对象时，以中国知网数据库为文献来源库，仅对“文化治理”进行篇名或关键词检索。结果显示，自 2006～2016 年，共有文献 267 篇，其中绝大部分是期刊论文。各年度的文献数量情况如图 1 所示。

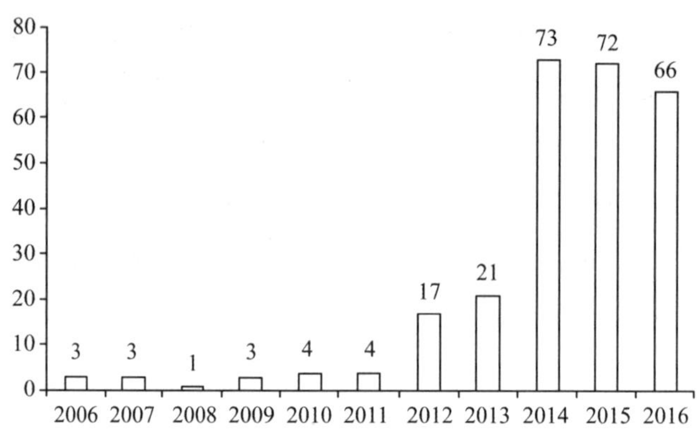

图 1　2006～2016 年文化治理主要研究文献数量分布（截至 2016 年 12 月）

图 1 反映出十年间文化治理研究的数量情况，结合文献主题，可以将文化治理研究大体划分成以下三个阶段：

一是萌芽期，即 2006～2011 年的六年间，文献数量基本保持在每年 3～4篇，研究内容也相对单薄，大多是聚焦某一地域文化或专题文化治理以及文化治理的国际实践。[①] 吴理财则较早提出了作为文化治理形式和内容的公共文化服务,在具体实施过程中与国家文化治理逻辑的偏离、后果以及若干建议。[②]

二是起步期,即从2012～2014年的三年内,研究文献逐年增多,尤其是在2014年,这与2013年年底召开的十八届三中全会有一定的关联性。全会提出的有关"国家治理体系和治理能力现代化"的有关决议,引发了政产学研各界对文化治理的广泛关注。这个阶段的研究文献结合文化政策、公共文化服务、文化产业管理等问题进行深入研究。尽管他们的观点已经较为明确,研究内容也更趋向于深入,但对于文化治理的界定、功能、主要内容、方式手段还没有形成较为成熟、统一的观点,甚至在概念界定等基本问题上存在相左的看法。[③]

三是发展期,从2015～2016年较为稳定的文献数量和研究主题来看,存在着理性发展的趋势和动向,现有研究已经开始将文化治理研究的不同观点囊括在同一主题下进行梳理,并尝试寻求不同观点的共性起点和统一研究范式。

尽管有关研究反映出的分歧与回归是必然的,遵循了学术研究的基本规律,然而究其根本,还是应该回到对文化本身的界定和理解上。1952年,西方文化学家A·L.克鲁伯和克赖德·克拉克洪出版了《文化:关于概念和定义的评论》,汇集了161种有关文化的定义。此后的研究学者继续进行延伸和丰富。对文化本身界定的多元化,以及文化公共性导致的治理主体多元化,使得当前有关文化治理的研究成果见仁见智。然而,这些成果依然可以大致分为两类,即把文化作为治理的领域和方式分别研究文化治理的内容属性和工具属性。

① 参见郭灵凤:《欧盟文化政策与文化治理》,《欧洲研究》2007年第2期;段吉方:《理论与经验:托尼·本尼特与20世纪英国文化研究》,《马克思主义美学研究》2009年第2期。

② 参见吴理财:《公共文化服务的运作逻辑及后果》,《江淮论坛》2011年第4期。

③ 参见王蔚:《文化治理不是治理文化——与竹立家教授商榷》,《探索与争鸣》2014年第8期。

三、作为一个治理领域的文化治理

对文化治理内容属性的研究，主要关注三个层面的问题，即文化政策与文化治理、文化产业与文化治理、公共文化服务与文化治理，这三个层面的内容的研究视角分别是政府、市场和社会。[①]

(一)文化政策与文化治理

由于政府在治理中发挥着“元治理”功能和作用，文化政策作为以政府为主，囊括文化赢利机构、文化团体、艺术家等在内的利益相关者影响民众思想的手段并且反映着各方的价值取向，成为文化治理的重要内容。

在文化政策视角下研究文化治理，通过关注不同政策和制度类型表现出的不同管理模式，如法国的政府主导式、美国的民间主导式、英国的分权化模式等，研究政府文化主管机构在“治理”作为基本制度安排下如何发挥其在文化政策目标设定、工具选择、计划执行等方面的“督导”作用，并根据目标完成的程度来评估政策及相关项目的执行情况。

相关研究还表明了文化政策与文化治理的互系与互动。一方面，文化政策在特定历史环境下，为文化治理建立体制和创造制度条件；另一方面，文化治理的理念、思想，正逐渐“固化”为文化制度、政策，并经由诸多灵活的做法得以贯彻落实。[②]

(二)文化产业与文化治理

在人类社会文明发展方式和生活方式的创新实践中，文化产业作为体现这一价值追求的实现方式，逐渐被学界和社会认可。相关研究指出，文化产业在社会发展层面和全球化治理层面的功能，超越了法兰克福学派作为社会批判理论的“文化工业论”，转而成为用以克服和解决经济和

① 这种分类方式借鉴了祁述裕教授《国家文化治理建设的三大核心任务》(参见《探索与争鸣》2004 年第 5 期)的观点，在此基础上进行了简化。

② 参见毛少莹:《文化治理及其国际经验》,《中国文化产业评论》2014 年第 2 期。

社会发展问题的治理工具和治理手段。

通过文化产业进行文化治理，将在一定程度上补充甚至是取代政治治理、经济治理的国家治理的功能。通过发展文化产业，克服与解决国家发展困境，建构国家文化治理，成为国家发展文化产业和实现建设文化强国的战略出发点和新维度。

相关成果就文化产业治理性的根源、内容结构和影响进行了系统研究，并对文化产品的内容选择和市场化等关键要素进行深入研究。在文化产品的内容选择方面，主张引导其内容体系和价值观体系适应人们的文化生活，进而逐步形成文化的认同力、向心力和凝聚力；在文化产品的市场化方面，建设统一开放、竞争有序的现代文化市场体系，破除现行的、僵化的“行政文化市场”，最大限度地提供文化生产要素和文化商品流通的“无障碍化”和便利性，减少政府刚性干预，最大限度地破除利益集团对文化市场不公平的“定价权”，使市场在文化资源配置中发挥决定性作用，体系性建构文化市场的公平与正义。①

(三)公共文化服务与文化治理

公共文化服务的实质就是建构公共性。在一个公共性日趋衰落的转型社会中，它将发挥越来越重要的社会治理功能。因此，把“治理”引入公共文化服务，从文化治理的视角审视公共文化服务，就会发现公共文化服务既是文化治理的一种形式，也是文化治理的一项内容。

研究表明，公共文化服务作为现代政府的一项主要职能，除了为民众提供文化性公共服务(产品)以外，更主要的是透过它培育公民精神、建构文化认同，在认同、协商的基础上达成治理。现代性治理不再主要依靠国家权力的强制，而更主要依赖认同、说服和协商，公共文化服务可以在文

① 参见胡惠林：《国家文化治理：发展文化产业的新维度》，《学术月刊》2012 年第 5 期；方鸿琴：《实现国家文化治理能力现代化——访上海交通大学教授胡惠林》，《中国社会科学报》2014 年 1 月 8 日。

化治理中发挥更加积极的作用。[①]

该类研究大多采取案例研究的方式进行。在案例对象的选择上，既包括博物馆、文化馆、图书馆、艺术馆、文化站等公共文化服务主体，也涵盖特定群体密集区、省市、县域、乡镇、农村等不同的公共文化服务层级。研究结论主要集中在政府元治理的角色和功能、公共文化多元主体合作机制、非政府组织的促进与发展、财政投资结构变革，以及公共文化治理绩效评价等领域。[②]

四、作为一种治理方式的文化治理

（一）传统文化与国家治理

一个国家的治理体系和治理能力是与这个国家的历史传承和文化传统密切相关的，推进国家治理体系和治理能力现代化，要学习和借鉴人类文明的一切优秀成果。[③] 文化和文明成为国家治理现代化和治国理政的思想源泉和行动根基。当前对传统文化在国家治理中的地位和功能的研究，关注的焦点是中华优秀传统文化对当代中国国家治理体系和治理能力现代化建设的基础地位和核心作用。但就文化内容的选择方面，相关研究演化为两条线索。

一条线索将研究内容锁定在中国优秀传统文化中的国家治理思想方面，如"仁治""德治""礼治"等儒家治国思想，老子"无为而治"和"非战"，以及庄子"人道"与"天道"相统一等道家治国思想，"兼爱""非攻""尚贤"

① 参见吴理财：《公共文化服务若干界说辨识》，《北京日报》2012 年 10 月 8 日。

② 参见陈楚洁、袁梦倩：《文化传播与农村文化治理：问题与路径——基于江苏省 J 市农村文化建设的实证分析》，《中国农村观察》2011 年第 3 期；孙政：《群众艺术馆文化治理的历史嬗变》，华中师范大学博士学位论文，2014 年；韩勇：《文化治理模式视阈下农村社会管理创新模式研析——基于广西的实证研究》，《行政与法》2013 年第 5 期；任珺：《文化的公共性与新兴城市文化治理机制探讨》，《福建论坛（人文社会科学版）》2015 年第 2 期；解胜利、吴理财：《公共图书馆的文化治理学——对一个省级图书馆的文化政治分析》，《湖北社会科学》2014 年第 9 期。

③ 参见习近平在中共中央政治局第十八次集体学习时的讲话，2014 年 10 月 13 日。

等墨家学派治国思想。研究认为,探索和挖掘中国传统文化中的国家治理思想、汲取之精华,对当前推进国家治理现代化的实践具有重要的现实意义。[①]

另一条线索的研究对象则不仅仅局限于特定的传统治国思想,而是拓展到传承至今、依然有生命力,并对当代社会有参考借鉴价值的中国优秀传统文化。研究认为,这些优秀文化中蕴含丰富的哲学思想、人文精神、教化思想、道德理念等,注重挖掘和诠释其在当今生活中的表征与变迁、内涵与意义,特别强调和关注那些在大众生活中俯拾即是、鲜活存在、具有普及性和现代性的文化要素,充分发挥传统文化的德教、教化功能,是进行道德建设和社会治理的有效途径。[②]

照搬传统文化并应用到现代国家治理有其局限性。有学者理性地指出,让传统文化发挥教化功能,应该得到肯定,但要将传统理念应用到现代治国理政方面,则值得审慎观察,尤其是要抑制并消除与现代精神相悖的人治传统、专制基因等。[③] 因此,应在中国优秀传统文化的深厚基础上,根植于中国现实社会发展的需要,建构全新的国家治理体系、全面提升国家治理能力,从而使中国特色社会主义成为当代人类文明的一种新模式,成为更具活力和前途的社会运行和可持续发展形式。[④]

(二)组织文化与组织治理

文化与现代企业[⑤]管理的结合,主要呈现出两类研究方向:一类研究关注组织文化作为一种方式和手段介入公司(企业)治理的功能、途径和绩效;另一类研究关注文化、文化差异对组织合作的影响,以及如何利用

① 参见杨圆:《中国传统文化中的国家治理思想初探——以儒家、道家和墨家为例》,《福建行政学院学报》2014 年第 5 期;周可真:《中国传统国家治理思想的三种基本类型》,《哲学动态》2015 年第 1 期。

② 参见龙静云:《道德治理:国家治理的重要维度》,《华中师范大学学报(人文社会科学版)》2015 年第 3 期;宁继鸣:《基于体验的文化教学与传播——中华传统文化研究与体验基地建设分析》,《世界汉语教学学会通讯》2014 年第 3 期。

③ 参见韩咏红:《中国要将传统文化应用到现代国家治理》,《联合早报》2014 年 10 月 17 日。

④ 参见徐平:《文化治理现代化的可行路径》,《国家治理》2014 年第 16 期。

⑤ 企业是一种特定的组织形式,为便于研究,本文对“企业”和“组织”不进行区分。

或消除这种差异、实现合作目标。

第一类研究认为，对企业文化的理解、实践程度，直接决定着企业的治理状况和治理水平。[①] 在所有权与经营权两权分离的现代企业制度下，由于存在信息不对称，需要通过一系列制度安排来激励与约束高管层。实践表明，任何的制度安排都隐含着暗箱操作，高管层是否为了公司的长远利益而全身心投入，最终还要取决于高管层的自觉性，于是治理上升到伦理层次，出现了自主性治理。最终的结果是，文化决定理念、理念决定战略、战略决定制度、制度决定行动、行动决定效果、效果最终又影响文化。公司治理始于文化，最终又回归文化，所以，文化治理是要由制度导向惯性，惯性成为自然，最终实现伦理的表里如一。[②]

该类研究在公司治理的视角下，分析了组织隐性文化使得公司治理制度规范失效的根源性因素，并在此基础上对文化治理的概念界定及缘起、治理问题的文化成因、基于文化治理的公司治理新模式等进行研究，最终提出改善公司治理实践，必须将单纯强调规则治理的公司治理模式转向文化治理与规则治理相结合，也就是探索德治与法治相结合的创新模式。[③]

第二类研究关注文化、文化差异对组织合作的影响，以及如何利用或消除这种差异、实现合作目标。最为典型的是关注跨国组织合作中的文化影响。研究认为，当代管理已经迈入了文化管理的新阶段。跨国组织在管理活动中，必须考虑“文化差异”带来的影响，深入研究跨国公司的跨文化治理。主要研究内容包括文化差异中合作目标的制定、文化差异中的组织结构和管理机制、不同文化背景的员工共同的行为准则等。

① 参见刘林宗:《现代企业何以步入“文化治理”时代》,《企业管理》2015 年第 1 期。
② 参见吴俊清等:《大学文化治理:概念、理念、环境与研究内涵》,《现代教育管理》2012 年第 10 期。
③ 参见汪戎、王玲玲:《中国公司治理的文化成因与对策》,《思想战线》2013 年第 6 期。

五、文化治理的研究动向

(一)作为"元治理"实现机制的文化治理

"元治理"是由对治理的失灵的思考发展而来,又称"后设治理"或"治理的治理"。其概念最早由鲍勃·杰索普等于1997年提出,他认为元治理旨在"协调'科层治理''网络治理''市场治理'等不同形式的治理,并确保它们之间最小的一致性"。后来,他进一步将元治理描述为"治理的组织条件",涉及"对科层治理、网络治理和市场治理的重新交接和组合,以获得较好的协调效果"。[①]

元治理机制主要解决三个核心问题,即谁来治理、如何治理、如何评价治理的效果。当前研究的重点仍然是第一个问题。研究普遍认为政府是元治理的主体,通过设定制度、规则协调不同形式的治理,以发挥各自的优势和功能,实现治理预期。因此,"制度""规则"依然是治理乃至元治理的重要手段。

然而,综观社会发展历程,任何一种制度变迁都是在特定的文化路径中进行的,不同的文化传统决定着制度变迁的不同路径。在国家治理的任何一个领域,其治理模式的产生也不是由该领域的专业和权威力量单独塑造而成,而是包括历史、文化、传统等在内的因素共同作用的结果。与此同时,伴随着"互联网+"产生的"文化+",已经成为文化产业领域的新亮点[②],必然也将引起学界的关注。鉴于此,文化在元治理机制中的功能基础和实现方式将成为文化治理新的研究重点,并延伸出以下三个研究方向:

① 参见[英]鲍勃·杰索普:《治理与元治理:必要的反思性、必要的多样性和必要的反讽性》,程浩译,《国外理论动态》2014年第5期。

② 参见中国政务舆情监测中心:《"文化+N"成今年文博会最大亮点》,《领导决策信息》2014年第20期;郭永辉:《"文化+"与文化产业崛起》,《红旗文摘》2015年第22期。

一是文化治理的内容选择。作为一个宽泛概念下的文化，哪些要素对于国家治理的各个领域都具有普适性，可以在国家治理的大框架内共同挖掘并推广其内涵，是文化治理发挥国家治理的普适性功能首先要解决的问题，如建立信任与信用、倡导契约精神等。

二是文化治理的作用方式。在国家治理的各个领域，制度和规则的重要性毋庸置疑，这是一种刚性的约束。而文化是一种具有弹性的、约定俗成的非正式规则。怎样协调制度的刚性和文化的柔性，应该从哪里寻找突破口，把文化治理嵌入到制度治理中，是需要进一步思考的问题。

三是文化治理的绩效评价。文化治理的绩效评价具有一定程度的困难，这取决于三个方面：一是文化治理本身属于柔性约束，难以用显性的指标来衡量其绩效；二是文化治理的绩效具有滞后性，且滞后周期的标准难以确定；三是文化治理与其他作用机制相互嵌入在一起，难以对文化治理的有效性和效果进行独立评价。因此，对文化治理的绩效评价进行研究，需要在选取大量代表性案例和数据的基础上，采用跟踪研究和建立模型的方式进行。

（二）文化治理内容属性和工具属性的互系与互惠

尽管当前研究尚未对文化治理的内涵取得共识，但分别对其内容属性和工具属性的研究方兴未艾。综观这些研究，要么将文化作为治理的客体与对象，要么将文化作为治理的主体与手段，甚至出现了一些冲突和碰撞的观点。[①] 近年来的研究不再纠结于治理中文化的主客体之辩，而是在承认两种研究范式客观存在的基础上，选择其中一种进行较为深入的研究。[②]

事实上，不管是把文化作为治理的客体还是主体，任何一类研究与另外一类都是无法割裂的，其原因在于两类研究关涉的“文化”都是包含物

① 参见竹立家：《我们应当在什么维度上进行“文化治理”》，《探索与争鸣》2014 年第 5 期；王蔚：《文化治理不是治理文化——与竹立家教授商榷》，《探索与争鸣》2014 年第 8 期。

② 参见毛少莹：《文化治理及其国际经验》，《中国文化产业评论》2014 年第 2 期。

质文化、制度文化和精神文化在内的"大文化",把其作为研究的逻辑起点或目标时,必然存在交叉,这在很大程度上反映出,文化治理的内容属性和工具属性之间是互系互惠[①]的关系。

在互系互惠的基础上,加强文化治理内容属性和工具属性的对话,是一个值得研究的命题,主要研究方向包括三个方面:一是研究文化治理的内容属性如何促进和提高工具属性视角下的治理效果与效率;二是研究文化治理的工具属性如何对内容属性进行反哺和引导;三是工具属性与内容属性如何实现结构性嵌入,作为一个整体,在国家治理和社会治理中发挥作用。

(三)文化对外交流——文化治理功能的拓展

共同体已经成为全球化的时代特征,把世界提升到共同体层次并建立更加完善的治理机制,需要在经济全球化、科技现代化的基础上实现文化多元化,这是任何一个民族国家、尤其是负责任大国积极参与全球治理的重要内容。因此,国家治理需要在重视国内治理的同时关注全球治理,即全球社会风险,使得国家合作变得更加重要。[②]

具体到文化领域,文化的国家治理功能,不仅体现在对国内政治、经济、教育等不同领域的治理,还应积极响应国家对外文化传播与交流战略,参与全球治理。对文化全球治理功能的研究,应围绕文化全球治理功能的表现形式与实现路径,以及中国优秀传统文化在全球治理中的当代价值等核心问题展开。

文化全球治理功能的表现形式有很多,最基本的形式是提供全球公共文化产品。除此之外,还包括组织文化交流活动、通过文化交流进行跨组织跨领域合作、影响国家政策并参与地区治理等;文化全球治理功能的

① 互系互惠取自互利互惠(Mutual Benefit)之意,原意是指在推销过程中,推销员要以交易能为双方都带来较大的利益或者能够为双方都减少损失为出发点,不能从事伤害一方或给一方带来损失的推销活动。后被广泛应用于经济学、社会学等领域。

② 参见于水、查荣林、帖明:《元治理视域下政府治道逻辑与治理能力提升》,《江苏社会科学》2014年第4期。

实现路径也是政、学、研等机构普遍关心的问题，从几个文化强国的文化政策和经验来看，一个普遍的做法，就是在世界范围内设立本国的文化交流机构，如法国法语联盟、英国文化委员会、德国歌德学院等。随着中国经济实力和综合国力的增强，软实力尤其是文化软实力的建设也逐渐提上日程。借鉴发达国家的经验，中国自2004年起开始在海外设立孔子学院，承担汉语教学和中国文化传播。孔子学院等对外文化重大项目的文化功能、社会价值，以及全球治理角色，成为文化治理研究的新热点。

中国优秀传统文化在国家治理（主要是国内治理）中的功能和作用日益显现，但是在全球治理中的角色尚未引起广泛的研究关注。事实上，中国优秀传统文化的当代价值，在世界范围内都具有广泛的普适性。世界上一些有识之士认为，包括儒家思想在内的中国优秀传统文化中蕴藏着解决当代人类面临的难题的重要启示。然而，当前的研究仍处于主观判断阶段，至于这些优秀的传统思想如何体现当代价值，如何与当代社会进行有效的嵌入，即由"值得做"转向"做什么""怎么做"，是当前研究亟待关注的焦点。

六、结　语

对2006～2016年有关文化治理的核心文献进行分析可知，该领域的研究从萌芽、起步到理性发展，逐渐形成两种研究范式，即文化作为治理客体（内容属性）和文化作为治理主体（工具属性）。前者在"大文化"的概念下，分别从政府、市场和社会视角，研究作为文化政策、文化产业或公共文化服务的文化治理；后者则专门研究了"中国传统文化"或"组织文化"在国家治理和组织治理中的功能。

尽管现有研究在不同的研究主题上分布均衡，但对某些热点问题的研究仍需深入，如文化治理为国家进行"元治理"发挥普适性功能，文化治理内容属性与工具属性的互系与互惠，依托文化的对外交流属性发挥文化的国家治理尤其是全球治理功能。以上三个研究领域包涵若干研究主题，不仅可以丰富文化治理理论研究框架，而且在国家和社会发展进程中，尤其是在中国加强社会主义核心价值观建设、推进全面依法治国，以及积极参与全球治理的大背景下，具有很强的现实意义。

（原载《文化软实力研究》2017年第3期）

技术进步与文化再生产的互系与互惠

——基于印刷术和自媒体的分析

马晓乐　宁继鸣

【摘要】科技的进步提升改进了社会文化再生产的能力，以印刷术和自媒体为代表的技术革新，在不同的历史阶段和社会层面上实现了文化总量的提高和文化结构的优化升级，加速了文化传播，打破了文化的集中与垄断，促进了文化的普及与共享，带动了知识的流通与人才的竞争，催生了文化生产的机构与组织，提升了文化再生产者的素养，优化了文化再生产的人力资本，增加了社会文化资本存量，为文化资源向文化资本的转变奠定了基础，也为文化革新与社会进步注入了活力。

【关键词】科技进步　文化再生产　印刷术　自媒体

Interrelation and Reciprocity between Sci-tech Progress and Cultural Reproduction

—On Study of Printing Art and We-media

Ma Xiaole　Ning Jiming

Abstract: Sci-tech progress improves capability of social cultural reproduction. The art of printing and we-media, representing technological innovation at different historical stage and social level, realize increase of cultural total amount and optimization of cultural structure, accelerate cultural transmission, terminate cultural centralization and monopoly, promote cultural sharing, motivate knowledge transfer and talents competition, initiate cultural organizations, enhance cultural reproduction capabilities, optimize human capital for cultural reproduction, add social cultural capital, which facilitates the transfer from cultural resources to cultural capital, and energizes cultural innovation and social progress.

Key words: sci-tech progress, cultural reproduction, printing art, we-media

一

现代社会，无论是物质文化的传播还是精神文化的扩散都离不开科学技术的支撑。人类文明发展的历程向我们昭示了科学技术对社会进步，以及语言和文化传播所产生的巨大效应。从口语传播、文字传播、印刷传播、电子传播，到今天的网络传播，科学技术贯彻始终，在推动社会变革与发展的同时，建构了文化传播层层演进的阶梯。

古埃及人创造了象形文字，古巴比伦人首创楔形文字，古印度人发明了哈拉巴文字，中国人创制了甲骨文，古希腊人应用拼音文字，这些语言文字以其有限的数量实现了对其所属文化的承传，虽步伐蹒跚，却开启了语言与文化传播的汤汤航脉。公元11世纪，中国宋代的毕昇发明了胶泥活字印刷术；15世纪，德国人古腾堡发明金属活字印刷。[①] 14世纪之前，欧洲的书籍通过手抄复制仅有几千册，但到15世纪末，欧洲已经有250个城镇开设了活版印刷所。据估计，在16世纪的第一年，各种著作已出版4万多个版本，正规印刷厂有100多家，共印出900多万册书。[②]

印刷术的问世和推行，对文化生产及再生产产生了巨大作用。一方面，它变革了文化传播的媒介与途径，大大提高了印刷质量和效率，实现了社会文化总量的积累以及文化结构的优化升级；另一方面，它打破了文化的集中与垄断，促进了文化的普及与共享，带动了知识的流通与人才的竞争，为文化革新与社会进步注入活力。麦克卢汉对印刷术的发明给予极高的评价："西方机械文化的一切方面都是由印刷术塑造的"，"西方对印刷术的痴迷一直维持到今天"。[③] 卡特也指出，在"世间所有的伟大发明

① 参见[美]伊丽莎白·爱森斯坦：《作为变革动因的印刷机：早期近代欧洲的传播与文化变革》，何道宽译，北京大学出版社2010年版，第70页。

② 参见吴廷俊：《科技发展与传播革命》，华中科技大学出版社2001年版，第87页。

③ [加]埃里克·麦克卢汉、弗兰克·秦格龙编：《麦克卢汉精粹》，何道宽译，南京大学出版社2000年版，第370页。

中，以印刷术最具有国际性。中国发明了造纸，并且最先实验雕版及活版印刷术"[①]。伊丽莎白·爱森斯坦所著力作《作为变革动因的印刷机：早期近代欧洲的传播与文化变革》一书提出：在15世纪末和16世纪，印刷术的扩散撕裂了西欧的社会生活结构，并用新的方式将它重新组合，从而形成了近现代模式的雏形。印刷材料的使用促成了社会、文化、家庭和工业的变革，从而推动了文艺复兴、宗教改革和科学革命。[②]

19世纪，莫尔斯电码、二进制代码、影像的数字化，以及今天广泛应用的网络技术相继问世。伴随传播工具的更新换代与传播载体的日新月异，文化社会化生产的能力再一次刷新了变革的速度与发展的广度，文化生成与传播能力不断得到提升。自即时通信工具在美国兴起，中国也迎来了个体网络互动时代。微博、微信等网络工具异军突起，近乎根本性地改变了人们信息传递与接收的方式。其传播速度之迅猛、形式之多样，颠覆了信息传送的传统路径，强化了自媒体的发展态势，凸显了自媒体传播的文化功能与社会价值。自媒体的推广应用不仅宣示了社会个体直接参与社会公共议程设置的权益与能力，也再次显示了其强大的文化生产与传播能力。

"自媒体"（亦称"公民媒体"）这一说法是由美国IT专栏作家丹·吉尔默提出的。他认为迄今为止新闻媒体经历了由"Old Media"到"New Media"再到"We Media"的发展过程。"Old Media"就是我们通常所说的四大传统媒体，"New Media"是指互联网出现后传统媒体的网络版，"We Media"则是指以微博等为代表的个人媒体。2003年，美国学者谢因·波曼与克里斯·威里斯联合发表文章，他们将"We Media"定义为："自媒体是普通大众借助数字化、信息化技术，与全球信息及知识系统连接后所展

① [美]卡特：《中国印刷术的发明及其西传》，胡志伟译，（台北）商务印书馆1980年版，第209页。转引自田建平：《宋代印刷史研究》，河北大学博士学位论文，2012年。

② 参见[美]埃默里等：《美国新闻史：大众传播媒介解释史》，展江译，中国人民大学出版社2004年版，第4页。

现出来的大众如何提供、分享他们自身的信息、新闻的渠道和方式。”[①] 2002年,丹·吉尔默又发表了他对自媒体特点的认识,提出自媒体发展是机会而不是威胁,其显著特征是读者比作者知道得更多,利用自媒体这种形式可以发起多元化讨论,从而使所有的人受益。自媒体的魅力来源于它的开放、互动,以及信息生产与发布的权益,它冲击甚至颠覆了传统的大众传播模式。在文化传播的语境里,传播主体与客体的界限变得模糊了,信源不再单一,信息传播中“一对多”的关系变成了“多对多”,信宿可以顷刻间华丽转身为信息发表者,这不能不说是信息传播的革命。

印刷术的问世带来了印刷传播时代,网络技术的应用使得资源共享成为现实,预示着网络传播时代的到来。从印刷术到自媒体,文化生产与传播的工具种类繁多,经历了时光流转,也经受了技术进步的洗礼,科学技术介入的程度逐渐深化,权重日益增加,主导地位日臻稳固。作为社会文化发展进步的动力,印刷术和自媒体可以说是印刷传播时代和网络传播时代最具有代表性的科技成果的体现,表现出了强大的文化生成能力,显示了科技进步在文化再生产中的作用,表征了技术进步与文化再生产之间的互系互惠关系。

二

文化再生产是法国社会学家布迪厄的观点,同时也是其代表性论断。他认为,社会文化实践及其不断再生产是社会运作的重要动力,“文化生命有其自我超越、自我生产、自我参照、自我批判和自我创造的特征。文化生命的这种自我超越、自我批判和自我创造活动,也是文化本身内在生命活动的固有需要。文化生命以自我创造为其基本的表现形态,同时也

① 转引自陈宪奎、刘玉书:《2003~2014年中美自媒体研究和比较分析》,《新闻与传播研究》2015年第3期。

是靠自我创造作为其存在的基本动力。如果说,自然生命可以靠不断维持其自身的特性作为其生存的基本需求的话,那么文化就永远不会满足其自身所已经具备的特性而维持其生命;文化总是要靠其自身的内在生命的不断更新和自我扩大才能生存下来”[①]。

与布迪厄同时代而年龄略长的英国学者雷蒙德·威廉斯也曾关注文化的生产与再生产的问题。他认为文化的再生产性是文化的固有属性,“就其本身的特点来说,文化实际上就是一种再生产的模式”[②],同时,文化生产也需要通过不断的再生产来维持自身的平衡,以保持相应文化形态、文化制度甚至是社会制度的延续。而文化再生产的主要途径有两个,一是复制,二是创新。复制往往被看作一种机械刻板的行为,但在文化社会学的视域下,语言和文化被复制的过程正是社会文化生产与再生产的过程。无论是印刷术还是自媒体,它们都表现出强大的文化复制能力,展现出旺盛的文化生命力和生生不息的传播能力,从而为文化的自我生产、自我更新、自我超越和自我创造奠定了坚实的基础,并通过文化再生产的方式实现了新的文化建构和社会文化资本的累加与增值,甚至构成了新的文化形态,其文化功能、社会价值和历史意义是不可忽略的。这种变革不是依附于原有框架和基础之上数量的累加,而是结构性、系统性的转变,昭示着技术植入文化肌体后质的变化,以及社会文化生产水平飞跃式的发展。析其义理,主要体现在以下方面:

第一,技术进步增加了知识总量,加速了文化传播,积累了社会文化资本。社会文化生产的主要方式有两种:一是人体内在资源的使用,二是外在工具的使用。技术进步主要体现在外在工具的优化升级,以及由此带来的文化生产能力和效率的提升。中国传统社会,知识和文化传播都是通过手工抄书进行的,印刷术的问世使知识进入到了“工具时代”,步入

① 转引自高宣扬:《布迪厄的社会理论》,同济大学出版社 2004 年版,第 30～31 页。
② Raymond Wiliams. *The Sociology of Culture*, Chicago: The University of Chicago Press, 1995, pp. 184-185.

到了“工业生产”的行列，使知识传播获得了市场流通意义，从而将中华文化的传承引领到一个新的层面。以宋朝为例，宋被誉为“文治之朝”，印刷技术的进步及政府“右文”政策的引导，带来了宋代文化事业的昌盛，显示出强大的社会文化生产能力。历史学家漆侠指出：“宋代的雕版印刷业确实发展到一个新的高度……既保存宋以前的传统文化，又推动了宋代创造的新文化，宋代雕版印刷业起了不可估量的作用。”[①]在木活字印刷时期，一本大约 2 万字的书需刻 10 万到 20 万木活字或者更多，而且对木材质量要求也比较高，耗时耗力，资金投入多。毕昇发明的胶泥活字，既降低了对原材料的要求，提高了速度，也缩减了成本。《梦溪笔谈》中描述说：“若止印三二本，未为简易。若印数十百千本，则极为神速。”[②]在技术支撑下，宋朝文献出现了“千树万树梨花开”的局面，总量大、种类多，传播速度快。统治者重视印刷事业，把这一技术进步与振兴文教、巩固统治和宣扬社会主流思想文化、实现价值认同结合在一起。在此背景下，儒家经典和道家、佛教等书籍的流通蔚为大观，《十三经》《十七史》《大藏经》等成套系问世。苏轼说：“予犹及见老儒先生，言其少时《史记》《汉书》皆手自书，日夜诵读，惟恐不及。近岁市人转相摹刻，诸子百家之书日传万纸，学者之于书多且易致。”[③]“多且易致”反映了当时图书印刷的繁盛局面。不仅数量多，在内容方面也非常丰富，文学、历史、医药、法律、宗教、艺术、科技、类书、丛书、百姓日用的图书等一应而全，类似“结婚指南”、围棋谱，以及双语对照的语言学习书籍《景祐天竺字源》等也可以在宋朝找到。特别是文学作品，用琳琅满目、不知凡几来形容绝不夸张，从《楚辞》《离骚》到《蔡中郎集》《曹子建集》《昭明太子集》到《李太白集》《昌黎先生集》，不胜枚举。像《苏东坡集》，更是畅销书和流行文化的典型代表，今可知的彼时版本就有 20 多种，既有全集又有选编本，还有“三苏”的合订本，显现出文

① 漆侠：《宋代经济史》，中华书局 2009 年版，第 721 页。

② （宋）沈括撰、胡道静校注：《梦溪笔谈》，中华书局 1957 年版，第 597 页。

③ （宋）苏轼撰、孔凡礼点校：《李氏山房藏书记》，《苏轼文集》卷十一，中华书局 1986 年版，第 358 页。

化生产专门化、精细化的状况。技术的改进优化了图书文献的社会供给，实现了从“小众化”“贵族化”到“大众化”“平民化”的转变。当时的知识分子认为自己生而逢时，深以为幸。宋真宗与国子监刑昺的对话就反映了这一心态：“国初不及四千，今十余万，经、史、正义皆具。臣少从师业儒时，经具有疏者，百无一二，盖力不能传写。今板书大备，士庶家皆有之，斯乃儒者逢辰之幸也。”[①]复制与生产能力的提升使文化从庙堂走进了市井，民众文化生活变得多样而普及，吟诗作文、品茗论道、读书论画、美食烹调、笔墨收藏，文化生活的丰富和文化认知水平的提升反过来极大地激发了更广泛的文化需求与文化创新。这种需求与供给之间的良性互动和循环为社会文化资本总量的提升创造了条件，也提供了技术和社会环境保障。法国史学家弗雷德里克·巴比耶在其《书籍的历史》一书中论述了中国印刷术的应用、改进及效率问题，明确指出中国的木版印刷术“9世纪它被应用于所有种类的文章（挂历、各种各样的条约、文学作品和佛教或儒教的文章）的印刷上”，“这项技术大大提高了效率，因为它在必要时可以同时印刷几万本书的印刷品，直到移动活字的发明，文章可以分为一定数量的标准化活字的原则才开始实施。用来制造活字的材料首先由黏土构成，它的耐用性不强，不利于印刷机的工作。王祯对其进行了第二阶段的改进：人们将活字刻在小木块上，并且将它们放在绕轴旋转的分隔开的格子里（13世纪末），印刷的过程通过磨压完成”。[②] 不仅仅是宗教传播，欧洲文艺复兴以及科学的发展都与印刷有着密不可分的关联。

如果说印刷术所带来的文化复制还可以用数字量化，自媒体对文化生产总量的贡献就不易统计了。在中国，当前自媒体时代的“弄潮儿”非微信莫属。据统计，我国移动电话用户总数约12.5亿，网络覆盖已在全国达到较高的覆盖率。一条微信发布后瞬间就可以被推送共享到上万个

① （元）脱脱等撰：《宋史》卷四三一《刑昺传》，中华书局1997年版，第3257页。
② ［法］弗雷德里克·巴比耶：《书籍的历史》，刘阳等译，广西师范大学出版社2005年版，第103页。

甚至更多的手机终端。通过几十个版本的优化升级后，微信在技术方面已经构建了“三维沟通矩阵：X坐标是语音、文字、图片、视频；Y坐标是手机通讯录、智能手机客户端、QQ、微博、邮箱；Z坐标是LBS定位、漂流瓶、摇一摇、二维码识别”[①]，构建起了纵横交错、立体覆盖的信息传播渠道，信息技术嵌入到人们的生活、工作、社会交往等各个领域。在传播内容方面，微信纷繁多样，文化类内容在微信总量中占有相当大的比例，其中不乏集成传统文化经典和当代文化精华的内容，如广为转发和共享的“中华文化脉络”“某某著名画家或者书法家作品集锦”“成语大全”“对联辑要”“诗词鉴赏”“中医养生”“中华饮食”等专题，还有名人演讲、书目推荐、当下衣食住行等流行文化的推送，以及较为宽泛的文化信息的共享等，不一而足，举不胜举。在公共账号中，可以非常便捷地找到有关“国学”“京剧”“历史”“民俗”“书法”“茶”，以及传统文化研究等为主旨的文化信息推送平台。这从根本上改变了大众文化接触、文化认知和文化传播的方式。

在信息即收即发、即复制即推送的过程中，人既保留了原有的文化接受者身份，同时也成为文化生产者和知识传播者。这种受众身份的兼容性和复合性得益于网络技术人际传播网络的结合。中国是一个注重伦理并且社会关系网络密集的国家，当技术介入渗透到社会深层结构时，其能量和功能是传统大众传播模式难以解释圆通的。不能不说，技术重塑着当下人际交往的方式和途径，无论是社会个体的公众形象塑造，还是社会的文化涵化，都在不同程度上对技术产生了路径依赖。如果说印刷术的问世使知识的生产与传播告别了社会精英和权威的控制与垄断，那么自媒体时代，3G或4G网络和信息通信则消解了以物理机械为支撑的文化生产与传播技术。随时随地，即时即刻，化一为万，文化知识的生产和传播已成为一种泛在的社会现实。无论是印刷术还是自媒体，它们都在自

① 单晓彤：《微信传播模式探析》，《传媒E时代》2013年第2期。

身所处的时空范围内生成了一种客观的社会文化存在。文化生产的重要特征是它的物质性特征、制度化特征和社会化特征，印刷术和自媒体的文化生产行为充分体现了文化生产的属性，在文化从资源转化为文化资本的过程中起到了不可取代的作用。就像《圣经·旧约》中的通天塔——巴比塔曾让上帝对语言的力量感到恐慌一样，伴随社会的发展和文明进步，文化领域的新生力量层出不穷，生生不息，一次次刷新人们的认知边界，给世界带来震撼。在今天的大数据时代，自媒体强大的文化生产能力表现令人惊叹。技术进步确实带来了知识总量裂变式的攀升，美国学者尼尔·波斯曼有一本著作叫作《技术垄断》，该书的副标题是“文化向技术投降”。诚哉斯言，技术对于文化领域的渗透程度愈发深入，从介入、支撑到变革、垄断，抑或是超越当前想象。媒介研究的权威学者麦克卢汉也曾断言“媒介即讯息”。凡此种种，无不昭示着技术进步与文化传播水乳交融、同脉共体的发展态势。

第二，技术进步催生了文化生产的机构与组织，提升了文化再生产者的素养，优化了文化再生产的人力资本。技术的作用有些是直接的，有些是间接的。科技进步在增强社会文化生产、增加文化总量的同时，也催生了更多的文化生产机构和组织，在一定程度上改变了所处时代的生产关系。拿印刷术来说，源于书籍印刷技术的提升，书籍生产的数量急速增加，北宋时期刻书之地可考者不过三十余处，而南宋则有近二百处。[①] 南宋著名诗人陆游在《老学庵笔记》提到“书籍行”[②]，说明书籍的出版发行业已成为一个行当。坊肆刻书卖书是宋代社会经济生活的重要组成部分。坊肆也称“书林”“书堂”“书棚”“经籍铺”等，是以营利为目的，把书籍作为商品制作和销售的地方，一般都拥有自己的写工、刻工和印工，可以说是专门从事文化生产的地方。由于数量较多，它可以理解为宋代“文化产

① 参见张秀民：《中国印刷史》，浙江古籍出版社 2006 年版，第 44～45、70～71 页。
② （宋）陆游：《老学庵笔记》卷一，中华书局 1979 年版，第 7 页。

业”的雏形。不仅如此，当时还形成了全国性的大型书市。就连当时相国寺庙会上也卖书籍，《东京梦华录》记载“寺东门大街，皆是幞头、腰带、书籍、冠朵铺席，丁家素茶”[①]。漆侠在《宋代经济史》中曾评述，这些书铺对我国古代文化的传播起了不可磨灭的重要作用。书铺代表了民间文化生产的力量，而有宋一代，以书籍出版为主线的文化生产机构包括了诸多层面，政府、个人、书院、寺院、道观等都是当时文化产出的单位和文化传播的主体。拿政府来说，宋代无论是中央政府还是地方政府都高度重视以书籍出版为代表的文化教化，除了国子监、昭文馆、史馆、集贤院等国家权威出版机构实施该项工作之外，译经院、刑部、太医局等职能部门也以书籍发布专门的文化知识，积极参与到宋朝书籍出版格局中。不限于此，以路、府、州、郡、县等地方政府为依托的各种出版机构也加入到这个行列中，出版种类之多、品目之繁，难以胜数。当文化或者知识生产上升为一种国家意志和国家行为，成为制度化安排并夜以继日、如火如荼开展时，文明的进步就会呈现“直挂云帆济沧海”的壮阔景象，如陈寅恪先生所评价：“华夏民族之文化，历数千载之演进，造极于赵宋之世。”[②]两宋之所以在文化领域取得如此的成就，与强大的文化生产能力密不可分。与此同时，社会的风气和结构也会发生相应的变化。印刷术的推广，产生了编辑、校勘、刻版、印刷、销售等新的专业分化，社会分工更加细化；产生了书铺、书局、书院、馆阁藏书校书等专门的文化生产机构，进一步巩固了社会文化生产的稳定性和制度化，在某种程度上确保了文化知识传播的准确性。新的社会分工和生产机构的出现代表了新兴生产力，体现了新的社会生产关系，形成了生产力与生产关系的良性互动，催生了新的社会阶层，也凝聚出推动社会发展的新动力。

宋代所形成的这种知识传播的组织架构一直延续到清朝，甚至渗透

① （宋）孟元老撰、伊永文笺注：《东京梦华录笺注》，中华书局 2006 年版，第 301 页。

② 陈寅恪：《邓广铭〈宋史职官志考证〉序》，《邓广铭全集》第 11 卷，河北教育出版社 2005 年版，第 330 页。

到今天的出版业。有清一代,“龙威”在书籍编撰发行以及文化生产领域中的最高决定权实为前朝无以比附,皇帝是出版业的“总编审”,很多大部头的传世集大成之作都是亲力亲为。印刷术作为技术进步对文化传播所产生的效应表现得淋漓尽致,加上国家意志的推动力量,完成了文明一次又一次的嬗变。哈罗德·伊尼斯在其代表作《帝国与传播》中曾指出:“在政治的组织和实施中,传播占有关键的一席。在历代各国和西方文明中,传播也占有关键的一席。”[①]

印刷术促进了中国社会新机构、新行业、新阶层的诞生,同时也提高了印刷从业者的文化技能与素养,使文化生产的人力资本得到优化和提升。伴随印刷术的普及,刻工等技术工人的数量与日俱增,与印刷相关联的技术成为人力资本构成的要素之一。印刷行业整体人力资本的优化是社会文化再生产的重要动力,为文化生产的可持续发展提供了人才保障。

印刷术同样改变了西方社会的文化面貌与格局。一些印刷商的作坊成为一些城镇的学术中心,因为他们要请专家教授、翻译家、图书馆馆长等把关,制定规范。换言之,“16 世纪最先进的学术中心似乎从讲演厅和教学中心转移到了一些印刷商的作坊”[②]。新兴文化生产机构的问世和文化生产者队伍的壮大是技术进步引发的结构性转变,是与文化生产之间产生的深层次的互动与互惠。印刷术作为技术进步的里程碑之一,对社会的影响从根本上讲是对生产力和生产关系的冲击与重组。正是在这个意义上,文化生产力得到了优化升级和较大发展。

第三,实现了文化资源向文化资本的转变。伊丽莎白·爱森斯坦曾说,“印刷术产生的文化变形比任何单一公式所能够表现的更加复杂”[③],它实现了多元化的价值转换,促成了文化的再生产,使原本分散的文化资

① [加]哈罗德·伊尼斯:《帝国与传播》,何道宽译,中国人民大学出版社 2003 年版,第 3 页。

② [美]伊丽莎白·爱森斯坦:《作为变革动因的印刷机:早期近代欧洲的传播与文化变革》,何道宽译,北京大学出版社 2010 年版,第 51 页。

③ [美]伊丽莎白·爱森斯坦:《作为变革动因的印刷机:早期近代欧洲的传播与文化变革》,何道宽译,北京大学出版社 2010 年版,第 39 页。

源通过统一的媒介得到了集中表达，并促进了社会进步。通常情况下，我们会自然地认为丰富的文化资源会带来丰厚的文化资本，仿佛从资源到资本的转换是一个顺理成章、自然孵化的过程。其实不然，在世界文明进程中，历史悠久、文化积淀深厚的民族文化屡见不鲜，但是在全球化背景下能够将历史文化资源转换成为文化资本，从而形成强大"软实力"的就屈指可数了。从文化资源化茧成蝶为文化资本的因素众多，科技介入可以说是重要的一极。无论是4D影片所带来的飙升的票房收入，还是数字动漫所产生的文化娱乐消费；无论是手工艺品的工业规模化生产，还是声光电综合运用而建构的大型娱乐模式，都显示出了科技在文化资本生成过程中的权重。印刷术虽然是科技发展的"初级阶段"，但是也可以说是人类历史上较早出现的"文化产业"，在文化资源向资本的转换方面起到了重要的"原始积累"的作用。

"文化资本"这一概念也是由布迪厄提出的，他把经济学领域的资本理念引入文化范畴，提出资本可划分为三种类型，即经济资本、社会资本和文化资本；其中文化资本又可分为三个方面，即物化资本、体化资本和机构资本。随后，澳大利亚经济学教授戴维·思罗斯也提出了自己的见解，认为文化资本是以财富的形式具体表现出来的文化价值的积累。这种积累紧接着可能会引起物品和服务不断地流动。[①] 与此同时，形成了具有文化价值和经济价值的商品。在文化资本原理视角下，印刷术和自媒体都在不同层面和程度上促成了文化资源到资本的蝶变。

印刷术生成的主要是文本形式的文化产品，是一种物化的文化资本，同时，以图书为媒介的知识传播的社会化提高了全民的文化素养，从而形成体化资本。该资本形式不以实物或者货币形式呈现，是一套内化的语言、技能、情趣、行为和知识系统，通过人本身表现出来。与印刷术不同，

① 参见薛晓源、曹荣湘主编：《全球化与文化资本》，社会科学文献出版社2005年版，第554页。

由于网络技术的介入，自媒体的文化生产及其再生产的能力是惊人且难以量化的。自媒体是一种源于民众、活跃于大众、服务大众的共享媒体，其最突出的特点就是文化生产的单位由组织变为个体，依托数字和网络技术的提高打破了文化生产权威垄断的格局，将每一个普通的社会民众都打造成了丰富文化资源的开拓者、文化成果的生产者、文化产品的传播者，以及社会文化资本的创造者。如博客，相对于传统上以组织机构为单位的文化发布与传播方式，它凸显了个人的文化产出水平及其潜能。依据个人兴趣的不同，博客空间所呈现的主题不一，有的关注政治体制改革，有的关心金融投资，有的钟情于体育赛事，而文化发烧友也不在少数。他们乐此不疲地创作、生产、发布带有自我认知标识和情感特质的文化成果，在自媒体技术创造的“文化工作坊”中用心地经营着自我的文化空间，日积月累地进行文化资源的转换与再生工作。如果说博客还是一个相对独立的空间，微信则把文化的传播与社会人际交往结合在一起，通过传递和推送具有文化主题、文化内涵、文化属性的信息来达到人际网络建构的目的。在以人际网络的广度、密度为权重的中国文化语境下，人脉资源一直被视为社会个体“软实力”的重要表征，处于人际网络维护的视角，这种文化的推送和传递活动无数次被复制，其传播范围不断得到扩展延伸，而社会文化资本正是在每个人轻轻按下“发送”的那一刻得到扩充和层累的。

自媒体传播所形成的强大的文化生产能力，一方面源于科学技术的支撑，实现了其呈现、存在和流通方式的转变；另一方面，传播内容的选择编排与更新也是要素之一。如果说博客、微博的内容多少有些网络日志的味道，形散神不散或形散神也散，那么微信的内容则是形神兼备的典型代表。微信绝大多数以主题聚合的方式面世，或为一篇主题清晰的文章，或为名家书画作品的荟萃，或为健康养生理念的扫盲，或为学院派经典理论的普及，或为摄影技艺的唯美展示，或为艺术生活方式的倡导，或为地域文化特色的宣言，抑或为个人经历、“心灵鸡汤”和即时行为的公共表达，通过群体间的选择、推送、发布，完成文化再生产的历程，演绎出当下文化传播的新气象。文化生成的奥秘在于单位文化的求异性，所以对微信之“新”的一项重要内涵就是传播内容的主题聚合。在文化资源总量不变的前提下，按照不同的主题进行编排，呈现出文化 N 次方后的效果。中国文化用内容宏富来形容并不过誉，散佚在每一寸土地上的文化资源不仅数量多而且种类繁，开采文化的富矿、生成日用的文化产品是一个重要命题。主题聚合在某种程度上发挥了点石成金的效果，通过收集、聚合、分类、编纂、美编等文化生产环节，文化资源得到推送和扩散，生成了具有流通意义的文化产品，发挥了文化普及、公共教育等职能，不仅完成了文化再生产的过程，积淀了物化的文化资本，也催生了营销价值，产生了经济资本，实现了从文化资源到资本的转变。这种基于数字和网络技术支撑的新兴物化资本，改变了人们的阅读方式、文化认知方式、知识传播方式以及社会交往方式，悄然间作为体化资本载体的当代社会人正在接受着科技进步语境下自媒体技术对人的全新塑造。

在微信强大的信息发布能力、文化生产能力、社会教化功能以及经济催化效应的带动下，多层面的微信运营机构应运而生，主要包括媒体类公众平台，像腾讯科技、新浪科技等门户网站频道；央视、南方周末在内的传统广电及平面媒体；品牌客服类公众平台，如航空公司、星巴克中国等；公共服务类公众平台，如政府、公共机构、非营利组织、高校等，还有博物馆、各基金会组织等。离开当前的技术条件，这些平台无异于筑室沙上，书字风中。当这些平台的功能充分显现时，其所发挥的就是新兴传播组织的作用，从而成为文化资本中机构资本的体现者和重要创造者。

三

从印刷术到自媒体，科技与文化的嫁接与捆绑走过了一段似水流年的历史,推动了文化与社会的发展。如伊尼斯所言:“一种新媒介的长处,将导致一种新文明的产生。”①在文化再生产的视角下,从技术的起点走到了技术的前沿、从技术的本体走到了技术的价值生成与转换。科学技术的介入与参与,加速了文化从物态形式到精神价值转化的过程,提升了文化资本积累的速度,建构了文化再生产与传播的链条,丰富和优化了文化再生产的方式与途径。如果说印刷术是科技与文化的第一次“亲密接触”,那么自媒体语境下的文化产品已经成为技术和文化的共同体。可以肯定,在人类文明进步的历程中,技术进步与文化再生产之间的关系是互系的,更是互惠的,尽管也有学者敏感地觉察到了技术垄断可能导致的信息失控和文化失范②,但是其正面价值是难以磨灭和不可取代的,而这种警觉或批判恰恰增强了人类对技术进步本身的全面认识,并在此基础上促进其良性循环。因此,社会建构论针对技术的本质提出了一种观点,认为技术是一种社会文化实践,此说深中肯綮。在其理论框架中技术应被理解为一个社会过程,社会因素全面渗入技术中,从而打破了技术与文化的边界,形成了技术与文化的“无缝之网”。

技术进步与文化再生产的互惠机制具有三个方面的核心要素:一是科学技术水平的不断进步;二是文化资本的特征;三是科技发展、文化生产与文化消费之间循环链条的建构。科学技术的进步具有独立性,按照自身的规律发展演进,以“滚雪球”的方式展示出强大的自主发展能量。它不仅将文化视为遍布于社会之中的分散、抽象而无形的力量,还将文化变成了一种被生产、传播和传递的事物。同时,技术本身还是一种附着性的存在,具有强大的介入和嵌入能力,表现出一种普惠价值,如德国学者F. 拉普在其名著《技术哲学导论》英文版序言中所言:“今天的确很难找到

① [加]哈罗德·伊尼斯:《传播的偏向》,何道宽译,中国人民大学出版社2003年版,第34页。
② 参见[美]尼尔·波斯曼:《技术垄断——文明向技术投降》,蔡金栋等译,机械工业出版社2013年版,第65页。

不受技术变革影响的个人和社会生活领域。”[①]尽管资本本身都有自我扩张的本性，但是文化资本与经济资本不同，源于文化自身的超越性，文化资本可以不受国别边界的限制，不仅被一个国家或民族独有，也可以实现更大范围内的共享。同时，文化资本还有着强大的复制和繁殖能力，或者说具有强大的扩张性，它可以通过学习而内化为体化资本。人本身就是资本的载体，通过人的社会活动，其价值和作用会得到扩散，其表现就是人的素质得到整体的提升与优化，从而为发明创造提供智力支持。如马克思所言：“在生产力构成的诸多要素中，人是起最关键作用的。掌握了先进科学技术的人，在对社会发展上所起的作用是无比强大的。劳动者素质完全决定了生产力的发展状况，而劳动者素质的提高在很大程度上取决于科学技术作用在他们身上的力量大小。”[②]

再者，文化再生产能力的提高可以加大文化资本存量，从而进一步影响一个国家、民族，或者是区域、族群的文化价值体系。随着这种文化价值体系不断得到强化、扩展，文化资本会日复一日地得到积累与增长，文化价值体系也会发生变迁。人们已经习惯于探究经济学中的价值理论，自1776年亚当·斯密《国富论》诞生以来，人们对经济价值的认识日益深化。但对文化价值的认知，探索的脚步一直前行，见仁见智的观点层出不穷，学界对文化价值的产生、存在、测量、评估等尚未形成一个可以达成普遍共识的框架。原因是多方面的，毋庸置疑，文化价值自身的特殊性是一个方面，但找到一个适宜的切入视角并能形成开展持续性研究的路径依然是十分重要的。以技术进步作为切入点探讨文化价值的生成与存在不失为一种有益的尝试。从这个意义上讲，科学技术是实现文化再生产、生成文化价值，使文化资本固化、深化和演化的深层动因，是文化资本的一种结构性存在。用文化资本的概念来阐述技术进步作用于文化生产的结

① ［德］F. 拉普：《技术哲学导论》，刘武译，辽宁科学技术出版社1986年版，第1页。
② 《马克思恩格斯全集》第23卷，人民出版社1972年版，第204页。

果或许不是最佳的方案，但是毕竟提供了一种解释社会文化生产、文化传递的方式，这种方式可以将显性或隐性的社会文化生产实践解释为价值的永续手段，而资本自身的扩张本性以及文化资本的永续性特征，又为加速文化生产及其再生产的技术革新提供激励。

最后，从印刷术到自媒体，一个显著的转变是将文化纳入到了"产业化"甚至"工业化"的序列，并形成了社会文化消费。科技发展越快，文化的再生产能力就越强，所形成的文化产品的种类和数量也会随之水涨船高，从而为更加优质的文化消费的发生奠定更好的基础。于是，在科技、文化再生产和消费之间就构建起了一种循环关系，要使得三者之间的关系实现有序运转和良性循环，就必须重视技术进步的原生动力。应该看到，消费的介入使科技进步和文化再生产之间的互惠互系关系得到进一步加强，甚至形成一种"强互惠"的格局或结构，继而形成计划与市场、社会效益与经济价值的相对统一。但是如果片面强调文化消费，看重文化消费的经济指标贡献度，忽视了技术进步带来的媒介发展平衡问题，会使文化生产及其再生产陷入机械运转和僵化不前的境地。

通过印刷术和自媒体，我们分析了技术革新与文化再生产之间的互动与互惠，探究了技术进步所带来的社会文化生成机制的变革。在感叹、认知技术进步的文化功能与社会的价值的同时，还应看到，尽管印刷术和自媒体带来了文化再生产的变革，但是两者除了技术的物理特质不同，其在功能和发展潜质方面也有所不同。印刷术的问世已经走过了上千年的历程，不仅在当时被认为是一种社会革命，直到今天，其影响依然存在。社会接受新兴文化生成方式并不意味着对传统方式的否定和取代，尽管电子媒介层出不穷、更新换代，但是基于印刷技术的纸质媒体的文化传播能力并没有被削弱，尽管电子图书问世之初有一种取代纸质图书的论调，但实践证明了这一论调的苍白。印刷术生命力的强大一目了然，其文化再生产的能力会在一个较长的历史时期内发挥作用。相对于此，以自媒体为代表的新兴科学技术带来了强大的文化冲击，应该看到，自媒体不仅自身带来了文化生产的变革，更为深刻的是，它造成了文化传播结构的根本性改变。自“传播”的学科概念问世以来，拉斯韦尔“5W”传播模式尽管几经完善补充，但是其线性传播结构和文化传播活动历时发生的机理一直发挥着核心影响。自媒体的存在与发展给传播结构带来了极大的挑战，最为突出的表现就是把传播活动从“历时”转换为“节点共享”，人们在互联网上进行文化生产活动的同时，自身也成为被关注和被生产的对象，所有的网络传播节点都可以被理解成文化生产的出发点。可以说，自媒体的文化生产功能建立在其自身所建构的文化生产关系和传播结构的基础上，它在营造着一个具有革命性意义的“媒介环境”，显示出“瓦解”传统的潜质，显示出在文化生产及其再生产方面的巨大能量。尽管自媒体还处于“初级”发展阶段，但自媒体文化生产存有巨大的挖掘和培育的空间，其发展态势与趋向需进一步关注、观察和分析。

在自媒体时代，科技的进步与文化的消费都已经进入一个崭新的历史阶段，文化的再生产、文化本体的创新，或者说文化资源自身的优化，成为一个呼之欲出的时代课题。文化生产一般来说指的是文化商品的工业化生产或者感觉、意识或意义的社会生产。文化生产的对象有物化的商品，也有非物化的意识与意义。文化再生产的目标在于保持主体的意义生产的结构与形式，主体意义的匮乏和流失将使文化再生产的社会功能大打折扣甚至走向反面。文化资源的推陈出新是“源头活水”，是主体意义诞生和传承的本体，是文化再生产的生产资料，是文化资本赖以衍生的基础，更是高新科技发挥作用的土壤。在文化贫瘠的土地上，任凭怎样的尖端科技也难以产出优质的文化产品。技术进步的持续变革无论具有怎样翻云覆雨的能力，都更多体现在“术”的层面上，“道”的问题还需要回归文化的本体，在本体中汲取文化的精髓，在全球化的语境下赋予其更多现代性和世界化的基因。就像自然界生物的多样性对生态循环的意义一样，文化的多样性、丰富性对于社会文化生产及其再生产，对于文化价值累加而产生的文化资本同样具有非同一般的意义。文化本体的多样性是文化生产与消费多样性的天然优势和前提条件。可以肯定，拥有丰厚的文化资源，是技术进步与文化生成互惠机制得以持续实施的土壤和基础，而对文化资源的保护、继承、发扬、创新，通过优质要素的介入产生文化的变迁、流转和文化增值，优化文化资源的基因与机理，是自媒体时代下文化再生产活动的根蒂所在。

在日新月异的时代里，科技进步与文化再生产之间互系与互惠的故事还将继续，并将作为一种社会历史实践长期存在，但是其互系与互惠关系要得到更深层次的发展，文化资源的丰富程度和质量高低、开发与维护、更新与创新，是一个绕不过去的客观的社会存在。

（原载《文史哲》2015 年第 6 期）

跨文化语境下文化符号的意义建构

孔　梓　宁继鸣

【摘要】 符号的意义取决于具体语境。罗兰·巴特的文化意指分析基本模式从符号学视角出发，剖析了文化符号与语境在横组合和纵聚合两个向度上的互动关系。在这两个向度上，符号会按照具体语境的叙事结构和象征结构产生出特定的逻辑意义和象征意义，呈现多样化的意义。在跨文化传播的情况下，文化符号处于和不同文化语境的对话过程中，在不同语境中会存在不同的意义呈现，很可能产生不同程度的"文化折射"现象，此时应遵照目标语境的横组合和纵聚合规则"序化"叙事结构和"类比化"象征结构，才能最大限度地提升文化符号与语境的有效互动，保证受众对文化符号意义的预期建构。

【关键词】 文化符号　跨文化传播　意义建构　文化意指分析

Meaning Construction of Cultural Signs in Intercultural Context

Kong Zi　Ning Jiming

Abstract: The meanings of signs depend on specific context. This paper probes into the interactive relationship between signs and context in two dimensions, i. e. syntagmatic order and the paradigmatic order, with Roland Barthes' cultural signification analysis. It finds out that the signs will display various meanings according to the specific rules of narrative structure and symbolic structure in specific context. In the circumstance of intercultural communication, cultural signs interact with various contexts, and produce different meanings, which may cause the meaning loss or misunderstanding. It proposes cultural signs should be adjusted according to the target context's related rules, that is re-ordering narrative structure and analogizing symbolic signs, in order to increase the effective interaction between cultural signs and contexts, and guarantee the meaning construction of cultural signs as expected.

Key words: cultural sign, intercultural communication, meaning construction, cultural signification analysis

“不同民族的文化作为一种独特的社会现象,它反映着一定社会、民族的经济、政治、宗教等文化形态,蕴含着民族的哲学、艺术、宗教、风俗以及整个价值体系的起源。千百年来,它以一种鲜活的形式承载着人类文化的传播,从而构成了文化的动态化符号。”[①]当文化在不同语境中传播时,由于意识形态、价值观念以及思维方式等方面的差异,同一文化符号与不同的文化相联系时会产生不同的文化意义,意义的多样性便会呈现出来。对于传播主体而言,这些差异就有可能导致文化偏移甚至误解等“文化折射”现象。本文试从符号学的角度剖析文化符号的意义在不同语境下是如何生成的,新语境下生成的意义与原有的语境下生成的意义缘何不同,如何最大程度地理解文化折射现象,以便更好地发挥文化传播的独特功能。

一、语境与符号的多义性

“符号的意义就是符号通过符形所传达的关于符号对象的讯息。”[②]我们从这些符形中获得各种讯息,也就意味着我们理解了符形的意义。罗兰·巴特认为,语言符号以及其他符号都是“能指”和“所指”的统一体。符号的意义基本上是通过“能指”和“所指”之间的相互作用实现的。[③] “能指”是一个符号的表达形象,而其所代表之意就是“所指”,所指不是“一桩事物”,而是该事物的心理表现。两者的结合是“意指”(signification),“意

① 吴越民:《跨文化视野中符号意义的变异与多样性》,《同济大学学报(社会科学版)》2009 年第 1 期。

② 吴越民:《跨文化视野中符号意义的变异与多样性》,《同济大学学报(社会科学版)》2009 年第 1 期。

③ 参见[法]罗兰·巴特:《符号学原理》,王东亮译,三联书店 1999 年版,第 28 页。

指”是将“能指”与“所指”结成一体的行为，它可以被理解为一个过程，该行为的产物就是符号。符号包含了两个构面，“能指”构成表达面，“所指”构成内容面，两者的区别在于“能指”是一个中介体，必须借助某种事物作为载体，而“所指”不是一种具体事物本身，而是这种事物的主观意识。在一定条件下，已形成的符号整体可以继续作为表达面与新的符号内容相结合，在更高一级层次上产生意指作用。

某个特定“能指”和某个特定“所指”之间的联系不是必然的，而是约定俗成的。例如“水”在英语、汉语、日语、法语中的发音各不相同，但全都能表达“水”的含义。这就是索绪尔语言学的一条重要原则，即符号的任意性原则。他进一步解释：“我们的意思是说，它是不可论证的，即对现实中跟能指没有任何自然联系的所指来说是任意的。”[①]符号的任意性与受众所处的地域文化背景以及社会阶层等因素有关，不同文化群体对于符号的具体理解是有差异的。符号的任意性使得符号意义的多样性成为可能，不同的所指意义体现了信息传播的深层内容，即价值理念、思维方式以及道德伦理层面，符号意义要靠具体语境来规定。

与索绪尔的“语言学是符号学的一部分”的观点不同，罗兰·巴特将符号学看作语言学的一部分，他借助横组合关系和纵聚合关系相结合的语言学模式，分析一切符号学事实和意指现象。[②] 他将这种对符号意义的分析模式称为文化意指分析，包括“横向组合”(syntagmatic)和“纵向聚合”(paradigmatic)这两个符号分析的维度。横组合与纵聚合这一对概念是语言学家索绪尔提出来的。所谓“横组合”，是一个系统的各因素在“水平方向”展开所形成的任何一个组合部分。“纵聚合”是横组合段上的每一个成分后面所隐藏着、未得到显露的，可以在这个位置上替代它的一切

① 转引自卓俊科：《对索绪尔符号任意性的解读》，《语言与翻译(汉文)》2006 年第 3 期。

② 参见屠友祥：《罗兰·巴特与索绪尔：文化意指分析基本模式的形成》，《西北师大学报(社会科学版)》2005 年第 4 期。

成分，它们构成了一连串的"纵聚合系"。[①] 该语言学分析模式拓展到符号领域之后，横向组合是在既定序列中受规则制约的符号组合，纵向聚合指有某些共同点的符号在人们记忆中的集合。符号在不同语境下的横向组合方式和纵向聚合方式不同，所产生的意义也有所差别。

（一）横组合向度上的符号互动

索绪尔把前后相继出现的词语单位之间以及词语与整个句子之间的关系称为横组合关系(Syntagmatic)。罗兰·巴特将这种横组合关系从语言扩大到相继出现的符号要素聚集。横组合关系的分析单位是叙事，叙事是个大句子，是意旨的或符号化的语言活动。与语言中的句子类似，一个完整的叙事结构包括叙事主语和叙事谓语。叙事主体相当于句子的主语，主语的形象是横向的种种意素的化合或组合。[②] 叙事主语需要被阐释，阐释要围绕一个待表述的核心问题，寻找问题的真相就是最终被发现了的叙事谓语。当叙事主语得到了表述，叙事谓语实现了确定性，一个完整的叙事结构就完成了，符号的逻辑意义便能在此过程中得以顺利展现。

不同语境在文化内涵、政治立场、地位、观念，或时代、种族、阶级等方面存在差异，它们拥有各自的叙事组合方式。以语言为例，罗兰·巴特从符号学的角度研究了日语的叙事组合方式，"日语中的主体被功能性的后缀词、连续词的复杂性所淡化、弱化，使主体变成一个空无言语的外皮，不再是从外面和上面指挥着句子的核心"[③]。相比而言，西方语言自古受到古希腊语言主要结构方式的限制，在语言中更突出强调主体，主体是控制着整个语言的核心。

由于不同叙事结构的存在，使得文化符号在不同语境中的逻辑意义呈现也不尽相同。以花木兰这一中国文化符号为例，中国北朝民歌《木兰

① 参见鲁明军：《象征与差异：分段式影像结构的符号学解读——以米奇·曼彻夫斯基作品〈暴雨将至〉为例》，《电影评介》2007 年第 11 期。

② 参见屠友祥：《罗兰·巴特与索绪尔：文化意指分析基本模式的形成》，《西北师大学报（社会科学版）》2005 年第 4 期。

③ ［法］罗兰·巴特：《符号学原理》，王东亮译，三联书店 1999 年版，第 8 页。

诗》和迪士尼影片《木兰》分别运用不同的叙事结构和叙事手法塑造出不同的人物形象。迪士尼《木兰》用西方话语来解构中国传统的民间故事，从故事中抽取出符合其话语体系的某种意义。在这部电影中，没有强调尽忠尽孝，而是关注木兰这一东方女性角色在整个过程当中寻求自我价值的实现，这正是西方所关注的点，进而在叙事结构上作相应调整，保留了代父出征和荣归故里这两个主要情节，其余均按照西方强调的价值体系组织起来。在这种叙事结构中，原来的"雪地战斗""为国尽忠"的叙事情节，就被解读成了实现自我价值。同样的文化符号在不同文化语境中生成了不同的意义。[①] 可见，相同的符号在不同的叙事结构中被重新组合并可能生成不同的逻辑意义。

文化符号除了具备逻辑意义外，不同社会环境赋予了文化符号特殊的含义，使其大多具备象征意义，因而不能仅按照不同文化语境中的逻辑规则去理解其意义，还需要从纵向聚合向度上加以考查。

(二)纵聚合向度上的符号互动

纵聚合关系(Paradigmatic)是某种形式在意识层面所唤起的印象，并形成一种联想对照关系。这种关系不是在空间上展开的，只存在于心理意识的联想里，属于隐藏的、潜在的词语聚集，呈现出潜意识的状态。这种联想或是由形式方面所共有的东西或是观念、内容方面所共有的东西，或是两者均共有的东西唤起的，表现为一种纵向聚合的象征结构。

相同的文化符号在不同的象征结构中被重新聚合后可能生成不同的象征意义。倘若不考虑符号所在语境的象征结构，即使符号能在横组合向度上显示出它与内容媒体意义之间的融洽关系，在纵聚合向度上也可能格格不入，容易引发文化形象的消解与扭曲。这种误解主要是由于不同文化语境中纵聚合关系的符号互动方式不同所致。纵聚合关系对文化

① 参见李婉：《穿比基尼的"花木兰"——从叙事学角度看迪士尼影片〈木兰〉对中国〈木兰诗〉的改编》，《重庆交通大学学报(社科版)》2007 年第 8 期。

符号意义链条的构建作用主要表现在“类似性”上，受众的隐喻、联想、象征等心理机制使之往往将符号在某方面的个性、品质纵向投射到内在心理层面并对心理产生影响，引起某种情感，符号在这个过程当中获得了象征意义，符号和象征意义之间产生纵向的关联，构成了一条“纵聚合系”。在不同文化语境中，由于象征结构不同，相同的文化符号投射到内心的路径不同，引起的情感有别，加之象征结构是隐性的、未得到显露的，不同于能够表现出来的逻辑结构，使得跨文化语境下理解文化符号的象征意义变得更加复杂。

综上，符号的意义是在具体语境中通过横向组合和纵向聚合的方式构建起来的，这两个维度生成的意义是密切相关的，在两者共同作用下生成了符号的意义。在横向组合的方向上，不同的叙事结构影响符号的逻辑意义；在纵向聚合方向上，不同的象征结构影响符号的象征意义。不同的逻辑意义和象征意义会指向不同的符号意义所指。因此，符号意义的生成有赖于具体的文化语境，不同的语境具有不同的叙事结构和象征结构，会对文化符号的意义建构产生重要影响。要想减少符号意义的偏移程度，需要按照期望生成的意义在目标语境中的逻辑结构和象征结构进行适当调整。

二、跨文化传播过程中文化符号的意义建构

从符号学角度看，跨文化传播过程的起始点是在既定的文化背景下挑选某种文化符号，选择一个适合于传播该文化符号特质的所指，然后与文化符号的能指联系起来，通过合乎需要的符号组合形成资源信息，使用恰当的渠道将资源传送至目标群体，目标受众通过横向组合和纵向聚合的重构方式，把符号的意义依附、转移或嫁接到该文化符号上，并为其所认知。

跨文化传播过程中文化符号处于和异文化语境的互动过程中，传受双方缺乏文化模式上的共通性，符号解码者很难通过媒体识别出资源中的符号集合，也难以对符号编码者转换的符号所指完整无误地加以理解。文化符号在不同语境中会有不同的意义呈现，有些符号并不一定能够在所指层面上建构起良好的品牌形象。此时，文化符号在不同的文化介质中流动时很可能产生“文化折射”现象。因此，需要按照新的语境中横组合和纵聚合规则对符号编码作出相应调整，以实现文化符号与语境中的其他符号要素之间的有效互动。

(一)横组合向度上叙事结构的重新“序化”

横向组合向度上的符号互动需要确保符号与新的语境在叙事结构上的一致性，这个过程就是语境“序化”符号过程，即符号与语境间存在共同的“序”和“相似性”。语境对符号的“序化”是对所有符号的“运行”进行规约，规约的依据是“在场”的符号相互作用时所应遵循的逻辑规则，如果符号意义不符合语境的逻辑规则，即被认为是违背了“序”①，这就要求语言和文化符号需要按照“此在”语境的受众所理解的叙事结构重新编码。“序化”的目的是使符号的预期意义能够在语境中呈现，实现符号和语境之间的良性互动，达成意义的构建。以昆曲青春版《牡丹亭》②在海外的成功传播为例，该剧能够被西方观众所理解和接受，与其按照目标语境“序化”后的叙事结构密不可分。青春版《牡丹亭》的叙事结构和一般中国戏曲的文本叙事结构有区别。在意大利、英国和希腊上演的《牡丹亭》调整叙事结构之后更贴近于西方小说的线状叙事结构。调整叙事结构主要从两个方面着手，即故事的内容和叙述故事的方式(情节)。对于青春版《牡丹亭》而言，调整的方式是“只删不改”，围绕“杜丽娘游园惊梦”所建构的“惊梦”“寻梦”“殉梦”“圆梦”的叙事结构，梳理出“梦中情”“人鬼情”“人间

① 参见林亚莉:《符号与语境的关系》,《贵州师范大学学报(社会科学版)》2010 年第 3 期。

② 该剧由文化名人白先勇领衔并集全国的文化精英共同打造，是中国传统戏曲跨文化传播的又一次成功尝试。

情”的脉络，同时减少了开头的大篇幅铺垫，一上来就将男女相见相恋的高潮引出，这符合将叙事结构置于戏剧中心地位的“一人一事”叙述方式。[①] 这种叙事结构类似于西方同时期创作的《罗密欧与朱丽叶》，只是情节和表现形式不同。这样一来，西方受众将自己原本对于戏剧的审美需求就投射到《牡丹亭》这一文化符号当中，原有的精神需求在这种文化符号当中得以满足，能够顺利地在这种编码的文化符号当中得到自然流露；同时，在中华文化语境中的意义能够顺理成章地在西方叙事逻辑框架下展示出来，被其他文化接受。

（二）纵聚合向度上象征结构的“类比化”呈现

既然相同的文化符号在不同的象征结构中被重新聚合可能生成不同的象征意义，我们怎样才能更好地让不同语境中的受众理解文化符号的另一种象征意义呢？

以诗歌为例。诗歌是中国文化的精髓所在，中国传统诗歌多采用象征和隐喻的手法，这对于刚接触中国诗歌、并对中国诗歌象征结构缺乏了解的外国人来说，理解起来是比较困难的。譬如唐代诗人温庭筠《菩萨蛮》“蕊黄无限当山额，宿妆隐笑纱窗隔”，“宝函钿雀金鸂鶒，沉香阁上吴山碧”，“竹风轻动庭除冷，珠帘月上玲珑影”。[②] 对于西方人而言，他们往往以一种客观的眼光进行纯粹形式上的审美，不沾染感官的吸引力和人的情绪，这种美属于康德美学中“纯粹美”的特征。[③] 对中国人而言，诗歌除了带给人“纯粹美”的享受外，另一个重要作用是诗言志，往往将人的情感投射到物体当中。然而，这种符号背后的象征意义与符号本身的关联性是外国人很难理解的。在这种情况下，可以借助西方语境下类似的象

① 参见吴瑞霞：《〈牡丹亭〉叙事结构的透视》，《湖北师范学院学报（哲学社会科学版）》2004 年第 4 期。

② 参见（唐）温庭筠：《金荃词》，转引自曾昭岷编：《温韦冯词新校》，上海古籍出版社 1988 年版，第 13、20、24 页。

③ 参见朱巧云：《客观、纯美论温词——叶嘉莹对温庭筠词的跨文化解读》，《湘潭大学学报（哲学社会科学版）》2005 年第 7 期。

征结构帮助其理解。康德把美分成“纯粹美”和“依存美”:有两种美,即自由的美和附庸的美。第一种称作此物或彼物的(为自身而存在的)美;第二种是附属于一个概念的(有条件的美)。中国传统诗歌当中的以诗言志就是将一种感情投射到某一对象之上的“依附美”。康德“依附美”的概念可以更好地理解温词当中的象征手法,进而了解诗歌背后的文化内涵。

三、结　语

符号学既有的相关研究成果对跨文化传播的启示是深刻而长远的,它试图改变我们对跨文化传播本质的认识,将这种认识从工具层面提升到了意义层面。传统上,将跨文化传播的过程视为文化资源提供的过程,然而,语言和文化资源的共享所带来的不仅仅是资源需求的满足,资源在不同人群中传递也是资源提供者和使用者共同建构资源意义的过程。意义在跨文化传播过程中发挥着重要的作用,从意义层面思考跨文化传播,就会关注到借助这些资源、信息和活动产生的价值和影响,并且使文化得到充分的理解和认识,实现不同文化之间的相互理解和包容,有助于增强文化推广力度。

提高对跨文化传播本质的认识会使得文化传播理念发生相应的调整。由于符号在不同的语境传播过程中,不可能完全符合原有的意义建构预期,在不同语境中文化会发生不同程度的变迁,不断地被再生产,因此,从符号学的角度看,实现符号意义在其他语境中的建构不是追求所谓的传统和原汁原味,追求一种与原文化语境一样的正确性、准确性,而是能够引起语言和文化符号和当地文化语境的良性互动。符号进入不同文化背景后会发生多种可能的变化,生成不同的意义。但这并不意味着传播是失败的或者丧失意义,而是为了适应新的符号框架而作出的积极调整,是在一种新语境下的新的编码,是符号与语境之间的良性互动。这是一种文化传播理念的差别。在文化符号与不同语境互动的过程中，文化因发生变异而产生不同的"文化作品"，这是推动文化发展嬗变、焕发生命力的重要动力，也是扩大文化适应力的重要途径。

今后，跨文化传播需本着对其本质更深入的认识和更理性的文化传播理念，根据不同文化语境的叙事结构和象征结构特征，对符号在横向组合和纵向聚合上进行重构，"序化"的叙事结构和类比化的象征符号，使得符号能够和语境良性互动，在目标受众中产生意义，才能最大限度地保证受众对文化符号意义的预期建构，充分理解文化折射现象的产生，真正有效地提升不同文化之间的相互认识和理解。

（原载《烟台大学学报（哲学社会科学版）》2014 年第 2 期）

本土化与全球化的交融
——中国传统文化“走出去”问题探析

赵　跃

【摘要】　中国传统文化负载了中国的核心价值观，中国传统文化“走出去”是建设社会主义文化强国的必由之路。中国传统文化的国际传播面临渠道、方式、市场、人才等的多重制约。只有在坚持本土化根基与全球化定位的前提下，完善文化政策，加大资金扶持力度，构建多元渠道，创新传播方式，储备传播人才，才能推动中国传统文化顺利走出去。

【关键词】　中国传统文化　走出去　文化传播

Integration of Localization and Globalization
—Analysis of the Problem of Going Out of Chinese Traditional Culture

Zhao Yue

Abstract: Chinese traditional culture is loaded with China's core values, and the strategy of "traditional culture going out" is the way that must be passed to build a powerful socialist culture country. At present, the international communication of Chinese traditional culture is faced with difficulties in channels, methods, markets and talents. Only on the premise of sticking to the localization foundation and globalization orientation, can the traditional Chinese culture be promoted smoothly by improving cultural policies, increasing financial support, building diversified channels, innovating communication methods and reserving communication talents.

Key words: Chinese traditional culture, culture going out, cultural communication

中国文化“走出去”，也就是中国传统文化的国际传播，是指通过文化交流活动，向世界各地传播中华民族的文化理念和文化形态，提供文化产品和文化服务。中国传统文化“走出去”，有利于在互动交流中实现文化的发展。在全球化背景下，我们需要对什么“走出去”、通过什么渠道“走出去”、如何“走出去”等问题进行探讨。

一、中国传统文化需要“走出去”

五千年的悠久历史给予中国深厚的文化积淀，为我们提供了丰富的文化资源，奠定了宽阔的沟通平台。在进行中国文化的国际传播中，传播什么、怎么传播，关系到传播效果的最终实现。我们认为，中国传统文化是需要首先“走出去”的内容，中国传统文化在中国文化的国际传播中具有重要的意义。

（一）中国传统文化最能体现中国的核心价值观，它的国际传播是历史发展的必然要求

中国传统文化主要是指以中华民族为创造主体，于清朝以前在中国这块古老的土地上形成和发展起来的，具有鲜明特色和稳定结构的，世代传承并影响整个社会的，宏大的古典文化体系。[①] 中国传统文化是中华民族各种文化的统一体，最早可以追溯至远古时代对天地的崇拜，其思想体系以春秋战国时期的诸子百家为源头，以儒家思想为主体，同时受到多家思想流派的影响，总体上呈现出多元趋势。“决定中华特性的那些关键因素不是来自上个世纪的政权国家时期，而是来自几千年的历史，而这就决定了中国特色的独特性。”[②]儒家文化对“和而不同”的关系追求以及“中庸之道”的处事原则，反映了人们共同遵守的价值观念、思维方式、审美情趣和生活准则，而其谋求人与自然、社会的和谐统一，注重群体利益、道德仁义、忠孝诚敬等的价值取向，奠定了与世界共同分享、共同对话、共同承担的思想基础，能够满足不同时代、不同民族、不同文化的人们的思想追求。

① 参见赵洪思、李宝席：《中国传统文化通论》，人民出版社 2003 年版，第 452 页。
② ［英］马丁・雅克：《当“文明国家”中国统治世界时》，2010 年 2 月 10 日《参考消息》。

（二）对西方国家来说，古代中国具有神秘的东方情调，而异国情调正是文化交流与文明了解永恒的动力[①]

西方人对东方一直充满向往与憧憬，戏曲、瓷器、丝绸等文化符号在西方人眼中几乎就是中国文化的代名词。最初的“中国热”兴起于18世纪的欧洲，他们把中国物化为家具、瓷器和茶具等器具，把中国风格片面理解为稀奇古怪的形式和富丽堂皇的装饰。采用中国装饰题材，摆放带有中国风味的艺术品和工艺品，整体或局部地模仿中国家庭的布局，这种情况被法国人叫作“中国风格”。[②] 西方人对中国事物充满热情，日本学者小林太市郎认为，西方人，尤其是法国人，在“全面地学习中国，抛弃各种文化上的中世纪残余……使他们从现实生活，从艺术享受上全面地前进了一步，形成了法国的理性和享乐的近代文化”[③]。现在，中国风格不仅包括这些物质符号，还包括中国语言、中国文字、中国思想等非物质符号。文化上的不同是促进双方了解、交流的动力。

（三）中国传统文化较少带有意识形态色彩，不易受某些负面报道和评价的影响

当前的中国处在转型变革时期，用二三十年的时间完成西方世界二三百年的发展，这是人类历史上前所未有的一次飞跃。不过中国在经济急速发展的同时，也带来了各种各样的社会问题，诸如环境污染、食品安全、贫富悬殊、暴力执法等问题被外方媒体大肆渲染，从而形成了一系列不利于中国的负面报道和评价，加剧了那些戴着有色眼镜的西方人对中国的不认同。在冷战思维没有消除的情况下，意识形态问题也会增加双方的隔阂。如果这些与中国文化混淆在一起，就会导致一损俱损现象的发生，严重阻碍中国文化的传播。而中国传统文化对西方世界来说，较少

① 参见［瑞士］弗朗西斯·约斯特：《比较文学导论》，黄敏杰译，湖南文艺出版社1998年版，第162页。

② 陈志华：《中国造园术在欧洲的影响》，山东画报出版社2006年版，第14页。

③ 转引自李春：《西方美术史》，陕西人民出版社2004年版，第232页。

带有意识形态色彩,强调的是文化中国,具有持久性和连续性,不易受到负面报道和评价的影响。

二、中国传统文化“走出去”的困境

文化“走出去”并不是一句话那么简单,它包括观念的转变和行动的转变。文化的国际传播是一个系统工程,影响中国传统文化“走出去”的因素主要有传播渠道、传播方式、传播市场、传播人才等方面的问题。

(一)政府主导的传播渠道政治色彩浓厚

中国文化要“走出去”,作为一种共识已提到了国家战略高度。国家采用各种方法大力推进文化传播,目前,中国已与145个国家签订了文化合作协议,有752个文化交流执行计划,与近千个文化组织机构有着不同形式的文化往来[①],使中国文化交流有了很大的发展。中国组织了各种中外“文化年”“交流年”等大型国际文化活动,“亚洲艺术节”“相约北京”等国际性文化节庆都成为传播中国文化的重要载体。国家重视给文化的国际传播带来很多优势,政策、资金等方面的支持会给文化交流带来持续性动力。但国家重视并不等于政府就要站在传播的最前线,从国家层面推动文化交流大多是一种政府行为,而政府主导的传播渠道会给传播带来极大的政治色彩,引起其他国家的警惕与抵制,降低受传者的信任感,反而起不到想要达到的传播效果。

(二)本土化传播方式导致对传统文化的误读

文化之所以能传播,关键是符合接受者的需求,接受者发现外来文化的好处,然后才会学习、交流。中国传统文化走向世界必须要用国际上能理解的方式、外国人能接受的形式才能收到理想的效果。现有的针对国

① 参见吴卫民、石裕祖:《中国文化“走出去”路径探析》,《学术探索》2008年第6期。

内市场的文化产品和传播方式大多不能直接用在海外市场中，这是因为文化的输出与一般物质产品的输出有很大不同，文化在输出过程中存在一个文化折扣问题，即因文化背景差异，国际市场中的文化产品不被其他地区受众认同或理解而导致其价值的降低。霍斯金斯(Colin Hoskins)等人认为，文化结构差异是导致出现"文化折扣"现象的主要原因。以自我为中心进行传播的方式，难以被异文化的人所理解，极易产生误读。所以，在国内市场很具吸引力的文化产品，在国外市场不一定得到认同。我们需要研究不同国家的受众有什么样的民族心理和接受习惯，对传统文化进行创造性改编，只有知己知彼，才能经得起国际市场的检验。

(三)文化市场开发不足，难以形成文化品牌

文化"走出去"最"润物细无声"的形式是附着于文化产品。文化以产品为载体呈现，以产业化形式发展，使文化具有了持续性和创新性。"发达的文化产业可以很好地传播和表现一个国家或地区的文化，使之在世界获得较大影响。"[①]中国是文化资源大国，却不是文化产业强国。在目前的世界文化市场上，美国占43%，欧盟占34%，日本约占10%，韩国占5%，中国仅占不到4%，这与中国文明古国的历史地位和世界第二大经济体的经济规模很不相称。[②] 虽然中国有着丰富、悠久的文化遗产，但在文化观念的推广、文化市场的开发、文化产业的规模等方面却远远落后于很多国家。如美国文化产业创造的增加值占其GDP的比重很大，英国的文化创意产业是排在金融业之后的第二大产业，日本仅娱乐业收入一项就超过了汽车业与钢铁业收入的总和。[③] 中国也有好的文化产品，但文化的国际市场开发力度不足，难以形成品牌效应，产业技术薄弱、产业结构失调、产业政策滞后等问题都严重制约了文化产业的发展。

① 李智:《文化外交:一种传播学的解读》，北京大学出版社2005年版，第56页。

② 参见张玉玲:《2012年文化产业的悬念》，《光明日报》2012年2月2日。

③ 参见陈月华、迟玉琴、盖龙涛:《中国传统文化走出去的民众助推机制研究》，《哈尔滨工业大学学报(社会科学版)》2011年第5期。

(四)传播者跨文化能力不足,传播人才匮乏

传播者是文化“走出去”的决定性因素,具备跨国经营、跨文化发展的高端人才是文化国际传播的前提条件。文化思想能否得到有效传播,价值观念能否得到有效的传达都与传播人才息息相关。对市场的把握、对产品的开发、对产业的运作等方面,都体现着传播者的传播素养与跨文化能力。而目前,我国与文化传播、文化产业相关的高校专业和研究机构人才培养、储备不足,传播者的知识结构、文化素养以及沟通、组织、管理、传播等能力不足以应对文化国际传播的要求,导致文化产品质量和文化服务不能达到令人满意的水平。培养一批既了解国外文化历史又熟悉国际文化交流业务,既懂得国际文化贸易规则又具备良好外语知识的复合型人才,成为文化国际传播的紧急任务。

三、中国传统文化“走出去”的原则

中国传统文化扎根于中华民族的沃土,如何使人类文化的这一瑰宝走出国门,与世界人民共享,是文化传播中的重要议题。近年来,在国际市场上大获成功的青春版昆曲《牡丹亭》、浓缩版《粉墨春秋》、原生态舞剧《云南印象》等,都是中国传统文化国际传播的典范。我们认为,只有坚持本土化的根基、全球化的定位、市场化的运作和共同化的价值,才能顺利实现中国传统文化的国际传播。

(一)本土化的根基

传统是一种不以人的意志为转移的文化基因。传统文化的传播和发展必然要植根于中国本土的传统文化之中,只有保持自身文化的民族性和本土化根基,才能实现在世界范围内的更好的传播。如果失去了本土文化的自觉意识和特有的文化精神,文化产品的吸引力就将大打折扣。由白先勇领衔两岸文化精英合力打造的青春版昆曲《牡丹亭》,坚持“正

宗、正统、正派”的原则，在秉承原著的古典精神、保留昆曲古典含蓄写意审美风格的前提下，对其进行现代改编，取得了巨大成功。该剧在全球巡演，200场演出场场爆满，成为中西文化交流史上的一个极富影响力的事件，为中国传统文化的国际传播树立了典范。2012年12月，在第七届全球孔子学院大会上上演的浓缩版《粉墨春秋》，艺术地呈现了《挑滑车》《拜山》《杀四门》等京剧经典剧目的精彩片段，保留、展示了髯口功、跷子功、水袖功等中华戏剧文化的精粹，受到108个国家和地区的大学校长、孔子学院代表的高度赞誉。[①] 杨丽萍创作、排演的原生态舞剧《云南印象》，展现了中国传统文化的精髓。该剧所有的元素都是由云南民族民间文化构成，透显出浓郁的乡土气息和民族风情，凭借其独有的原生态的舞蹈形式和艺术魅力，在国内外引起极大的轰动。美国的百老汇、芝加哥、拉斯维加斯等都将它定为重点推出剧目。这些成功的跨文化传播案例说明了一个亘古不变的真理：只有民族的才是世界的。

(二)全球化的定位

坚持本土化的根基，并不意味着对传统的自恋和固守，传统文化的国际传播还要坚持全球化的定位，即在传承传统艺术经验的同时，在国际语境中进行艺术拓展。全球化定位是面向全球进行传播的一种理念，它不是对传统文化立场与价值的解构，而是引入并借助于新的传播模式，使传统文化成为更具有包容性和对话性的文化。这要求我们从不同维度研究并采取最适用的传播模式，从受众的视角来阐释带有民族性、地域性的传统文化。如考虑国外观众的欣赏习惯，青春版《牡丹亭》把原本55则故事删为27则，使故事更为紧凑且高潮迭起；孔子学院版《粉墨春秋》将2小时的原版舞剧浓缩为65分钟，创造性地将中国京剧、舞蹈、武术、杂技等表现形式有机融合在一起。在舞台表现方面，由以前听觉为主的传统演

① 参见山西新闻网：《浓缩版〈粉墨春秋〉演出获成功》，http://www.daynews.com.cn/sxrb/aban/A2/1688053.html，2012年12月18日。

出变为视听并重的现代演出。绚丽多彩的服装、摇曳生姿的舞蹈、灯光布景的变换,都给人以强烈的视觉冲击。但这些舞台处理大多在遵从中国古典戏曲审美旨趣的前提下,结合现代舞台技术予以创造性的编排,保留了中国写意象征之美和灵动流转的韵致。在内容意义方面,呈现出新时期的文化和历史特征,蕴含着更加复杂的人性内涵。所以,只有把民族性的传统文化放到全球化的文化语境中进行审视,在现代语境中进行重构,才更利于理解。

(三)市场化的运作

一个文化产品能够走向世界,成为文化消费市场的著名品牌,离不开成功的市场运作。如青春版《牡丹亭》在上演以前,白先勇就在国外开设了昆曲讲座、举办了座谈会、学术讨论会,并借助电视、网络等现代媒体扩大影响,吸引主流媒体的目光,培养受众群体。对于外国观众来说,中国戏曲的程式化和虚拟性成为理解的一大障碍,这些前期准备为外国观众有效地普及了昆曲知识,扫除了观赏障碍,激发了观赏兴趣。该剧在美国上演后,即刻引起轰动,加州大学柏克莱校区马上开设了昆曲课程,音乐系与东方语文系合作,把昆曲当作世界性的歌剧来研究。[①]《云南印象》的成功也与成熟的市场化运作分不开。首先该舞剧运用了杨丽萍的品牌效应。杨丽萍作为家喻户晓的"孔雀公主",很容易使人们产生观赏的欲望。其次,把市场和媒体宣传确定为打开市场的"钥匙"。项目负责人专门组建、培训了一支营销小分队,在北京演出前,特地让12名演员身穿民族服饰走上长安街,在北京市民面前亮相;演出期间云南省政府更是全程跟踪,并启动了强大的省级媒体阵容,采访首都学界包括人类学、民俗学、艺术学和传播学等领域的著名专家学者,为《云南印象》走进具有社会影响力的精英阶层做了很好的铺垫。

① 参见胡丽娜:《昆曲青春版〈牡丹亭〉跨文化传播的意义》,《武汉大学学报(人文科学版)》2009年第1期。

(四)共同化的价值

由于地域、时代和民族特性的制约,人类的存在可以被看作一个有限的感性的自然的存在,但同时,人类又是一个无限的理性的文化的存在,这是因为文化包含了超地域性、超时代性和超民族性的特征。跨文化的传播,要建立在所有交往参与者所共同接受的价值观的基础之上,这样才会产生共鸣,有效地促进不同文化间的交流,进而推进本土文化价值观的传播。如"青春与爱情"这一超越时空的精神主题,使青春版《牡丹亭》成功消解了传统昆曲文化与受众之间的距离,人们于是就很容易在杜丽娘与柳梦梅生死缠绵、矢志不渝的爱情中产生共鸣。向往个人幸福、呼唤人性解放等共同的价值追求,冲破了时空界限与文化障碍而赢得了世界的认同。《粉墨春秋》讲述了清末民国初期梨园戏班三个武生师兄弟在爱恨情仇中成长的故事。通过三个师兄弟的人生经历,展现了师徒父子情、兄弟手足情、男女爱情及江湖恩怨等人生百态。国外受众或许对这种民族性的背景不够了解,但丑小鸭蜕变为白天鹅的经历,小人物在大时代背景下多舛的命运,只要持有积极向上的人生态度终会成就大业的精神主题,都含有人类共同的情感特质,在不同的文化视域中都能引发共鸣。

四、中国传统文化"走出去"的路径

历史上,中国传统文化对世界文明的贡献堪称卓著。如日本文化刻有唐朝文明的烙印,朝鲜、非洲文化带有明代盛世的影子,整个西方都从古代"丝绸之路"承载的中华文明中受益匪浅。如今,中国经济的腾飞为文化的发展和对外传播提供了良好契机,只有抓住机遇,积极转变观念并付诸行动,不久的将来才可以重铸曾经的辉煌。

(一)制定并完善相关政策

推动中国传统文化“走出去”,国家的相关政策是首要保障。目前,世界各国都已认识到文化立国的重要性。如韩国在1997年亚洲金融危机之后,就正式提出了“文化立国”战略。2005年韩国发表《文化强国(C-Korea 2010)》,提出建设文化大国和知识经济强国的中长期发展蓝图与战略;2010年,韩国政府发布《内容产业振兴基本计划》,力争在未来3年内实现文化产业规模达到世界第七位。① 一系列的政策措施保障了韩国文化国际传播的稳步推进,其取得的效果也有目共睹,“文化韩流”早已席卷了世界每一个角落。中国也制定了中长期文化发展战略。党的十七届六中全会明确提出要按照全面协调可持续发展的要求,推动文化产业跨越式发展,使之成为新的经济增长点、经济结构战略性调整的重要支点和转变经济发展方式的重要着力点,为推动科学发展提供重要支撑;十八大更是将扎实推进社会主义文化强国建设作为一个重要的奋斗目标提了出来。要实现这些目标,国家需要改革和创新文化管理体制和机制,进一步开放和整合文化资源,在鼓励、支持文化事业和文化产业快速发展的同时,积极推进包括传统文化在内的中国文化的国际传播。在传统文化的国际传播中,会遇到很多第一次或无章可循的事情,政府应及时给予政策上的倾斜,为传统文化“走出去”提供便利和保障。

(二)加大对文化产业的资金扶持力度

资金上的大力支持不仅可以有效地保障文化产业的快速发展,对扩大在国际文化市场上的份额也会起到重要的推动作用。特别是一些民营企业,它们以各自的方式推动了国家间的文化交流,对于中国文化的国际传播发挥了积极的作用,理应得到大力扶持和帮助。如民营传媒企业“俏佳人”于2009年并购了覆盖全美7000万用户、拥有14个频道的美国国

① 参见向勇、权基永:《国政方向与政策制定:韩国文化产业政策史研究》,《福建论坛(人文社会科学版)》2012年第8期。

际卫视电视台，在洛杉矶成立了ICN国际中国联播网总部，成为第一个进入美国公共收视平台的中国文化传媒企业。[①] 这些民营企业作为输送中国文化的国际平台，完成了很多国家级传媒机构没能完成的任务，但其获得的国家财政资金的支持远不及国家级传媒机构。所以，政府应在增加资金投入、加大对文化产业资金扶持力度的同时，对在“走出去”中做得好的企业，在税收、奖励、补贴上予以倾斜。应利用税收、信贷等经济杠杆，推动文化产业走入国际文化市场。

（三）构建多元合作、多层次的传播渠道

推进中国传统文化的国际传播，不可过于依赖政府的推动，因为这容易给人一种文化入侵的感觉，从而遭到反感和抵制。所以，在大力推动政府间的文化交流的同时，要积极推进传播渠道的多元化，努力探索市场化、商业化、产业化的中国传统文化“走出去”的运作方式。不同的传播主体可以从不同角度、各有侧重地进行传播，通过开展国内与国外、政府与企业之间的多元合作，构建多层次的传播渠道。首先，发挥民营机构的传播力量。从国际经验看，政府之间的文化交流活动往往委托企业运营。民营机构以一种非官方的身份，较少受某些西方国家意识形态偏见的影响，在吸引、招揽和使用人才上及具体经营上有更大的灵活性。其次，与国外机构加强合作。海外华人协会、文化研究机构、文化传播团体、汉学家、艺术家、媒体等，都是中国传统文化“走出去”的强大推动力，他们的声音在当地具有重要影响，与他们合作能够促进国际营销网络建设，使中国传统文化更快地融入当地。再次，发挥汉字文化圈的辐射力，形成宽领域的对外文化交流格局。汉字作为一种重要纽带，其背后负载着儒、佛、道等一系列的文化与文明，以儒学为代表的传统文化曾经给古代朝鲜、日本、越南等国带来了哲学伦理、政治思想和统治经验，极大地促进了汉文

① 参见萧盈盈：《中华文化走出去的现状分析与发展思考》，《现代传播》2012年第1期。

化圈的形成。发挥汉字文化圈的共同影响，不但会增加文化传播中的认同感，还会扩大文化传播主体，形成传播合力。

(四)创新传播内容与手段，推动中国文化的国际表达

中国传统文化"走出去"，需要以本土为根基，对有关文化资源进行创造性开发与国际化演绎。创新是文化发展的内在张力，是保持文化生机的必要手段。"当今文化发展，创意制胜，内容为王"[①]，所以文化产业也被称为创意产业。通过创意，可以使人的文化创造力成为经济增长的主导要素，可以形成高的产业附加值。在世界文化多样性的格局中，中国传统文化"走出去"的关键在于如何在保持中华文化人文精神的前提下，富有创意地将丰富的传统文化资源转化成现实的文化资本，生产出既具有中国传统神韵，又符合现代人审美情趣、行为方式和消费习惯的内容产品。我们需要根据国际惯例和目标市场的差别，灵活运用多样化的策略，对中国传统文化进行国际化演绎。只有坚持本土化的根基和全球化的定位，才能找到中国文化与异质文化之间相契、相通之处，消除文化隔阂，实现文化的认同与融合。

(五)培养、储备跨文化传播人才

任何时代、任何领域，人才都是事业发展最能动、最重要的因素。由于不同国家的法律制度、文化环境、审美偏好不一样，中国传统文化"走出去"需要培育一大批既了解国外文化历史又熟悉国际文化交流业务，既懂得国际文化贸易规则又具备良好外语知识的复合型人才。首先，要发挥国内高校育人的作用，在文化传播、文化产业、文化管理等相关专业加强对专门人才的培养，提高他们的跨文化传播能力、科技研发能力、市场策划能力、文化沟通能力，以应对迅速发展的国际形势。其次，加强国内外人才的交流与合作，选派相关领域的中青年人才到美、欧、日、韩等文化产

① 黄辉:《巴黎文化产业的现状、特征与发展空间》,《城市观察》2009年第3期。

业强国研修学习、交流探讨,提升他们的能力和水平。再次,激发个体创作的积极性。目前的中国,个体利用互联网等新兴媒体进行文化创作已成为一种流行趋势。鼓励和保护个人参与创作的积极性,每年新增的原创者数量就会十分庞大,这必将极大地促进包括传统文化在内的整个中国文化的创新和传播。

(原载《理论学刊》2014 年第 2 期)

新兴的"他者"抑或理论"试验场"

宁继鸣　矫雅楠

【摘要】 自2010年以来,呈"爆发式"发展的微博作为一种新的传播现象,对新闻生产、信息传播和社会交往等各方面产生了不同程度的冲击,也对新闻学与传播学的学科研究提出了挑战。本文以新闻学与传播学的微博研究为切入点,分析在新的媒介环境下新闻学与传播学在业界实践和学界研究层面呈现出的不同特质,并探讨进一步提升学科研究水平的路径与方向。

【关键词】 微博　新闻学　传播学　学科发展

The Emerging "Other" or the Theoretical "Proving Ground"

Ning Jiming　Jiao Yanan

Abstract: As a new communication phenomenon, microblog has exerted different impacts on various aspects such as news production, information communication and social communication since 2010. It also posed challenges to the study of journalism and communication. This paper takes the study of journalism and communication microblogs as the entry point, analyzes the different characteristics of journalism and communication in the field of both practice and academic research in the new media environment, and discusses the path and direction to further improve the level of subject research.

Key words: microblog, journalism, communication, subject development

著名媒介研究者麦克卢汉曾提出:"任何技术都逐渐创造出一种全新

的人的环境，环境并非消极的包装用品，而是积极的作用进程。”[①]每一次技术的重大发明，都会给人类社会带来重大的改变和影响。以网络为代表的电子媒介的崛起，不仅改变了人类的信息传播方式，也在更深层面影响着当代社会关系、结构和文化。特别是自 2010 年以来，呈“爆发式”发展的微博对新闻生产、信息传播和社会交往等各方面都产生了不同程度的冲击，也对壁垒森严的传统学科研究提出了挑战。

一、新闻学与传播学的微博研究

从 2006 年美国推特网站创立，到 2009 年新浪微博的正式上线，短短几年时间，微博取得了突飞猛进的发展。2013 年 1 月发布的《第 31 次中国互联网网络发展状况统计报告》显示，截至 2012 年 12 月底，我国网民规模为 5.64 亿，微博用户规模为 3.09 亿，即有超过半数的网民将微博作为重要的互联网应用项目。在 2012 年针对包括中国在内的 62 个国家的 41738 个互联网活跃用户的调查表明，中国网民的微博使用率远远超出其他国家，高达 71.5%，远超过 42.9%的世界平均水平。[②]

微博以即时新闻平台的特色和“所有人对所有人”的新媒体传播模式，吸引了大批业界和学界人士的目光，相关研究应运而生。目前，微博研究已成为新闻传播领域的基础研究课题之一。

在新闻学方面，研究者们尤为关注微博这一新的信息传播形态对新闻事业发展和新闻工作技术性、操作性和规范性的影响。首先，在新闻生产过程中，独家新闻线索一向是媒体竞争中抢占先机的重要资源，微博的即时性和共享性，使人人都有可能成为新闻的发现者与报道者。特别是

① [加]马歇尔·麦克卢汉：《理解媒介——论人的延伸》，何道宽译，商务印书馆 2000 年版，第 25 页。

② 参见查睿：《调查结果显示：中国网民微博使用率超 7 成》，http://newspaper.jfdaily.com/xwcb/html/2012-03/17/content_768090.htm，2012 年 3 月 17 日。

近年来，热点事件的现场报道或者知情者“爆料”使微博经常在突发事件中充当第一信源。因而在新闻制作流程上，越来越多的传统媒体通过微博搜寻新闻线索，将其作为热点新闻事件的消息源之一。2010年美通社发布的《首个中国记者社交媒体工作使用习惯调查报告》显示，超过90%的记者认为来自社交媒体的新闻线索有一定价值；曾经通过社交媒体获取新闻线索并完成报道的记者比例超过六成。[①] 从新闻事业发展总体来看，由于网络媒体的冲击，传统媒体面临用户流失、广告量下滑的压力，因而充分利用新媒体的优势，整合重组媒介形态，实现资源的优化配置，遏制下滑趋势成为传统媒体的必然选择。微博所具有的即时评论、转发等功能可以有效弥补传统媒体与受众间单向线性的传播关系，使传统媒体能够在传递新闻的同时和受众达成情感的连接与意义的共享，实现双方的深度互动。许多传统媒体也纷纷开设微博，通过与受众交流，扩大自身的知名度与影响力，实现深层次的产品营销。据《2012年新浪媒体微博报告》显示，截至2012年12月27日，在新浪微博平台经过认证的媒体微博已达110166个，媒体机构微博17221个，媒体人微博92945个。在媒体机构微博中，电视、杂志和报纸微博分布最多，分别占总数的31%、17%和16%。

在新闻从业人员个体层面，由于微博对信息真实性的把关处于相对松散自由的自组织状态，微博既是搜寻新闻线索的宝藏，也是虚假新闻的温床，如何鉴别、选择和处理微博上的海量信息，对媒体从业者的专业素养提出了更高的要求。此外，在新闻话语表达上，微博的语言表达方式具有碎片化特点，而新闻报道更强调线性逻辑和理性分析，在使用微博信息时，新闻报道的编辑形式也面临语言编码转换的挑战。作为社交媒体的使用者，新闻从业者通过微博发布个人言论和相关信息，彰显个性，表达

① 参见美通社:《首个中国记者社交媒体工作使用习惯调查报告》，http://roll.sohu.com/20121105/n356696152.shtml，2012年11月5日。

情感诉求本无可指责，但基于其专业身份，无论是受众还是所任职的专业媒体都对其有一定的职业身份期待和道德责任要求，如何厘清两者边界，进行制度化约束，也是业界当前亟待解决的问题。目前可借鉴的主要是国外媒体的相关经验，例如美联社规定：一切有新闻价值的消息、图片或视频都要先提交给美联社，记者不得自行在社交媒体上发布。[①]

对于微博这一新的传播现象，传播学研究者则将目光投注于学理探索层面，特别是利用已有的传播学理论框架和知识体系对微博传播现象进行多角度分析，以期验证理论效度并提升其对传播现象的解释力。鉴于微博自身兼具大众传播媒介的部分特征，因而“把关人”“意见领袖”“议程设置”“培养与满足”等在大众传播领域耳熟能详的经典传播理论接连被引至微博传播的学理分析中，成为解释或部分解释微博传播现象的理论武器。然而，随着实践的发展和思考的深入，研究者们也逐渐意识到这些理论的有限性和适用性问题。根据传播涉及的主体范围不同，存在个体传播、组织传播、群体传播和大众传播等多种传播形态。而微博作为一种全新的信息传播形式，信息流动结构与信息集散模式与以上诸种传播形态有何关联，或者自身具有何种独特的结构性特征，如何用实证的方法和可视化的手段描述微博信息传播的规律和演进模式，也是学界关注的焦点之一。微博传播的有效性和影响力也是学界研究的重点。特别是在微博推动社会民主文明进程方面，针对政务微博和微博问政对社会舆论和民主发展的影响问题，学界从舆论引导、谣言控制和社会管理等多个角度进行了探讨。

① 参见程曼丽：《职业操守与言论自由——职业媒体人微博使用之我见》，《新闻与写作》2012 年第 1 期。

二、媒介环境变动中的新闻学与传播学发展

从以上简要梳理中不难发现，新闻学与传播学对微博传播现象的关注与分析，一方面反映了当前中国社会特别是媒介环境的急剧变化以及与之相应的社会需求；另一方面也表现出新闻学与传播学不同的学科特质和研究倾向。

但同时我们也看到，本着传播实践和学术研究互动共生的关系，新的研究课题为一个学科突破以往的学科框架和理论范式，深化和拓展学术研究创造了诸多可能性。在突破传统束缚和学科壁垒限制方面，新闻学和传播学对微博的研究与开掘也在一定程度上暴露了学科发展中的“积弊”。

面对微博对新闻事业的冲击和对新闻学科发展提出的挑战，新闻学界表现出来对现实问题的极大关切，但由于长期以来在理论积累上的相对空虚与不足，显示出仓促应战之势。反映在实践层面，由于缺乏理论体系的深入分析和科学指导，面对当前部分从业人员的“失德”问题，制度化安排的缺位无形中增加了对此类行为的约束和惩罚资本。

同样在理论分析上，传播学对微博的研究以借鉴美国管理学派（或称“经验学派”）的理论成果与研究方法为主，其他传播学研究范式涉足较少。而以施拉姆为代表的传播管理学派主要沿袭结构功能主义的社会学传统，奉行“价值无涉”的研究准则，以关注传播的效果与影响为旨归，对信息在新载体中传递的结构和模式问题尤为关注。受此影响，中国的传播学研究者在面对新的传播现象时难免产生了一定程度的路径依赖，导致理论研究的创新性和应用性不高。

应该如何理解传播实践与学术研究之间的这种疏离和偏颇？笔者认为，这种疏离或偏颇实质上也反映了新闻学与传播学研究者长期以来精

神上的困顿与焦虑。这其中既有因为“理论建构”无法真正有效地“介入”现实“实践”的焦虑，也有不能有效地解释传播现象，建构本土理论的“智识”上的焦虑，还包括因生存层面的意义和价值缺失而产生的焦虑。

面对新的发展契机，新闻学与传播学应重新审视媒介环境发展与传播实践的互动关系。就新闻学而言，若无法拓展理论深度，从学理高度审视新闻实践，则无法透彻分析新闻现象本质，实现学科的自主性生长，为新闻传播实践提供切实科学的指导。而对于传播学，新的传播现象既验证了已有理论框架的效度，也揭示了一种研究范式和视角的限度。正像一些学者提出的：“我们需要在认识到自己的理论和经验是‘地方知识’的同时，也需要公正而冷静地承认，即便是具有强大影响力的西方‘主流’范式也是‘地方知识’的扩张性演化结果。”①

三、新闻学与传播学可能的发展路径

20 世纪 80 年代以来，新闻学与传播学曾为“谁包含谁”的问题争执不休，现在“争论并未停止，但两者的关系却逐渐厘清，新闻学与传播学不断相互借鉴传播学理论和方法，进行交流与融合”②。除了学界出于自觉与反思精神的探索与交流，媒介环境变革和社会需求的急剧变化更是推动一个学科发展的决定性力量，这需要学界以更加平和的心态和更广阔的胸怀看待学科特色和学科发展，跳出“谁包含谁”的思维惯性，从实际问题出发，建构能够互相理解并能在一定范围内具有解释力与反思性的理论体系。

除了保持观念上的开放和融合，在具体的思考方向和路径方面，应尝

① 胡正荣、姬德强：《寻找新范式？中国传播研究的现实困惑与未来想象》，《文化传播》2012 年第 1 期。

② 杨保军、涂凌波：《“走出”新闻学与“走入”新闻学——提升当前新闻学研究水平的两种必须路径》，《国际新闻界》2012 年第 5 期。

试从更加宏观和系统的视角审视由媒介技术发展带来的传播环境变革，以及对人类社会实践的全方位影响。实践证明，一种新媒介的产生并不会导致旧媒介的消亡，但需要我们思考的是如何审视多种媒介共存的状态，这也就需要我们转换看问题的视角，加强各个学科之间的渗透与融合，而这种融合不仅仅关涉新闻学与传播学，也需要学界将视野推向政治学、经济学、社会学等广泛的领域。

除了视角的转换和视域的融合，学界和业界也需正视新媒介对社会文化环境的冲击，发扬反思与批判精神，彰显人文情怀和社会责任感。一个学科的发展是基于社会发展之必需，而不是神话构建之必需，它应是实践和研究良性互动，业界与学界的协同发展。因为归根结底，“传播研究的根本意义不是对人类传播现象的反映和概括，而是对人类传播实践的设计和开拓”[①]。

（原载《当代传播》2014 年第 2 期）

① 单波：《如何表现中国传播研究的智慧》，《新闻大学》2008 年第 2 期。

跨越媒介，回归人文
——雷吉斯·德布雷媒介研究思想及其学科价值

矫雅楠

【摘要】 雷吉斯·德布雷(Régis Debray)是法国著名的哲学家和作家。自20世纪70年代末始，德布雷开始关注传播与媒介研究，致力于建构“媒介学”这一新学科，以求更新媒介观念，拓展媒介研究领域。他倡导回归传播的人文属性，探寻技术与文化的互动关系，积极思索和回应当前全球化语境下文化传承和文化多样共存问题，与芝加哥学派、媒介环境学派等形成呼应。本文对德布雷媒介思想的引介和讨论有利于扩大当前中国传播研究学术视野，在学科深度和社会发展上都具有建设性意义。

【关键词】 媒介研究　媒介学　传播　技术

Across Media, Back to Humanities
—Régis Debray's Media Studies and Academic Value

Jiao Yanan

Abstract: Régis Debray is a well-known French philosopher and writer. From the late 1970s, Régis Debray began to study communication and media and tried to construct a new subject "media studies" in order to renew media concepts and broaden its research fields. He advocates the humanities of communication, focuses on the interaction between technology and culture, and reflects common problems of cultural heritage and coexistence, which echoes Chicago School and Media Ecology. Introducing Régis Debray's thoughts would broaden the research horizon of communication in China and also be constructive for both subject depth and social development.

Key words: media studies, mediology, communication, technology

一、引　论

互联网的广泛连接和高效传输使媒介的技术属性和空间拓展功能不断得到强化，人类社会的媒介化与全球化联系日趋紧密，“大型、复杂、多孔隙、媒介密集、全球连接的社会”已现雏形，传播的空间运动随之改变。对个体而言，人对世界的认知大大溢出了日常生活的范围。个人生活经验与媒介在场经验之间的断层或孔隙日渐扩大，群体间的价值、信仰与伦理方面的差异不断进入人们的视野。这些趋势使我们意识到所谓全球范围是一个道德分歧、价值多样、不可通约的空间，并不存在想象中的社会整体或解决问题的单一逻辑。尽管人们对传播技术寄予了众多改天换地的希望，但对“媒介”技术属性的强调并未轻易解决随之而来的文化和社会问题。若网络是“有关数据在两点之间移动的一套协议”，那不同民族、文化间能够相互承认和理解的协议是什么？如何通过交流实现人类追求美好生活的共识？这些都是人们在借由技术革新实现商业上的互惠后需要共同思考的问题。在这场因“媒介”之名推动的全球变迁中，对“媒介”概念本身的理解与阐释若能突破以往技术主导的固有框架，或将提供有益的参考。

法国知名学者雷吉斯·德布雷（Régis Debray）早年主要从事社会活动并关注社会群体的宗教和信仰问题。20世纪80年代末起，德布雷开始介入传播与媒介研究，并因提出“媒介学”（*Médiologie*）在法国学界独树一帜。1993年，他向索邦大学（巴黎一大）提交哲学博士学位论文《影像的生与死：西方关于观看的历史》（*Vie et mort de l'image：Une histoire du regard en Occident*），主要以“媒介学分析法”探讨影像作为符号的效应问题。在此之前，他已经出版过《法国的知识力量》（*Le Pouvoir intellectuel en France*，1979年）和《普通媒介学教程》（*Cours de Médiologie générale*，

1991 年)两本著作,并在前者中首次提出了“媒介学”(*Médiologie*)概念。1994 年他提交了申请博士生导师资格论文《媒介学宣言》(*Manifestes médiologiques*),阐述如何以“媒介学”的研究方法与思维方式介入传播研究,进而探讨政治、技术与文化的互动关系。在《媒介学引论》(*Introduction à la médiologie*,1999 年)中,他又进一步阐明了作为一个学科和研究领域的“媒介学”,在视点、方法以及研究目标和路径上的特点,廓清其与符号学、心理学等相近学科的学科界限。这一期间,他还先后创办了《媒介学手札》(*Cahiers de Médiologie*,1996 年)和《媒介:为更新而传承》(*Médium: Transmettre pour innover*,2005 年)两本以“媒介学”为重心的学术期刊,并与 *Collectif* 合作出版了《媒介学手札:论文选集》(*Les Cahiers de médiologie: Une anthologie*,2009 年)。法国传播学研究的奠基者之一,曾任法国信息传播学学会(SFSIC)主席的贝尔纳·米耶热(Bernard Miège)在德布雷《普通媒介学》出版之初即表示关注,认为其观点与麦克卢汉有一定相似性[①],是一个活跃的媒介研究新兴领域。[②] 在米耶热的著作《传播思想》中,他进一步评论德布雷所建立的“普通媒介学相对于历史文化或意识形态取向,将重点放在传输介质的功能和效力上,引发了一场颠覆……”,但同时对其作为一个学科存在的合理性也提出了质疑,认为“德布雷的论证中有很多特别之处,革新了研究视角,但其他的却是极其有争议的”。[③]

在我国,媒介研究的相关理论多源自北美,包括美国经验学派、芝加哥学派和媒介环境学派等。这些理论得到了较为系统详细的引介,并与中国媒介实践相结合,逐步走向研究本土化。相较之下,包括法国在内的欧洲现当代媒介研究相关成果尚待补充。马肇元曾翻译过 1995 年第5 期

① Miège B, “Cours de Médiologie Générale(Régis Debray),” *Réseaux*, 1992, No. 10, pp. 129-132.

② Miège B, “Le communicationnel et le Social: Déficits Récurrents et Nécessaires (re)-Positionnements théoriques,” *Loisir et Société*, 2000, No. 1, pp. 24-42.

③ 参见[法]米耶热:《传播思想》,陈蕴敏译,江苏人民出版社 2008 年版,第 79~80 页。

联合国教科文组织《信使》(*The UNESCO Courier*)杂志中对德布雷的访谈,并以《传媒学的创立、内涵及意义——雷吉斯·德布雷一席谈》刊载于当年的《国际新闻界》,但此后对其思想和后续研究成果的引介被暂时搁置。2010 年 6 月,德布雷曾受邀来华举办以《知识分子与权力》为题的学术讲座,但对其媒介研究相关理论成果言之甚少。直至 2014 年德布雷的《媒介学引论》《影像的生与死》和《普通媒介学教程》中文版先后问世,使他再次回到了中国学界视野。本文试以德布雷的《影像的生与死:西方关于观看的历史》《媒介学宣言》和《媒介学引论》三部著作为主要依据,以点带面地探讨以下两个问题:德布雷是如何理解传播和论述其"媒介学"研究思想的?这对于目前的媒介和传播研究有何启发和建设意义?

二、德布雷的媒介学研究概述

在《媒介学宣言》的开篇,德布雷首先回顾了自己介入媒介研究相关课题的历程,称"这是一条交叉的道路,它从当代媒介者(médiateur)——以现代法国知识分子的面貌出现——出发,进而上升到具有逻辑必要性、永不过时的媒介行为(médiation),最后落回到媒体(médias)或说当代影响大众的手段"[①]。给予知识分子以"媒介者"的身份定位,可以说是德布雷结合个人经历,从人文视角关注传播现象和媒介研究的起点,随后"媒介行为"的提出即转向了理论层面对"媒介学"的建构,最后落脚于"媒体"则是他在伦理和哲学层面上,对多元文化背景下当代传播实践的审视与分析。

(一)重文化传承的传播理念

作为描述和分析传播现象的概念工具,学界对于"媒介"的界定多在传播范畴内展开。但德布雷在初涉媒介研究之时即提出并不想囿于已有

① Debray R, *Manifestes Médiologiques*, Paris: Gallimard, 1994, p. 11.

的传播研究框架，因为在他看来，现代语境下的“传播”包含着双重矛盾：“一方面人们将传播延伸到一切事物和任何现象，另一方面传播自身含义具有不确定性，使得人们倾向于孤立地看待传播事实，传播像癌细胞一样具有飞速转移和无法控制的特点。”①

为了实现对现有研究范式的跨越，德布雷首先将广义的传播与“信源—发送者—信号—接收者—目的地”的线性传播模式相区分。他认为，线性模式强调“发送极与接收极二元点状关系”，只有一种代码被线两端所共有，是一种侧重人际间信息即时传递的“传播行为”，整体上呈现中性平和的特点；现实中的“传播”则“如同一条不断变化的锁链，是一个历史的、暴力的集体过程”②。其中，“历史的”强调了传播是一种历史过程，具有沉重的时间性，其并不外在于传播现象，而是传播现象的组成部分、动力和存在理由。“集体的”则突出了个体之外具有独特历史框架的社会组织的功用，它们构筑了传播实现的背景和个人认知的稳定结构。

也许是意识到当下学术语境中“传播”与“线性模式”之间已经建立了难以打破的强链接关系，德布雷在《媒介学引论》中进而提出“传承”(transmettre)的概念，试图从“传播”之外寻求突破。他提出如果将“传播”(communiquer)视为同一时空范围内信息发出者与接收者之间通过话语行为进行的信息流通，而“传承”则属于历史范畴，以技术性能为出发点。③在功能上，“传承”一方面将这里和那里连接起来，形成网络(社会)；另一方面，将以前的和现在的连接起来，形成(文化的)延续性。这既是德布雷对早期思想传播观念的深化，也是他对一味注重技术属性与商业属性的现代传播观念的批判。在他看来，以大众媒体全球化为表征的现代“传播社会”的形成，使得人们在征服空间上具有越来越完备的现代性，而在时

① Debray R, *Manifestes Médiologiques*, Paris: Gallimard, 1994, p. 61.

② Debray R, *Manifestes Médiologiques*, Paris: Gallimard, 1994, p. 61-62.

③ 参见[法]雷吉斯·德布雷:《媒介学引论》,刘文玲、陈卫星译,中国传媒大学出版社 2014 年版,第 5 页。

间掌握上却越来越弱，其具体表现为共享信息变得越来越容易，感受共同的历史却变得越来越困难；可移动的领域越来越大，而历史意识领域却越来越小；技术连接越来越强，象征性的联结却越来越弱……因而当前人类所面对的文明危机就是文明传承的危机。[①]

如何在社会文化层面阐释“传播”及其核心观念，反映技术、社会和文化间的日趋复杂的互动关系，这是法国传播研究的主题之一。起源于欧洲的批判学派将经济统治和社会统治的相关概念和论断应用于文化领域，对传媒研究进行意识形态分析，意在跨越历史与传播间的界线。在涂尔干、韦伯等对人类现代性的分析中，大众媒介也被认为是分析当代社会关键问题的重要课题，是导致社会失序或人的异化的导火索之一。当代法国传播学者多米尼克·吴尔敦(Dominique Wolton)在《拯救传播》《信息不等于传播》和《另类世界化——基于传播学的思考》等多本著作中也提出了类似观点。吴尔敦认为传播关乎联系、分享和“相通”的理念，社会与文化空间是传播在时间上最为重要的层面，“信息不等于传播”，“传播”的旨归是促进多元文化的相互承认和平等共处。[②] 因而他提出“传播”包括三个方面：传播的规范性向度和功能性向度；传播赖以展开的空间——技术、商业以及社会和文化空间；传播的技术应用与传播活动本身。[③]

也许意在避免传播术语的多种含义以及相关分析的分歧，德布雷并未沿用将“传播”划分为“主观”与“客观”、“人文”与“技术”的二分对立思路，而是以“媒介”为突破口，在社会文化层面探讨媒介或工具的技术性问题，强调需要重新认识和挖掘传播的社会文化属性和人文价值。他认为“媒介学”的研究对象是“与传播的技术结构息息相关而又比之高级的社

① 参见[法]雷吉斯·德布雷:《媒介学引论》，刘文玲、陈卫星译，中国传媒大学出版社 2014 年版，第 7 页。

② 参见[法]多米尼克·吴尔敦:《信息不等于传播》，宋嘉宁译，中国传媒大学出版社 2012 年版，第 7 页。

③ 参见[法]多米尼克·吴尔敦:《拯救传播》，刘昶、盖莲香译，中国传媒大学出版社 2012 年版，第 9 页。

会功能”，主要包括“各种高级社会活动(宗教、政治、意识形态和心态)与信息传播技术结构之间的相互关系”，这也构成了“媒介学”研究的核心与主题。①

(二)更新媒介观念

德布雷提出并持续建构“媒介学”研究领域和相关理论，这是他关于媒介研究的主体。这种研究取向贯穿于他自《图像的生与死》以来的主要著作及相关论述中，具体表现为对如何认识和界定媒介，以及如何看待媒介与主体、符号和技术等诸多影响因素的关系。诚如技术史学家奥德利库尔所言，“事实上，表现一种科学特征的是观点，而不是研究对象”②。致力于开创一个新研究领域的德布雷，在对媒介学的主体论述方面展现了其思想的丰富、独特与深刻之处。

1. 媒介

在《媒介学宣言》的开篇，德布雷即给出了自己对媒介的界定——媒介是“使符号具有效力的途径与工具”。在随后的论述中，他进一步解释在信息的传播过程中，媒介可以有四种既不自相矛盾也不互相混淆的含义：(1)符号化行为的普通方法，例如言语、书写等；(2)传播的社会编码，例如语言；(3)记录和存储的物质载体，例如纸、磁带、屏幕等；(4)与某种传播网络相对应的记录设备，例如手抄本、印刷物、电视、电脑等。③ 因而，在德布雷看来，所谓“媒介”并非孤立的物理机制或物质实体，而是设备—载体—方法系统的集合体系，至于通常意义上被人们所关注的大众传媒，他认为“只不过是一种特别的、膨胀的变量，只不过是一个总体的、永久的原则性问题的衍生”。在媒介的构成要素上，德布雷将制度化的组织机构纳入了研究视野。在他看来，媒介并非仅指信息的发送工具，而是“组织

① 参见[法]雷吉斯·德布雷：《传媒学的创立、内涵及意义——雷吉斯·德布雷一席谈》，马肇远译，《国际新闻界》1997年第2期。

② 转引自[法]雷吉斯·德布雷：《媒介学引论》，刘文玲、陈卫星译，中国传媒大学出版社2014年版，第3页。

③ Debray R, *Manifestes Médiologiques*, Paris: Gallimard, 1994, pp. 23-24.

性的材料”(matière ouvragée)和“物质性的组织”(organisation matérialisée)的结合体。其中“组织性的材料”指包括电视、电脑在内的“传播的机器”,而“物质性的组织”则指诸如学校、教会等制度化的组织或机构。两者的整合互动构成了现实传播情境中的媒介形态,因为“没有一种价值的创造不是物体和行为的产物或是再循环;没有一次思想运动不是人力和物力的运动;没有一种新的主观性不带有新的记忆工具”①。

相对于人们较为熟悉的作为信息发送工具的“组织性材料”,德布雷认为作为媒介的“物质性的组织”在文化传承层面发挥了相对重要的作用。

“传承是一个整体性的‘我们’,而不是简单地讲两个或者是几个‘我’拉上关系就行了。它是一种相互联系、具有认同感的结构,重点是由‘是’而不是‘有’多个个体组成的。……这需要群众亲身努力,也需要全体成员的共同努力来保证知识、价值和技术,在没有任何遗传成因担保的情况下,通过在过去和现在之间的多次循环往来,奠定一个团体的个性化特色。”而人作为整体集合的组织机构是“载体的载体”和“隐形的传承者”,能够“将贮存物变成载体,同时也包括它自身的延续”②。

例如在谈及18世纪的法国思想运动时,他认为应该关注的是俱乐部、沙龙、社团等“社会思想的结缔组织”,它们“是非正式的中间地带,是起到关键作用的场所,是社会的磁极,是知识设计的中心”③,并称从这个角度切入,使得启蒙时代不再是被文本分析所理解和还原的一团教条,不再是一个话语或原则组成的整体,而是符号生产—流通—存储体系中的一个变化,而决定法国大革命的正是上述组织手段而非启蒙时代的思想

① [法]雷吉斯·德布雷:《媒介学引论》,刘文玲、陈卫星译,中国传媒大学出版社2014年版,第11页。

② [法]雷吉斯·德布雷:《媒介学引论》,刘文玲、陈卫星译,中国传媒大学出版社2014年版,第13页。

③ [法]雷吉斯·德布雷:《媒介学引论》,刘文玲、陈卫星译,中国传媒大学出版社2014年版,第31页。

或主题。

2. 媒介圈

为了进一步说明技术因素与文化价值的交互作用，德布雷从载体技术进化的角度提出了“媒介圈”(médiasphère)的概念。所谓“媒介圈”，在他看来可宽泛界定为在人类文化历史的发展过程中具有某一时代集体特性或风格特征的宏观范畴，一个涵盖技术逻辑、符号逻辑和组织结构的集合。① 在人类社会发展的时间维度上，德布雷区分了话语圈、图文圈和视频圈三个相继出现又相互交叉的媒介圈，其中“话语圈”以言语为主要交流和传承手段，“图文圈”以印刷术和印刷书籍的普及为标志，“视频圈”则是当下以电子信息技术为支撑、以图像和声音为主要交流符号的媒介圈层。

乍看之下，这一观点与 1962 年麦克卢汉在《古登堡群英》中提出的“媒介历史分期”极为相似，两者均注意到了以技术工具因素为主要催化剂的媒介演化过程，但与麦氏“一切技术都是媒介，一切技术都是环境，一切技术都是文化”②——将技术视为社会变革主要动因的主张相比，德布雷在论述“媒介圈”作用机理时，并没有过于强调技术因素的主导地位，而是主张对媒介圈的分析应立足于集体心理之间的界限，将技术与文化整合后加以理解。他认为协同性与浸入性是媒介圈的主要结构特征，尽管当处于新旧媒介交接的边缘地带时，媒介圈的技术变化最易引人注目，但媒介圈并不能单纯理解为“技术圈”。作为一个“设备—载体—方法”的集成系统，其自身包含了多种文化生态系统和文化小团体；技术变化会引起专门从业者或相关团体在社会地位意义中的变化，使得相应的经济团体、知识机构在权力博弈中产生力量偏移，进而与社会政治层面的宏观环境

① 参见[法]雷吉斯·德布雷：《媒介学引论》，刘文玲、陈卫星译，中国传媒大学出版社 2014 年版，第 45～47 页。

② 转引自何道宽：《媒介环境学辨析》，《国际新闻界》2007 年第 1 期。

相互作用导致“媒介革命”的发生。[①] 同时，每一个有形的介质背后都存在赋予该体系以意义的无形宏观网络，例如“书籍不可与国民教育相分离，国民教育不可与公共图书馆相分离，公共图书馆不可与日报相分离”，这种相互依赖的关系使媒介圈以一种包裹和围绕的状态使人身在其中，使人“难以把技术心理情结分割成一些互不相关的单位，也不会把这些单位同时与它们的补充成分和使用背景隔离开来”[②]。

在看待媒介圈的更替与转换问题上，德布雷承认媒介技术处于发展演化中，但媒介圈之间并不会彼此替代，而会在相互激活中变得更加复杂。对于部分学者所持的“媒介进化论”观点，他认为一方面由于媒介圈的浸入性特点，使得人们处于非媒介圈剧烈变动时期难以意识到它的存在，“就像一个近视眼的人，只有在他丢失或者打碎眼镜的时候，才会认识到自己戴眼镜”，因而研究者只能以一种“反身回顾”的姿态比较性地反思媒介变化问题，使人们产生了媒介圈遵循同时间一样“飞逝而过”的线性逻辑的错觉。[③] 另一方面，他也特别指出自己对媒介圈的图示比较所形成的“鲜明对比”，是为阐明文化中的重要极点作为典型和原型的价值，以清晰地表现它们之间不同的逻辑，这种理想类型的概括式描述不可避免地与真实情况产生了距离，省略了媒介圈之间相互交错和不断协调的细微变化。[④]

(三)走向技术哲学

何处是媒介学的归处？德布雷称走向文化生态和技术伦理是媒介学最终的目标指向。这既需要研究视点的转移，也需要研究理念和方法上

① 参见[法]雷吉斯·德布雷:《媒介学引论》,刘文玲、陈卫星译,中国传媒大学出版社 2014 年版,第 50 页。

② [法]雷吉斯·德布雷:《媒介学引论》,刘文玲、陈卫星译,中国传媒大学出版社 2014 年版,第 50 页。

③ 参见[法]雷吉斯·德布雷:《媒介学引论》,刘文玲、陈卫星译,中国传媒大学出版社 2014 年版,第 50 页。

④ 参见[法]雷吉斯·德布雷:《媒介学引论》,刘文玲、陈卫星译,中国传媒大学出版社 2014 年版,第 51 页。

的更新。之所以德布雷要提出“媒介学”这一全新的研究领域，而不是将其纳入信息传播学、符号学、历史学等相近学科麾下，是其基于对当前学术研究领域存在某些负面倾向，以及对技术、文化和政治博弈日趋复杂的全球化背景的考虑。

在学术研究上，学科划分过度专业化倾向使得信息传播学、符号学、历史学等相近学科难以完全涵盖“媒介学”研究领域，难以对相关问题进行全景化剖析。“媒介学的创建并不是为了一时的兴趣而编造出的一个新名词……各个学派目前涵盖的学科也只是我们所提出的研究领域的边缘地带。”[①]相近学派和学科之所以处于边缘，德布雷认为主要是在视角与方法上缺少一种全局的眼光和整体的分析——他将媒介类比为生态系统，是符号与物质载体的统一体，同时又处于动态发展中，因而现有学科或忽略了时间的历史性和物质性，或刻意回避技术事实推动人类社会发展的基础性作用，或仅关注恒定领域的个体或小群体等，限制了媒介研究的广度和深度，难以实现思维和方法上的整合与超越。[②] 当然，他也意识到了作为独立学科的“媒介学”与当前学科划分标准的冲突，因而提出“媒介学应被理解成各个领域之间相互交流、相互沟通的一种手段”。另一方面，德布雷认为自古希腊以来“一切与本质有关的事物都与技术无关”的古典人文传统，使得“文化或政治生产的工具常常被排除在这些生产之外”，人类的精神意志以理性之名被逐渐神圣化，与之相对的技术工具和技术体系则作为表达和实现思想意识的外部工具不断被“精神贬值”。[③]但这种主观/客观、形式/物质、内容/载体、内部/外部的二元对立框架只

① [法]雷吉斯·德布雷:《媒介学引论》，刘文玲、陈卫星译，中国传媒大学出版社 2014 年版，第 143 页。

② 参见[法]雷吉斯·德布雷:《媒介学引论》，刘文玲、陈卫星译，中国传媒大学出版社 2014 年版，第 177 页。

③ 参见[法]雷吉斯·德布雷:《媒介学引论》，刘文玲、陈卫星译，中国传媒大学出版社 2014 年版，第 166～167 页。

是给人一种精神上的舒适感,并不符合现实世界真实的情况[①],“对立”的姿态蒙蔽了人们的认识和理解,因而媒介学应从“和”的态度中发掘力量,以“反面”代替“对立”。[②]

这种思维方式的惯性也影响了人们当下对技术与文化辩证关系的分析与认识,同法国许多秉承人文视角关注社会文化实践的研究者一样,德布雷意识到“随着传播技术前所未有的飞跃,我们对文化资源的介入能力也引起了一系列的道德问题、社会问题、司法问题和经济问题”[③]。他将其主要归结为文化价值与工业标准之间的分裂与冲突,“地球村内,群体间传播的时限和距离被取消了,但这并不意味着国界的消失和心灵的融合。相反,设备的物质统一性再次激发了种族文化的意图多样性,仿佛地方记忆并没有溶解在利益和服务的标准化之中,反而收缩并坚硬起来,足以粉碎任何联邦与帝国”[④]。对于这一问题,德布雷回到了自己所主要探讨的文化传承问题上,认为“技术时间不等于文化时间”,在设备工具大步前进的同时,文化则以一种倒退着前进的方式,给系统带来惯性和安全性。[⑤]因而,尽管文化的传承问题并不能在短时间内进入经济和政治循环体系中,但能温和、缓慢地促使人类内部重新走向平衡。“媒介学”研究者需要理解技术发展的逻辑性并尽可能预测它的影响,从盲目的技术乐观或技术悲观中走向理性与平衡,驱散通过新技术解决一切人类发展问题的虚假的希望,克服技术将使社会失去人性的恐惧,以反面代替对立面;同时,也应怀有对文化传承强烈的责任感,在人类能力日趋“外置”的同时,赋予人类进化过程一种人文特征。

① 参见[法]雷吉斯・德布雷:《媒介学引论》,刘文玲、陈卫星译,中国传媒大学出版社 2014 年版,第 166 页。

② 参见[法]雷吉斯・德布雷:《媒介学引论》,刘文玲、陈卫星译,中国传媒大学出版社 2014 年版,第 180 页。

③ [法]雷吉斯・德布雷:《媒介学引论》,刘文玲、陈卫星译,中国传媒大学出版社 2014 年版,第 226 页。

④ Debray R, *Manifestes Médiologiques*, Paris: Gallimard, 1994, p. 208.

⑤ 参见[法]雷吉斯・德布雷:《媒介学引论》,刘文玲、陈卫星译,中国传媒大学出版社 2014 年版,第 215 页。

三、德布雷媒介思想的学术价值与启示

在当前媒介技术飞速发展，以多媒体技术和移动通信技术为推动的媒介融合方兴未艾的背景下，梳理德布雷的媒介学思想，探讨媒介与信息传播、文化传承和社会政治生活的关系，对于更新媒介观念，拓展媒介研究领域和提升传播研究的社会人文价值颇具意义。

（一）有利于拓展对"媒介"的认识

媒介是构成传播实践的主要因素，也是分析传播现象的重要概念工具。媒介（media）一词源于拉丁语 medius，有居中之意，在法语中作为复数的 medias 和作为单数的 medium 同时存在，多用于指代狭义的技术层面或大规模使用传播技术的企业组织及相关产业。与之相对，"传播"一词在 14 世纪出现于法语中后，一直保持着"参与"（participer à）和"交流沟通"（communier）的双重含义，使其"既可以朝价值的方向引申，也可朝技术的方向扭曲"[①]。德布雷对"媒介"的理解与阐释则突破了以往以技术为主导，从外在物质形态或静态组织结构对媒介进行界定的固有框架，强调媒介自身的时间属性，并将由人构成的组织机构纳入媒介研究，突出了媒介在实现观念共享和社会融合方面的功用与价值。

尽管作为一个独立成建制的学科而言，"媒介学"的相关概念界定和具体研究方法尚有待商榷之处，但作为一种研究视角和思维方式上的创新，德布雷将传播和媒介研究置于人类文明传承和多元文化共处的高度进行思考，积极回应媒介技术发展与文化互动和传承之间的断裂与矛盾，体现了学者作为"科研人员和人道主义者"进行"公共思维和表达"的社会责任。

① ［法］埃里克·麦格雷：《传播理论史：一种社会学的视角》，刘芳译，中国传媒大学出版社 2009 年版，第 10 页。

(二)有助于深化对传播研究范式的认知

媒介研究是传播研究的一大领域,德布雷强调以技术、文化和政治三个平面构筑"媒介学"的思维脉络,使其思想与传播技术研究和文化研究等多个范式学派均有关联。

在传播研究的技术方式上,以英尼斯(Harold Innis)、麦克卢汉(Marshall McLuhan)为先驱,以尼尔·波兹曼(Neil Postman)等为后继者的媒介环境学派,倾向于将媒介视为人生存的环境予以理解,赋予媒介推动人类社会文化发展主要动因的地位。相对宽泛的媒介界定方式和整体式的媒介考察视角使德布雷与媒介环境学派在观点和方法上呈现一定的相似性,加之其与麦克卢汉的治学经历和行文风格相仿,使得包括米耶热在内的法国传播研究者都将德布雷视为"欧洲当代的麦克卢汉",在对麦克卢汉媒介理论进行评述时,往往引用德布雷的相关论述作为解释。[①]

德布雷本人则认为麦克卢汉将媒介视为信息传送的工具,没有跳出"媒介实体论的陷阱",他对麦克卢汉"媒介即信息"的论点进行了驳斥,认为"不仅反映了思想上的混乱(混淆了中介、渠道、规则、载体的概念,将这些概念拾之即用,简单化),而且是不合理的",认为这一表述既没有将信息与一般的科学性论述加以区分,忽视了信息的实效性、实用性和主观性等特质,同时忽略了媒介与信息实为一个整体互相依存,既没有不依赖中介的信息,也没有不承载信息的媒介,因而不存在谁决定谁的问题。[②] 另外就两者切入媒介研究的视角来看,麦克卢汉充分肯定了媒介技术对社会的变革性力量,并从技术延伸人的精神与感官需要的思路分析人与物质技术的关系;德布雷则更加强调媒介技术因素背后人的主体性特征,特别是媒介系统与通过某种社会组织来影响符号语义的环境系统间的相互作用。

① 参见[法]贝尔纳·米耶热:《传播思想》,陈蕴敏译,江苏人民出版社2008年版,第30页。
② 参见[法]雷吉斯·德布雷:《媒介学引论》,刘文玲、陈卫星译,中国传媒大学出版社2014年版,第35页。

在传播的文化研究范式方面，德布雷提出与信息“传播”相对的文化“传承”，关注急剧变化的全球化信息技术环境与缓慢发展的多元文化社会在时空参照上形成的脱节，延续了欧洲长期以来对大众传播领域的批判传统。文化研究奠基人之一的雷蒙德·威廉斯(R. Williams)[①]在20世纪70年代早期即提出仅将传播局限于大众传播领域带来了令人难以接受的局限，也带来了某种盲目，它使总体上忽略了传播首先是一套实践、规范和形式，从而使研究受到限制和孤立。[②] 此后，活跃于美国传播学界的以米德(Mead)、库利(Cooley)为代表的芝加哥学派将传播课题引入社会学研究，强调个体间的生活与互动所产生的共同经验是影响人际交往的重要因素。詹姆斯·凯瑞则通过对传播理念“传递观”与“仪式观”的划分，强调传播在时间上维系社会、共享信仰的人文传统，认为“现代技术实际上使沟通变得更加困难。当人们缺乏共同基础时，理性的共识与民主的一致就成了问题”[③]。不过在梳理美国传播研究的发展历程和主流范式后，凯瑞更倾向于采用文化研究的方法对传播现象进行个案式分析和细部剖析。德布雷同样一再强调社会文化与传播间不可分割的整体性互动关系，但他认为个体本身具有个人的躯体和全体成员的机构组织的双重含义，并将这些机构组织纳入媒介研究视野，强调媒介作为文化条件对人类社会的象征性影响。[④]

四、结　语

回归传播的人文属性，探寻技术与文化的互动关系，关注全球化语境

① 此观点为雷蒙德·威廉斯于20世纪70年代在伦敦一次会议上的发言，由詹姆斯·凯瑞进行了概括和转述。

② 参见[美]詹姆斯·W.凯瑞：《作为文化的传播》，丁未译，华夏出版社2005年版，第26页。

③ [美]詹姆斯·W.凯瑞：《作为文化的传播》，丁未译，华夏出版社2005年版，第129页。

④ 参见[法]雷吉斯·德布雷：《媒介学引论》，刘文玲、陈卫星译，中国传媒大学出版社2014年版，第6页。

下文化传承和多样共存问题是当前在社会文化视角下进行传播研究的主要视点之一。本文对德布雷媒介研究思想的引入，包括介绍其对媒介概念的创新与拓展、对媒介性质的把握以及在技术伦理层面的思想探讨和哲理性思考，将有利于扩大当前中国传播研究学术视野，在学科深度和社会发展方面都具有建设性意义。另外，本文将德布雷的媒介思想与法国传播研究，以及包括芝加哥学派和媒介环境学派在内的相关学术研究传统相联系，进行更为系统深入的分析，也将有助于丰富国内传播研究理论和逻辑版图。

正如吴尔敦所言，在当前这个开放且信息饱和的世界中，无所不在的技术还不足以减少传播活动的疑难问题，因为信息的速度也可能反过来成为致命武器，错综复杂的文化多样性需要时间和慢节奏，以期超越彼此的刻板印象，并最终构建起码的文化共处模式。[①] 与之相呼应，德布雷提出技术时间不等于社会时间，技术体系体现了每个社会时代配置内部的协调性；一个文化体系保证了衡量传播现象的标准不应当是看人与人之间是否有机械化的接口，而是看是否有制度化的接口。他认为，由全体成员组成的机构组织在文化传承方面起着不可忽视的作用。[②]

（原载《国际新闻界》2015 年第 5 期）

① 参见[法]多米尼克·吴尔敦：《拯救传播》，刘昶、盖莲香译，中国传媒大学出版社 2012 年版，第 4、58 页。

② 参见[法]雷吉斯·德布雷：《媒介学引论》，刘文玲、陈卫星译，中国传媒大学出版社 2014 年版，第 6 页。

基于体验的文化教学与传播

——中华传统文化研究与体验基地建设分析

宁继鸣

【摘要】 中华传统文化研究与体验基地位于山东大学中心校区知新楼24和25层，建设面积约2600平方米。其中，基地所属的文化体验馆是实现体验式文化教学与传播的“中枢”，设有16个体验教学区，100个体验教学点。整体设计注重在现代语境下展示、讲解和体验中华文化的故事，注重挖掘和诠释优秀传统文化在当今生活中的表征与变迁、内涵与意义，注重有利于体验者在特定的情境中完成学习、体验和感悟等阶段的活动。从运行效果和教学实践看，基本达到规划和建设预期，初步实现文化体验、文化教学、文化传播的有机结合与相得益彰，基于体验的文化教学与传播的实践效果良好。从社会反映以及发展前景看，基本符合文化浸濡的习俗和规律，有较强的综合性、拓展性和可持续性，具有良好的理论研究与实践空间，一些较为成熟的体验内容与教学模块可实现针对性的“模块化”输出，具有在海内外应用推广的价值。

【关键词】 体验　文化教学　基地建设

Experience-based cultural teaching and communication

—Analysis on the Center for Research and Experience of Traditional Chinese Culture

Ning Jiming

Abstract: The center for research and experience of traditional Chinese culture is located on the 24th and 25th floors of Zhixin building, central campus of Shandong university. The floor area is about 2,600 square meters. The cultural experience hall of the center is the “core” of putting experiential culture teaching and communication into practice, which has 16 areas and 100 points. The overall design focuses on displaying, explaining and experiencing the stories of Chinese culture in the modern context, paying attention to the exploration and interpretation of excellent traditional culture in today's life. From the perspective of operation effect and teaching practice, the center has achieved its construction expectations. The organic combination of cultural experience, cultural teaching and cultural communication has been preliminarily realized and the operation proves that experience-based cultural teaching and communication has a good performance. From the perspective of social response and development prospect, the center in line with the customs and laws of cultural immersion, with strong comprehensiveness, extension, sustainability, and with a good theoretical research and practice space as well. Some relatively mature experience contents and teaching modules can achieve "modularization" output and show their application and promotion value at home and abroad.

Key words: experience, cultural teaching, center construction

---

体验具有直接性、整体性、情感性和个体性,在文化教学中有其自身独特的优势。作为一种结合认知、行为和情感等领域并进行整合处理的教学理念和教学方式,体验式教学对学习者具有积极的影响,可以有效地激发学习者的内在学习动力。

体验式文化教学关注对情境的设置和对学习者情感的激发,即重视教学与体验情境的设置、教师作用的综合呈现以及学习者的个人领悟和实践。通过体验和感悟,学习者在知识学习的基础之上,可以更好地建立相对完整的知识体系,在技能学习和实践过程中熟悉和掌握基本的文化技能,了解其背后的文化内涵和精神,在体验和学习过程中将文化认知、技能学习与情感体验相结合,形成文化意识。正如许嘉璐先生在基地揭牌暨体验馆开馆典礼上所讲:通过文化体验和讲故事的方式,可以更好地让外国人学习汉语和了解中华文化。希望学员通过对馆内中华文化元素的体验和学习,能够感悟体会到中国人的理念与心灵。

中华传统文化研究与体验基地位于山东大学中心校区知新楼 24 层和 25 层,建设面积约 2600 平方米。其中,基地所属的文化体验馆是实现体验式文化教学与传播的"中枢",设有 16 个体验教学区,100 个体验教学点。体验馆的整体设计注重在现代语境下展示、讲解和体验中华文化的故事,注重挖掘和诠释优秀传统文化在当今生活中的表征与变迁、内涵与意义,注重体验者在特定的情境中完成学习、体验和感悟等阶段的活动。

从近三年的运行效果和教学实践看,基地建设基本达到规划预期,初步实现文化体验、文化教学、文化传播的有机结合与相得益彰,基于体验的文化教学与传播效果良好。

从当前社会反映以及今后发展前景看,基地建设符合文化浸濡的习俗和规律,有较强的综合性、拓展性和可持续性,具有良好的理论研究与实践空间。体验馆中的一些较为成熟的内容或教学模块具有较强的"拆分与组合"性,可实现针对性的"模块化"输出,具有广泛的应用与推广价值。

以下从基地的建设理念、建设内容以及近几年的运行情况和社会反响等方面进行简要的分析和总结。

一、关于建设理念

汉语国际推广基地的职责不同、功能各异,山东大学中华传统文化研究与体验基地的建设宗旨是:依托国家平台和大学优势,探索一种基于体验的文化教学与文化传播模式,以教育的方式,践行文化的功能、实现社会的价值。具体说来可以归纳为三句话:呈现生活中的传统文化,以实现中华文化的生活化;树立中外文明同时空的观念,注重中外文化的比较与共享;用"国际话语"讲中国故事,加强文化的呈现力、诠释力和传播力。

基地建设,尤其是文化体验馆的规划、设计和呈现是一个艰苦的过程,时至今日仍然是一个不断思考、不断调整、不断完善的过程,是一个不断否定和超越的过程。如果说汉语教学已经有了较为成熟的层级划分或相对稳定的选择标准,那么,文化教学尤其是文化体验教学的范畴则不太容易界定。文化教学在对外汉语教学中的地位和重要性已经得到了学界的普遍认可,在理论研究和教学实践等方面都取得了一定的成果和进展,但是关于文化教学具体层级的划分以及教学内容的选择等问题至今尚无定论，业界期盼的文化教学大纲仍在不断的讨论之中。面对长达五千多年的中华文明，如何去选择？标准是什么？怎样满足教学的需求？怎样实现文化的体验？空间如何划分？教具如何确定？内容如何呈现？需要落实的事情有很多。其中，如何在一个相对固定的空间和时间里，把抽象的文化要素具象化并能进行有效体验和教学，则是诸多需要解决的问题中的一个关键问题。

在经过反复的思考和实践甚至有时是近乎“颠覆式”的调整和论证后，建设者把视线聚焦在了“生活中的传统文化”，突出“生活化”和“社会化”，而不是简单地强调“历史化”和“学术化”，注重在现代环境和语境下呈现中华文化，注重挖掘和展示优秀传统文化在当今生活中的表征与变迁、内涵与意义。特别强调和关注那些在大众生活中俯拾即是、鲜活存在、具有普及性和现代性的文化要素，例如茶文化、书画京剧、建筑雕塑，以及各种民俗等，要呈现它是什么，说明为什么，讲授它代表什么。

在设计和建设过程中，特别注重中外文化比较的内容和方法，试图找到中外文化要素的“共有空间”。体验者对母语文化的熟悉与认同是其认知异质文化中相似文化要素的桥梁。比较是一种方法，更是一种尊重和互动。有些时候，比较是对应的，比如茶和咖啡；有些时候，还需要教师去主动建构或者拓展这种互动，如通过版画去展示世界多元文化的符号，不仅让版画获得了新生，其他国家的文化符号也获得了中国式的体验和艺术表达。正是在这个意义上，我们认为传统文化的现代价值和世界意义首先需要教师自身先具有当代的眼光和世界的视角。

“讲好中国故事，传播好中国声音”是当下热议的主题之一。中华文化博大精深，需要讲的故事有很多，讲故事的思路和手法也不同。在汉语国际教育实践过程中，提倡用“国际话语”讲中国故事。所谓国际话语，一指多语言；二指遵循教育叙事的原理，对中华文化本体的当下诠释；三指基于比较的多元文化价值观。

从近几年的教学实践看，基地开展的文化体验与文化教学基本实现了分层次有内涵、能讲解有故事、可操作有意思、利参与有收获。

二、关于建设内容

目标是要建设一个文化场馆，但它不能是传统意义上的博物馆或展陈馆。基地所属的场馆具有教学浸濡的要求和功能，但绝不仅仅是一个空间扩大了的教室。如今的文化交流或文化接受需要突破对惯性思维的依赖，但在实践中如何变“以物为本”为“以人为本”，的确不是一件简单的事情。体验不是参观更不是旅游，如何使得参与者通过身临其境、学教结合、互动体验、文化接触等达成文化理解，凸显人的交流，需要全新的创意，需要铺设实施的平台和路径。

经过几年的探索与努力，体验馆雏形初现，一个基于文化体验的对外文化交流平台的框架基本形成。主要内容包括以下四个方面：建场馆，营造体验场景；出创意，丰富体验设计；开课程，加强文化教学；促交流，注重模块输出。

当把视线聚焦在了“生活中的传统文化”，16 个具有一定逻辑关联的文化体验区域，配合多元技术手段，对当下民众生活中传承的文化要素进行了集成展现；百余个微课对中华文化要素的思想内涵和当代价值予以诠释和讲授，尝试用世界话语、用叙事的方式讲中国故事，以期实现中华传统文化的生活化与国际化。

16 个体验区具体有：孔子与儒家礼仪、圣贤智慧、汉字五千年、书道春秋、梨园华裳、艺术长廊、千年茶韵、美酒美食、武学博览、易学空间、中医养生、纸墨移形、剪艺世界、诸子书院、对话空间以及校外体验区。

通过组织学生对传统文化要素“点”的体验与学习，实现对“体验知识链”的贯穿和把握，从而达到对“面”的认知与理解；注重引导体验者关注文化的当代价值与生活意义，形成对文化元素“形、神、意、用”等层面的了解和认识，在“日常生活”的再现与模拟中逐步体会和理解中国人的价值观念、思维模式、行为方式。

依托该中华文化体验馆，基地面向学校学院、社会团体以及海外孔子学院学员、外国汉学家和教育官员、汉语教师、来华留学生等群体广泛开展文化体验和教学工作。同时，承办的美国大学校长来华访问项目、美国“常春藤”大学学生的中华文化体验活动、多国汉语教师来华文化研修项目等，效果显著，反响热烈。截至 2014 年 6 月，累计接待海内外团体近 400 个，体验学习者达万余人次。

课程与教材的研发，以及中华文化普及读物的编撰是基地一项重要的建设任务。教学是一种有目的、有计划、有组织的活动，而课程则体现了这种目的性、计划性和组织性。体验是亲历、领悟与反思有机统一的过程，课程是教材、经验、目标和计划的总和。要使体验在文化教学中发挥更好的作用，需要构建一个课程体系，通过课程的设置，利用语言、课程标准等社会化构成的工具对个人体验进行观察和衡量，从而使体验教学具有科学的客观性与系统性，也使个人体验不再只是个人的经历，而是能够成为具有适用性的、可共享的社会化事实。

经过几年的探索和实践，目前基地已初步建立“体验式文化教学”体系，实现“专题呈现、情景教学、动手体验、课程研发、教材出版、模块输出”的有机结合。其中，正在重点攻关开发的课程与教材项目有：《微课 100》和《中华文化教案》，力图创造性地开展传统文化教育和海内外的人才培养工作。

“微课”即中华传统文化教学微课，时长 5～15 分钟，重点学习一项传统文化技能，聆听一个文化故事，其作用在于引发学生的学习兴趣，为系统学习做准备。“教案”服务于系统深入地开展传统文化教育，以文化讲座为基本单位，采取专题模块教学，包括相关知识梳理、文化体验、多媒体教学资源互动等部分。“微课”与“教案”相辅相成、相得益彰。相关研发成果在法国、荷兰、澳大利亚、韩国、新加坡等国家的孔子学院和大中小学教学实习机构加以推广。2014 年 6 月，在孔子学院总部的支持下，“体验式文化教学”课程在韩国部分孔子学院和大中学校进行专题推广，得到较高的赞誉。实践说明，该教学模式可以被“模块化”打包输出到海外，用于当地的中国文化体验和交流活动，具有较为广泛的海外推广价值和模块输出的可行性，可视为是对国际汉语教育文化教学的一种有益的尝试和探索。

三、关于运行情况和社会反响

基地试运行以来，围绕参观指导、日常授课、汉语师资培训等主线开展文化体验与教学工作，其成效得到国家相关部委和领导同志的肯定和赞赏，许嘉璐先生、时任教育部副部长杜玉波、时任文化部副部长杨志今，以及中组部、国家发改委、财政部、中央文明办和山东省相关领导先后多次到基地视察指导工作。同时，来自海外的百余位汉学家、科学家，以及美、英、法、德、俄、日、韩等国家友人对基地体验式的文化教学与传播模式给予高度评价。2012 年 12 月，《大众日报》专访并用整版发表了题为《用国际话语讲中国故事》的专栏文章。2013 年，基地建设成果获得首届山东省文化创新奖，该奖项是经中央批准的由山东省人民政府设立的文化创新最高奖。2013 年 12 月，《中国文化报》以《山东大学中华文化体验馆：用生活语言诠释传统文化》为题，对基于体验和教育的文化传承路径给予专题报道。在实地参观和体验后，许多学者、政要、外国友人代表等不仅留言表示赞赏，更多次引介他人到基地考察体验。

秉承“读万卷书、行万里路”知行合一的传统理念，基地将体验主题与国内，特别是山东丰富的历史胜迹人文积淀相结合，走出校门，在故宫、曲阜三孔、泰山、社区等人文与自然环境中开展文化浸濡。这样，就在空间上贯穿了大学和社会，在时间上融通了当下的生活和文化遗产，在内容上融汇了地域文化和以儒家文化为主干的中华文化系统，在形式上探索了寓教于乐和精英教育结合的有效路径。当看到不同年龄、不同性别、不同职业、不同国别的人们在这儿找到了自己所爱和所属，我们感到欣慰。这些尝试和努力是有价值、有意义的。

作为汉语国际推广基地，中华传统文化研究与体验基地建设具有原创性，其特点是：以文化场馆为空间保障，以信息技术和数据库为技术保障，以学科建设和课程系统为智力保障，以专家团队和专职教师为人才保障；坚持传统与当代、专业与普及、开放与合作相结合的原则，着力实现中华文化传承从理论研究到应用实践的有效转化。同时，在建设和实践中，注重挖掘和发挥大学在文化传承与教育创新方面的孵化和示范作用，提升大学文化服务的公共意识和水平，以教育的方式，实现文化的功能和社会的价值。相关成果具有较高的社会推广价值。

（原载《世界汉语教学学会通讯》2014 年第 3 期）

图书在版编目（CIP）数据

语言与文化传播研究.第二辑/马晓乐主编
—济南：山东大学出版社，2019.6
ISBN 978-7-5607-6349-1

Ⅰ.①语… Ⅱ.①马… Ⅲ.①汉语—文化传播—文集
Ⅳ.①H1-53

中国版本图书馆CIP数据核字（2019）第126419号

策划编辑 刘彤
责任编辑 李艳玲
装帧设计 牛钧

出版发行：山东大学出版社
社址：山东省济南市山大南路20号
邮编：250100
各地新华书店经销
济南新科印务有限公司印刷

720毫米×1000毫米 16开 22.75印张 293千字
2019年6月第1版 2019年6月第1次印刷

定价：58.00元